兰州财经大学科研专项经费资助

庞庆明　著

中国特色社会主义资本观
—— 基于"两资一体"的分析框架

ZHONGGUOTESE SHEHUIZHUYI ZIBENGUAN
—— JIYU "LIANGZI YITI" DE FENXI KUANGJIA

中国财经出版传媒集团

经济科学出版社
Economic Science Press

图书在版编目（CIP）数据

中国特色社会主义资本观：基于"两资一体"的分析
框架／庞庆明著．—北京：经济科学出版社，2019.5
ISBN 978 - 7 - 5218 - 0527 - 7

Ⅰ．①中…　Ⅱ．①庞…　Ⅲ．①中国特色社会主义 -
社会主义政治经济学 - 研究　Ⅳ．①F120.2

中国版本图书馆 CIP 数据核字（2019）第 085366 号

责任编辑：杜　鹏　张　燕
责任校对：刘　昕
责任印制：邱　天

中国特色社会主义资本观

——基于"两资一体"的分析框架

庞庆明　著

经济科学出版社出版、发行　新华书店经销

社址：北京市海淀区阜成路甲 28 号　邮编：100142

编辑部电话：010 - 88191441　发行部电话：010 - 88191522

网址：www. esp. com. cn

电子邮箱：esp_bj@ 163. com

天猫网店：经济科学出版社旗舰店

网址：http：//jjkxcbs. tmall. com

固安华明印业有限公司印装

710×1000　16 开　14 印张　240000 字

2019 年 9 月第 1 版　2019 年 9 月第 1 次印刷

ISBN 978 - 7 - 5218 - 0527 - 7　定价：68.00 元

前　言

在中国，经典资本理论、传统经济建设与市场经济改革之间，存在着理论上的张力和实践上的脱节，需要创新马克思主义资本观。只有认真梳理和总结中国特色社会主义经济理论资源，系统阐明社会主义和市场经济相互衔接条件下有关资本运行的科学观点和正确看法，才能对经济社会现实做出有说服力的解释。考虑到市场化改革背景下公私资本结构变迁是当代中国经济演化的最重要特征，故以"两资一体"为框架，分析公有资本和私人资本在资本属性、资本运行和资本监管等方面的异同点。

资本观，顾名思义就是人们关于资本的态度、观点和看法，它具有民族性、阶级性和时代性。中国特色社会主义包括初级阶段和高级阶段。本书所研究的中国特色社会主义资本观，特指初级阶段的资本观。初级阶段中国特色社会主义资本观的本质是由以公有资本为主体，以国有资本为主导的混合资本制度所规定的，并具有人民主体性、和平积累性和开放融通性等特征。中国特色社会主义资本观作为中国化的马克思主义资本观，其基本内容包括：公私资本都必须服务于解放和发展生产力并增进劳动人民利益；公有资本和私人资本长期并存，以国有资本和集体资本共同领导、影响私人资本运行；党和政府对公有资本和私人资本依法领导和严格监管。

从资本属性来看，在中国特色社会主义条件下，公有资本以人民利益为中心，以共同富裕为追求目标；而私人资本既具有剥削性、为个人谋取利润最大化、与实现共同富裕为核心的人民利益相矛盾的一面，也具有被利用并服从于社会主义目标的一面，亦即服从于人民的根本利益和长远利益，客观上具有为社会谋取福利的手段性或工具性。新时期中国公有资本是公有制经济与市场机制双向改造的产物，并实现了对传统公有制经济和私人资本运行机制的双重扬弃；而私人资本不会自觉地为社会主义服务，需要政府正确引导。

从资本运行来看，国有资本的运行状况关系国家安全及国民经济能否良性发展；私人资本经济是增加就业的渠道，是国家税收的重要来源，是金融发展的依托，是推进创新的重要力量，但它也是环境污染、假冒伪劣产品泛滥及生产相对过剩的根源。资本公有制和资本私有制具有各自的经济发展规律。究竟哪一种规律起决定作用，取决于哪一种资本所有制关系居于主体地位。资本公有制占主体，要求国有资本和集体资本共同对私人资本起主导作用。国有资本主导私人资本集中表现为，国有资本代表国家整体利益，履行社会综合职能，并将私人资本所带来的负外部性内部化。集体经济组织职能的充分发挥，又体现了集体资本对私人资本的主导作用。

从资本监管来看，中国特色社会主义的资本监管，既包括党的领导，又包括政府监管和法律监管，实行党领导下的以政府监管为主体，以法律监管为手段的大监管模式。坚持党的领导是公私资本健康运行的根本前提，政府监管是公私资本健康运行的关键条件，法律监管是公私资本健康运行的重要保障。

庞庆明

2019 年 2 月

目　　录

导　论

　　"两资一体"是中国特色社会主义资本观的基础和依据。"两资"就是公有资本和私人资本两种资本。"一体"有三层含义：一是公私资本都具有以人民利益为中心的属性；二是公私资本都要在法律框架内开展市场竞争，都要在国家宏观调控下运行，并以共同富裕为根本方向；三是公私企业都要接受党的领导，接受政府监管和法律监督。在社会主义市场经济条件下，"两资"之所以能够"一体"，从根本上讲，这是由党的政策和公有制的主体地位所决定的。公有制主体地位规定了中国特色社会主义资本观的本质。然而，经过四十年的改革开放，公私资本比重发生明显变化，私人资本规律的自发作用迅速扩大，国有资本主导作用遭到削弱，严重影响到中国特色社会主义资本观的实践预期。

　　中国特色社会主义资本观是马克思主义资本观与"两资一体"国情相结合的产物。马克思认为资本与劳动相对立，资本要素所得是对工人劳动所创价值的无代价占有。消灭资本私有制，建立社会共同占有的、没有剥削的共产主义社会，则是人类社会的必然发展趋势。以马克思主义为理论武装的中国共产党，从成立之日起就以消灭资本私有制为目标。社会主义革命的完成，标志着私人资本在中国大陆的彻底消失。然而，按照马克思列宁主义的过渡时期理论，向社会主义过渡要经历很长一段时间。当时中国的民族资本主义经济尚未得到充分发展，新民主主义社会也没能真正建立。急于向社会主义过渡的三大改造，实际上超越了新民主主义阶段；改造后所建立的"一大二公三纯"的社会主义公有制也超越了生产力发展水平。因此，改革开放以来，中国共产党又建立起以公有资本为主体，以国有资本为主导，以国有资本影响和引导其他资本发展方向的混合资本所有制。公有资本的主体地位不是与生俱来的，也不是一成不变的，应围绕公私资本的属性、作用和监管问题，继续创新中国特色社会主义资本观。

一、选题背景

在中国，经典资本理论、传统经济建设与市场经济改革之间，存在着理论上的张力和实践上的脱节，需要创新马克思主义资本观。马克思认为，由货币转化而来的资本，本质上是资本主义社会的生产关系。社会主义社会消灭一切商品、货币、价值关系，当然也不会再有资本。《资本论》第四章专门讲劳动力成为商品，是货币转化为资本的条件。在《雇佣劳动与资本》一文中马克思又明确指出："黑人就是黑人。只有在一定关系下，他才成为奴隶。纺纱机是纺棉花的机器。只有在一定的关系下，它才成为资本。""资本也是一种社会生产关系。这是资产阶级的生产关系，是资产阶级社会的生产关系。"① 资本作为社会性范畴，它不是物，而是在物的掩盖下的人与人之间的社会关系；资本作为历史性范畴，主要存在于商品经济发展的高级阶段，即市场经济阶段。不能把资本"一般化"为商品经济范畴，更不能把资本"一般化"为人类一切生产的范畴。

随着俄国十月革命的胜利，第一个社会主义国家诞生，社会主义由理论变为现实。国内战争结束后，面对歉收、饲料缺乏及农民的贫困，苏联实行新经济政策，在某种程度上重建资本主义。农民问："怎么说俄国话的资本家被赶走了，而现在外国资本家却到我们这里来了？"列宁说："我们并不是孤零零地生存在世界上。我们是生存在资本主义国家的体系中。"② 后来斯大林放弃了新经济政策，把资本家从商品生产和商品流通中"排挤"出去，转而强调经济核算和计划调节，并要求对《资本论》的范畴进行时代转换。这些政策或观点产生了很大影响。苏联《政治经济学教科书》的社会主义部分，将"资本"都换成了"基金"。比如教科书第三十一章集体农庄制度的经济基础，就讲公积金包括固定生产基金和非生产基金，还包括用来满足公共经济需要的流动资金。苏联对待资本的理论和实践直接影响到中国民族资本的历史命运。

新中国成立后，中国共产党对民族资本主义工商业采取利用、限制、改造的方针政策。"三大改造"的基本完成，标志着中国进入社会主义社会，

---

① 《马克思恩格斯文集》（第一卷），人民出版社 2009 年版，第 723～724 页。
② 《列宁全集》（第 42 卷），人民出版社 1987 年版，第 51 页。

资本随之从中国大陆消失。中国理论界受苏联教科书的影响，避免直接讲"资本"，用"资产""资金""基金""自主劳动"代之。比如"社会主义企业下的基金循环""固定资产与流动性生产资料""从资金周转看生产时间"等。这种谈"资本"色变的历史状况一直延续至改革开放之初。1978 年以来，商品、货币、市场、生产价格、剩余价值、利润、利息、地租等《资本论》的范畴逐步得到承认，唯独"资本"这个《资本论》最重要的范畴，一直得不到承认，成为最后的理论禁区。随着理论界进一步解放思想，"社会主义资本"作为一个全新的经济范畴，由卓炯先生于 1983 年首次加以命名。从中国官方文件看，1993 年 11 月中共十四届三中全会通过的《中共中央关于建立社会主义市场经济体制若干问题的决定》，第一次明确使用资本概念，同时提出发展资本市场。党的十五大报告又明确使用"公有资本"范畴。此后资本概念在中国理论界广泛使用开来。经过几十年的资本积累和资本运营，资本负面效应越来越凸显，给当前中国社会运转带来了很多亟待解决的问题。特别是历史的时针转到国内、国际经济大转型的今天，在以经济增速趋缓和巨大社会代价为表征的经济新常态条件下，经济健康发展离不开对资本的规范和制约，使之朝着服务于需求潜力开发、市场活力激发和创新动力诱发的方向行进，以全面提升和纵深塑造经济发展的内生动力。如何在新常态条件下更好地发挥中国特色社会主义资本的整体作用，让国资带动、引领私人资本健康发展？如何确定资本的作用边界，把资本权力关在制度的笼子里？对这些问题的实践探索和理论回答，构成了本书的选题来源和背景。

二、选题意义

基于资本结构二元化的基本国情研究和创新中国特色社会主义资本观，是实现理论自洽、制度自信和道路自觉的客观需要，有利于转变经济发展方式，激发全社会的活力，同时也有利于增强中国经济学的国际话语权和影响力。只有认真梳理和总结中国特色社会主义经济理论资源，系统阐明社会主义和市场经济相互衔接条件下有关资本运行的科学观点和正确看法，才能对经济社会现实做出有说服力的解释，同时也才能为确立中国经济学的国际地位开辟道路，并为增强中国经济学的国际话语权创造条件。

（一）研究中国特色社会主义资本观的必要性

研究中国特色社会主义资本观，是实现理论自洽、制度自信和道路自觉的客观需要。

从当前的内部环境看，中国共产党领导中国人民经过革命建国、工业强国和改革富国的艰辛探索，取得了令世人瞩目的光辉成果。如今，历史的车轮驶到了如何实现社会公平正义和人民共同富裕的战略节点。如果"没有坚定的制度自信就不可能有全面深化改革的勇气"①。制度自信的前提是理论自洽，即理论范式的逻辑自洽；目标是道路自觉，即坚定走中国特色社会主义道路的自觉性。因此，在深化改革的伟大历史实践中创新和践行中国特色社会主义资本观，做到理论自洽，有利于增强中国特色社会主义的制度自信和道路自觉，从而为中国特色社会主义成功穿越历史"三峡"，并成为定型化的生存方式、道路模式和制度样式，打下坚实的理论基础。从外部看，现代社会赖以旋转的轴心关系是资本和劳动的关系。现代资本主义共同体就是依靠这一关系将全球各民族裹挟其中，使世界秩序受资本力量和利润法则支配与控制。中国特色社会主义制度要赢得优于西方资本主义制度的竞争力，也需要研究和践行中国特色社会主义资本观，实现理论自洽、制度自信、道路自觉，彰显社会主义制度的优越性。

（二）研究中国特色社会主义资本观的重要意义

研究中国特色社会主义资本观，既有利于转变经济发展方式，也有利于激发全社会活力。

研究中国特色社会主义资本观，包括两个层面的意义：在社会主义经济关系中引入资本概念，即发展社会主义公有资本，是社会主义经济发展的需要，有利于克服过去仅仅重视 GDP 的片面发展观，转而强调基础研发、环境保护和克服投入高、产出低、效益差且以环境污染和资源浪费为代价的粗放型经济增长方式，代之以低投入、高产出、高效益的集约型经济发展方式；有利于以国有资本为主导的民族资本参与国际竞争，形成社会主义力量参与下的世界政治经济新秩序。在社会主义经济关系之外发展私营企业和外资企

① 中共中央宣传部编：《习近平总书记系列重要讲话读本（2016 年版）》，学习出版社、人民出版社 2016 年版，第 75 页。

业，即发展私人资本，有利于激发资本要素活力，发展社会生产力，创造更多社会财富，以造福于广大民众。中国特色社会主义资本观的践行能否达到预期效果，取决于资本结构是否合理。而研究公私资本结构调整和优化的理论基础，则有利于自觉兼顾公平和效率，增强全社会创富活力，加快经济结构调整步伐。

（三）研究中国特色社会主义资本观的重要作用

研究中国特色社会主义资本观，有利于增强中国经济学的国际话语权和影响力。

当前中国经济总量、外贸总量、外汇储备总量、国民生产总值以及高速公路总里程都得到迅猛增加。中国成为世界经济增长的主要"火车头"。不过，与西方资本主义国家，比如英国凭借"羊吃人"、奴隶贸易、殖民战争而崛起的道路模式不同，中国是在世界政治经济秩序仍然极不平等的背景下，以自己独特的勇气和智慧，通过和平方式进行资本积累和其他要素发展，提升综合国力和人民生活水平，并在自己境内消化所有问题。中国不仅没有对外扩张，反而给大部分国家带来了实实在在的实惠。中国崛起和强大的基因密码，必须从本国的历史发展中认真寻觅，因为"历史发展意味着不断上升的意识"[①]。科学家和思想家的任务就是对历史发展进行上升意识的辩证构建，用自己的思想理论来解释自己国家的经济政治和社会现实。"如果这位思想家没有在思想中深刻地意识到这一历史发展，他便无法正确思考，而且会自相矛盾。"[②] 沿着中国历史发展足迹，创新和践行中国特色社会主义资本观，并以最简单、最明白、老少咸宜的语言和形式表达出来，无疑是对中国版的历史发展"上升意识"的一次构建尝试。

三、国内外研究现状

关于资本问题，国内外学术界从不同层次和角度展开研究，取得了丰硕成果。

----

① ［德］卡尔·施米特：《合法性与正当性》，冯克利、李秋零、朱雁冰译，上海人民出版社 2015 年版，第 68 页。

② 同上，第 69 页。

（一）关于马克思资本观的国内外研究成果

马克思资本观是研究中国特色社会主义资本观的一般性、根本性指导理论。中外学术界从不同层面或视角研究马克思资本观，并取得丰硕成果。这无疑为中国特色社会主义资本观研究提供了大量有益的理论资源。

1. 中国学术界对马克思资本观进行了不同角度的解读

马克思《资本论》第 1 卷德文版于 1867 年正式发表。中国报刊第一次提到马克思《资本论》始于 1899 年。1906 年朱执信最早在《民报》介绍《资本论》的主要观点。十月革命一声炮响，给中国送来了包括《资本论》在内的马克思主义理论。《资本论》系统传入中国后，深刻影响着中国共产党领导的中国革命和建设。新中国成立至今，以"资本论"为关键词的文献共计1461 篇，以"资本观"为关键词的文献共有 64 篇，以"马克思资本观"为关键词的文献共 10 篇。文献论域涉及资本属性、资本功能、资本运营、资本监管等方面，并运用了包括话语体系构建、现代性、唯物主义历史观、生产力理论、重建个人所有制、财富分配、创新发展、生态安全、金融危机在内的多样性理论视角。

从唯物主义历史观看，历史生成、生产关系、社会属性与历史地位是认识资本的三个维度（戴圣鹏，2015）；从唯物主义辩证法看，马克思对资本既有肯定方面的理解，又有否定向度的批判（张定鑫、董玉莲，2015；熊杰，2017）。从资本属性规定看，资本具有追求价值增值的本性和反映特定社会经济关系的属性，应将资本概念区分为"资本一般"与"资本特殊"（蒋学模、冯子标、汤为本，1994；宋醒民，1995；许崇正，1998；胡培兆、苏增添，1999；韩昌跃，2015）。公有资本作为"资本一般"和"资本特殊"相统一的资本范畴，是公有制经济主体的存在形式（荣兆梓，1996；杨承训、陈其林，1997；杨志，1999）。也有很多学者不主张将资本视为不同社会制度下的一般范畴，而是将其视为资本主义的特殊经济范畴（宋涛、武建奇，1995），资本是关系、过程、权力、价值、经济制度、剥削手段的复合体，不能随意割裂马克思的资本观（周成启、李善明，1981；廖进球，1995；梁坚，1998）。西方学者去除资本的阶级性质来界定和运用资本，对马克思资本观构成巨大的理论和实践挑战（戴圣鹏，2015）。还有学者提出"社本"概念，将其视为与"资本"相对立的社会主义的特殊经济范畴（卓炯，1983；李炳炎，2000）。

2. 国外学术界从不同层次和角度研究马克思资本观

早坂启造（2008）对马克思资本观进行抽象分析的四个层次；皮特曼（1989）研究了马克思资本观与伦理学理论关系的相关争论；乌拉扎德（2015）从意识形态、拜物教及社会科学方法角度研究了马克思资本观；渡边大介（2011）对马克思的资本概念与人力资本进行了对比分析。

（二）关于公有资本的国内外研究成果

中国特色社会主义资本观必须围绕中国资本问题展开，特别是要着重研究公有资本。不同社会制度下的公有资本，其存在条件、社会属性及运行特征存在根本区别。自20世纪末，特别是进入21世纪以来，国内外学者围绕公有资本的属性和作用展开研究，取得了一定成果。

1. 国内学者关于公有资本研究的代表性观点

早在20世纪60年代初，著名经济学家卓炯就曾把经济范畴按一般劳动过程和社会经济形式进行区分，以商品范畴为基础提出了具有增值意义的"社本"概念，并以此为主体构造社会主义政治经济学大厦。他在《学术研究》（1983年第2期）发表的《关于"〈资本论〉的生命力"的探讨》一文中首次正式提出"社本"的概念。他认为资本是资本主义的特殊经济范畴，社本是与资本相对立的社会主义的特殊经济范畴，社本是对资本的否定，也就是由公有性代替私有性。至于资金，卓炯把它作为资本和社本的一般范畴。李炳炎（2000）又在《社本论》（副标题是"社会主义资本论"，第二副标题为"中国社会主义市场经济条件下的资本理论与资本运营研究"）一书中谈道：社会主义经济建设之所以搞得不尽如人意，是因为资产阶级利用了"资本"，而我们却抛弃了"资本"。应该允许资本改头换面，脱去其资本主义生产关系的旧衣服，换上社会主义生产关系的新装，保留其增值的价值、积累财富的功能。这就是"社本"的由来。① 此书又对卓炯的社本理论概括如下：社会分工是商品经济或市场经济的基础。随着社会分工，简单商品经济提升到扩大商品经济时，就有了"资金"这一范畴。所谓"资金"，就是能带来剩余价值的价值。社会主义长期贫困的原因，是因为缺乏资金。只有通过生产经营使资金不断增值，才能致富。这里的资金也称社会主义资本，

---

① 李炳炎：《社本论》，人民出版社2000年版，第3页。

简称社本。社会主义虽然推翻了生产资料的资本主义所有制，废除了资本雇佣劳动关系，但社会主义并不否定劳动生产率，而且要有更高的劳动生产率才能战胜资本主义。社会主义仍然存在商品生产，这种较高的劳动生产率也要表现为剩余价值（因用来满足社会公共需要，也称为公共必要价值）。中国虽不存在几个剥削集团，但由于社会分工不同，却还存在不同经济部门，因而产业社本取得产业利润，商业社本取得商业利润，生息社本也要取得利息。产业利润、商业利润及利息，基本都属于社会公有。

冯子标（1994）从事物共性与个性的统一性出发，将资本概念区分为"资本一般"与"资本特殊"。他认为社会主义社会要建设发达的商品经济，就要求把各种生产要素首先是劳动力纳入市场运行轨道，在企业和劳动者之间进行平等的劳动力商品交换。待企业向劳动者支付大体相当于劳动力价值的报酬之后，还有一个余额，用于企业发展后备基金和其他方面开支。这个余额就是剩余价值。这就和资本概念连在了一起，形成了社会主义资本。社会主义资本除具有资本一般外，还具有两个最主要的特点：一是具有很强的公有性质，因而保障社会主义资本的社会效益与经济效益二者有机统一；二是合理而现实地实现按劳分配原则。社会主义资本是公有制基础上的资本，是在特定历史条件下合理实现按劳分配的资本，是和资本主义社会的运行机制有着根本不同点的资本，它本身是社会主义发展商品经济和社会分工的结果。冯教授把社会主义社会中的资本划分为国有资本、集体资本、私人资本和联合资本。社会主义国有资本、集体资本、私人资本和联合资本的发展意味着整个社会生产力的不断提高，意味着全部剩余价值的增多，同时也体现着劳动者自身素质的不断发展和提高。

杨志、赵秀丽、张丰兰在其所著的《社会主义公有资本论》（2015）一书中提出"中国特色社会主义公有资本"的命题，强调公有资本是公有制经济主体的存在形式，是社会主义市场经济中的第一主体，是中国特色社会主义的经济基础，是社会主义混合经济中的主导力量。公有资本涵盖公有制与资本的矛盾，亦即社会财富的公有制与社会化生产相对不发达之间的矛盾。这一矛盾决定了社会主义生产方式不断进行变革和创新的必然性。此外，杨志等学者认为，公有资本只有在连续不断的运营中才能积累壮大；对公有资本进行监管是社会主义国家应有的经济职能；必须依据宪法重新诠释市场、政府、资本、社会的关系。

2. 国外学者关于公有资本国别研究的成果简述

凯瑟琳·卡瓦纳（1997）对 1958～1990 年的爱尔兰公有资本与经济增长的关系进行了实证研究；巴尔博亚（2007）分析了西班牙私有和共有风险资本的作用；马西娅·米伦·科尼特（2008）分析了 1989～2004 年政府在银行系统的投资对于银行业绩效的影响；塔姆巴斯·科夫卡斯（2015）分析了匈牙利政府投资和混合资本的作用。

（三）关于社会主义市场经济的国内外研究成果

社会主义市场经济理论为中国特色社会主义资本观研究提供了重要理论依据及方法论。学术界特别是国内学者围绕社会主义市场经济的固有优势、融合依据以及重大原则等问题展开研究，积累了丰富成果。

1. 国内学者关于社会主义市场经济研究的代表性成果

从纵向看，自党的十四大提出建立社会主义市场经济体制的改革目标后，有学者认为社会主义市场经济"更有可能自觉地从社会整体利益与局部利益相结合出发，在处理计划与市场的关系、微观放活与宏观协调的关系，以及刺激效率与实现社会公正等方面，应当也能够比资本主义市场经济更有成效"（刘国光，1992）。随着社会主义市场经济的逐步建立和完善，学术界对社会主义基本制度优势和市场经济优势相互融合问题的研究也在不断深化、扩展、向前推移，其学术脉络大致可以分为两个阶段：（1）1992～2012 年探讨和论证社会主义市场经济两方面优势协调发挥的具体表现和理论依据，代表性成果为《关于社会主义市场经济理论的几个问题》（刘国光，1992）、《社会主义市场经济与私营经济——与晓亮同志商榷》（卫兴华，1993）、《从马克思到社会主义市场经济》（顾海良、张雷声，2001）。（2）2013 年至今是对两种优势相互融合的国际视野、具体领域和可行途径进行深化研究阶段，代表性成果为《社会主义市场经济理论是重大创新——学习习近平总书记关于马克思主义政治经济学讲话》（程恩富，2015）、《走向社会主义市场经济》（逄锦聚、何自力，2015）、《论公有制与市场经济的有机结合》（张宇，2016）。

从横向看，关于社会主义基本制度优势和市场经济优势的融合问题，主要涉及能否融合、为何融合以及如何融合等方面。首先，社会主义基本制度优势与市场经济优势是否具有融合性问题研究。（1）对立统一说。张宇认为，社会主义基本制度与市场经济既是可以兼容的，又是有一定矛盾和冲突的（张宇，2016）。（2）完全兼容说。卓炯等学者认为，社会主义经济必然是扩大商品经济，因而社会主义必然采用扩大市场经济生产形式（卓炯，1990），市场经济完全可以和社会主义基本制度相结合（顾海良、张雷声，2000），而公有资本的本质则是社会主义公有制经济在市场经济环境中所存在的新资本形态（杨志，2014）。社会主义基本制度与市场经济有机结合，是建构中国特色社会主义政治经济学的主线（张卓元，2016）。（3）尚未证实说。刘伟认为，社会主义制度下的公有制与市场机制能否统一、有无必要统一等历史性命题还有待历史证明。其依据是，交易者之间在所有制上必须有严格的排他性，这是市场经济对于所有制的基本要求；而公有制本质上是取消私有间排他性的所有权界限的（刘伟，2015）。（4）不可兼容说。以吴敬琏为代表的学者否定社会主义基本制度和市场经济兼容的可能性，认为社会主义市场经济是一个自相矛盾的概念（吴敬琏，2013）。

其次，社会主义基本制度与市场经济两方面优势的融合依据研究。（1）实践检验说。顾海良、张雷声以社会主义经济改革的历史和现实来说明市场经济体制不仅能够而且需要与社会主义基本制度相结合（顾海良、张雷声，2000）。程恩富认为，社会主义比资本主义更适合市场经济，因而中国社会主义市场经济理论比资本主义市场经济理论更加可行，这已被中西方实践所证实（程恩富，2015）。（2）特殊结构说。张宇认为，社会主义公有制是建立在社会分工基础之上的，生产资料共有者以劳动作为谋生的手段，通过付出的劳动获取相应报酬。社会主义公有制关系的这种特殊结构使其具有商品性与非商品性的二重属性，这是理解社会主义公有制与市场经济关系的一把钥匙（张宇，2016）。（3）广义资源配置说。程恩富指出，资源配置包括产权配置和调节（运行）配置两个不同层面的含义，因此，公有制或社会主义可以与计划经济结合，也可以与市场经济结合（程恩富，2015）。（4）基因重组说。杨志认为，社会主义基本制度和市场经济相衔接的过程也是基因重组的过程。从公有制经济肌体上提取出基因并把它放置到市场经济环境中，与其他经济基因联结，可创造出一种具有公有制遗传类型的新型资本，即公有资本（杨志，2014）。（5）功能互补说。吕东升认为，市场经济解决效率问题，公有制解决公平问题，两者有机结合，标志着我们已经成功找到了一条在经济文化落后的国家如何建设社会主义的道路（吕东升，2005）。只有将市场经济与社会主义结合起来，才能实现"统而不死、活而不乱"的互补效应（王军旗，2009）。

最后，社会主义基本制度与市场经济两方面优势衔接机制建设研究。其主要思路包括：（1）政企融合。发挥社会主义基本制度优势和市场经济优势，关键是实现政府宏观政策和企业微观运行的有机衔接和融合，亦即政府宏观上坚持共享发展理念，构建共享发展的制度体系，微观上保证企业按市场经济规律运行（顾钰民，2016）。将两种优势结合，既要利用市场对各种经济信号的灵敏反应，又要加强和完善宏观调控（古建佳，2000）。（2）多方结合。除了市场机制与国家宏观调控相结合，还包括市场经济体制与公有制相结合、市场与国有企业相结合、市场经济发展与精神文明建设相结合（顾海良、张雷声，2000）。（3）综合施策。发挥两方面优势，除了做到坚持基本经济制度、企业内部制衡、政府转变职能、注重精神文明，还需实现竞争主体多元化、建设法制经济、健全社会保障体系（鲁从明，1996）。

2. 国外学者关于社会主义市场经济研究的代表性观点

近年来国外学者既着重研究资本主义市场经济的不公平现状及其未来趋势，也关注社会主义与市场机制的结合问题。后者如美国经济学家罗默（2011）认为，市场社会主义就是把市场机制与社会主义公有制结合起来，创造出一种既有经济效率，又能使全体公民享有更多社会平等的经济制度。

（四）卫兴华关于中国特色社会主义经济的科学认识

中国特色社会主义经济理论不仅为中国特色社会主义资本观的研究提供了理论依据和方法论原则，而且还直接构成了中国特色社会主义资本观的基本内容。以卫兴华为代表的著名马克思主义经济学家，围绕中国特色社会主义经济特别是国有经济的发展脉络、性质、现状及发展条件等方面展开论述，对于研究中国特色社会主义资本观具有直接指导意义。

卫兴华（2016）指出，搞社会主义就是为了让劳动人民摆脱受剥削、受压迫的旧制度，能够过上日益富足的好日子。搞社会主义必须抓紧三个环节：第一是快速发展生产力；第二是走共同富裕道路；第三是抓好快速发展生产力和共同富裕的制度保证，就是要建立和发展社会主义公有制经济。社会主义要更好、更快地发展生产力，而公有制就是用来保证生产力的快速发展，保证实现共同富裕，让劳动人民过上美好生活的。俄国十月革命后建立了公有制，迅速缩短了与美国的巨大差距，成为可以跟美国这一超级大国抗衡的第二个超级大国。毛泽东的新民主主义是马克思主义的伟大发展。新民主主义是要使民族资本主义有更多更大的发展，是包括国有经济、集体经济、合作社经济、民族资本主义经济、个体经济在内的多种经济成分共同发展。中华人民共和国成立后，建立了公有制，我国的经济与社会在改革开放前也获得了超过此前一两百年的发展。

国有经济服从于让劳动人民过上美好的共同富裕生活的宗旨。《共产党宣言》讲，无产阶级取得政权，建立国有经济，把生产资料掌握在劳动人民当家做主的国家手里。资本主义国家的国有经济是为资产阶级服务的，因为这些国有企业没有改变资本和雇佣劳动的关系。我们的国有经济叫做全民所有制经济，但如果这个国有经济内部关系存在着严重腐败，企业高管拿天价工资，不关心工人的疾苦和权益；厂长、经理依然把工人当成雇佣者，职工没有真正成为社会的主人、生产的主人、企业的主人、生产资料的主人，没有当家做主的权利，这显然不是社会主义性质的国有经济！作为社会主义性质的国有经济，它的利润、收入应该是全民共享的。我们的国有企业向银行贷款，还本付息后，贷款增加的利润收入依然是国家的，不能放入私人口袋。现在的国有企业依然负担着较高的税率，而且利润的一部分也要上缴国家，这就体现了它的全民所有制性质。

在社会主义条件下发展生产力，社会主义生产关系不是自然而然地就随之发展了、成熟了；只有在党的正确领导下，才能坚持社会主义道路和社会主义方向。考察社会主义发展史可以发现，社会主义产生和发展的特点与以往的社会制度不同。先有社会主义概念和理论，再有社会主义运动和社会主义革命，再有社会主义制度的建立，这是一系列的历史发展过程。在全部过程中，都是有领导、有计划、自觉发展的过程，不是自发的。我国由原来的计划经济转向社会主义市场经济，以及改革开放和发展的全过程，都是有领导、有计划的一个自觉的过程。如果没有党和政府的领导，让社会主义自发地发展，会是什么结果？因此，要在党的领导下，增强自觉性和计划性，把重视生产力的发展和重视社会主义生产关系的发展自觉地统一起来。

（五）研究述评及下一步的研究方向和重点

关于国内资本观研究，内容上赋予资本以新时代内涵，但不少成果仍存在碎片化和表象化缺陷，不够系统和深入；对象上主要以资本共性为主，对不同性质的资本对比特别是关于公有资本的学理研究缺乏；方法上大多使用文献分析法、制度分析法、历史与逻辑相统一的分析方法，偶见实证分析法。

关于国外资本研究，内容上以分析资本职能作用、管理体系、经营效率居多，关于公有资本、国有资本的社会属性、理论体系、中西比较研究缺乏；视角上主要取自调查、测量等；方法上使用文献分析法、实证分析法、对比分析法，缺乏制度分析及历史与逻辑相统一的分析方法。

全面反思马克思资本观研究，下列几个方面有待深入与拓展：深化马克思资本观中国化研究，增加资本观历时变化研究，拓宽资本观研究领域，如夯实对公有资本的概念、作用、经营管理、发展趋势、国际视角等方面的基础性研究；加强国有资本理论解释，如主导性制度安排、经营管理体系、职工主人地位保障、资本收益全民共享等，探讨国企改革背后隐含的理论逻辑和历史逻辑；加强中西对比研究，从资本运营及监管的理念、制度、技术等维度总结和概括现代化经济体系构建背景下中国经济高质量发展的可行路径。为此，本书基于资本结构二元化的国情，围绕中国特色社会主义资本观进行经典解读，梳理、归纳历史演化脉络、逻辑框架体系及实践条件。

四、研究方法

（一）文献法

通过对大量文献的整理分析，找出对"资本""资本属性""资本运行""资本监管"等概念的不同定义，厘清其学理渊源；以资本结构二元化为理论维度，结合中国实际，探索和创新公私资本结构二元化视角下的中国特色社会主义资本观。

（二）比较法

所谓比较法，就是对典型国家的资本观进行横向和纵向对比，以便得出具有说服力的结论。

（三）系统分析法

把国有资本与私人资本放在经济系统中进行要素分析，判断各要素在系统中的地位和作用，找出它们的内在逻辑关系。

（四）历史和逻辑相统一、理论和实践相结合的方法

所谓历史和逻辑相统一，就是对中国改革开放以来的商品化和资本化历

程进行梳理，抽象概括出中国特色社会主义资本观的范畴体系；所谓理论和实践相结合，就是以一般资本理论审视中国实际，总结出中国特色社会主义资本观的理论框架和话语体系，再用来指导下一步的建设实践。

五、本书基本思路和逻辑结构

本书导论部分主要介绍写作的背景、意义、内容及方法。在中国，经典资本理论、传统经济建设与市场经济改革之间，存在着理论上的张力和实践上的脱节，需要创新马克思主义资本观。只有认真梳理和总结中国特色社会主义经济理论资源，系统阐明社会主义和市场经济相互衔接条件下有关资本运行的科学观点和正确看法，才能对经济社会现实做出有说服力的解释，同时也为确立中国经济学的国际地位开辟道路。考虑到市场化改革背景下公私资本结构变迁是当代中国经济演化的最重要特征，故以"两资一体"为框架，分析公有资本和私人资本在资本属性、资本运行和资本监管等方面的异同点。

第一章和第二章分别介绍中国特色社会主义资本观的本质特征及来龙去脉。资本观，顾名思义就是人们关于资本的态度、观点和看法，它具有民族性、阶级性和时代性。中国特色社会主义资本观的本质是由以公有资本为主体，以国有资本为主导的混合资本制度所规定，并具有人民主体性、和平积累性和开放融通性等特征。中国特色社会主义资本观是中国化的马克思主义资本观，它既传承了中华民族优秀商业文化传统，又借鉴了西方资本文明，其基本内容包括：公私资本都必须服务于解放和发展生产力并增进劳动人民利益的观点；公有资本和私人资本长期并存，以国有资本领导、影响和控制私人资本运行的观点；政府和社会依法对公有资本和私人资本进行严格监管的观点。践行中国特色社会主义资本观，核心是处理好权力、资本和社会的矛盾关系，这就需要进一步调整、布局公私资本结构，同时要积极发挥政治法律上层建筑及文化意识形态的规范和引领作用。

本书第三、第四、第五章分别介绍中国特色社会主义的资本属性观、资本运行观和资本监管观。从资本属性来看，中国特色社会主义条件下，公有资本以人民利益为中心，以共同富裕为追求目标；而私人资本既具有剥削性、为个人谋取利润最大化、与实现共同富裕为核心的人民利益相矛盾的一面，也具有服务于社会主义目标的一面，具有服从于人民的根本利益和长远利益，客观上为社会谋取福利的手段性或工具性。私人资本不会自觉地为社会主义服务，需要政府对其正确引导。

从资本运行来看，国有经济是社会主义基本经济制度的经济支柱。国有资本是国有经济的价值形态，其运行关系国家安全，关乎国民经济能否良性发展。私人资本经济是增加就业的渠道，是国家税收的重要来源，是金融发展的依托，是推进创新的重要力量，但是它也是环境污染、假冒伪劣、经济危机的根源。资本公有制和资本私有制具有各自的经济发展规律。究竟哪一种规律起决定作用，取决于哪一种资本所有制关系居于主体地位。资本公有制占主体，既要求国有资本对私人大资本起主导作用，又要求集体资本对私人中小资本起主导作用。

从资本监管来看，中国特色社会主义的资本监管，既包括党的领导，又包括政府监管和法律监管，实行党领导下的以政府监管为主体，以法律监管为手段的大监管模式。坚持党的领导是公私资本健康运行的根本前提，政府监管是公私资本健康运行的关键条件，法律监管是公私资本健康运行的重要保障。

第一章 中国特色社会主义资本观是共性与个性的辩证统一

中国特色社会主义资本观，顾名思义就是人们关于中国特色社会主义资本的态度、观点和看法。资本，不论是公有资本还是私人资本，都具有双重属性，即资本价值增值的自然属性和作为一种社会关系而存在的社会属性。资本结构由具体资本形态组成，而资本形态又随着经济社会结构的变化而不断演化。当前中国处于社会主义初级阶段，资本结构由公有资本和私人资本两种不同性质的资本构成。两种不同性质的资本又具有相同的资本形态，即都采取人力资本、金融资本、物质资本的具体形态，分别解决资本增值过程中对人、财、物的需求。由基本国情和经济发展水平所决定，中国实行以公有资本为主体，以国有资本为主导的混合资本制度。资本的本性就是实现价值增值，力求获取更多剩余价值。剩余价值来自剩余劳动，资本监管的实质就是规范、监督、调整乃至限制资本所有者的剩余索取权和剩余支配权。资本属性观、资本功能观和资本监管观构成了中国特色社会主义资本观的基本框架。

不同民族、同一民族不同阶级具有不同的资本观，同一民族同一阶级在不同时代也具有不同的资本观。中国特色社会主义资本观既具有资本观的一般特征，即民族性、阶级性和时代性，又具有区别于他种资本观的固有特征，即人民主体性、和平积累性和开放融通性。中国特色社会主义资本是人民积累起来的。人民群众是资本支配主体，是资本收益的创造者和享有者；资本结构调整进程和资本发展方向取决于历史发展的需要和人民群众的觉悟及行动；要坚持把增进人民福祉，促进人的全面发展，朝着共同富裕方向稳步前进，作为资本结构调整和资本价值增值的出发点和落脚点。中国特色社会主义资本是和平积累起来的。加速原始资本积累，西方国家靠的是对外战争和武力殖民。中华民族自古以来爱好和平，不走对外战争和殖民扩张的霸权之路，而是在国家调控和干预下，通过加强教育、创新科技、改善管理来提高劳动者素质，降低生产成本，扩大市场份额，提升企业产品的市场竞争力。中国特色社会主义资本结构是在改革开放中发展起来的。这种开放既包括城乡社会互相开放，也包括公私企业及中外经济相互开放。

第一节 中国特色社会主义资本观的内容架构

资本观，简单来说就是人们关于资本的观点和看法。中国特色社会主义资本观就是关于中国特色社会主义资本的观点和看法。中国特色社会主义资本是一个整体概念，既包括公有资本，又包括私人资本，还包括外国在华资本及公私混合资本。中国特色社会主义资本观需要回答实践中遇到的一系列问题。比如，资本本质上仅仅是一种价值增值手段还是一种社会关系？雇佣劳动关系是不是货币转化为资本的必要条件？关于雇佣关系，是资本、土地、劳动力、技术、管理几大要素之间相互平等雇佣，还是稀缺性要素雇佣其他要素，抑或是以不同资本形态出现的产权性要素联合雇佣劳动力要素？再比如，公有资本和私人资本在资本结构中处于怎样的地位和作用？国家应对多元化资本形态的自由运行持何种宏观政策？……诸如此类的问题，可以划分为三个层面：一是资本属性，二是资本功能，三是资本监管。对这些问题的不同回答，表明了认识主体对资本理解和观察的差异性和多样性。

一、中国特色社会主义的资本属性观

在西方文化中，有关"资本"的思想起源于古希腊雅典人的经济活动。在中世纪拉丁语中，"资本"一词最初是指牛或其他家畜的头数。家畜不仅饲养成本低，还可以活动，主人在必要的时候可以带领它们逃离危险境地。除了提供肉食，家畜还可以为人们提供额外的财富或附加值，比如牛奶、皮革、羊毛、肉和燃料。此外，家畜还有一种"价值特性"——繁衍后代，由此衍生出"资本"的两种最初含义：提供物质资源和产生附加值。同时也说明，资本既具有使用价值和价值这两大商品属性，同时又具有"能够产生附加值"这一固有特性。在中国文化中，元代的元曲中已经有了"资本"一词。政治经济学意义上的"资本的发展"最早出现于16、17世纪。马克思

基于英国资本主义发展的历史事实，在批判地继承古典政治经济学研究成果的基础上，发现了资本的双重属性，即自然属性和社会属性，这是我们在新的历史条件下创新资本属性观的根本理论依据。

马克思在《资本论》第三十六章开篇指出："生息资本或高利贷资本，和它的孪生兄弟商人资本一样，是资本的洪水期前的形式，它在资本主义生产方式以前很早已经产生，并且出现在极不相同的经济社会形态中。"① 这一论述表明马克思并没有把资本限定在资本主义社会，资本主义社会以前的社会经济形态也存在资本。只不过资本主义社会之前的资本不是作为一种生产方式而只是一种剥削形式。根据马克思关于资本的历史考察，可将资本视为一般和特殊的统一。将资本理解为自行增值的价值，也就是能够带来更多财富、更大利润的手段，这是资本的一般规定性。资本除了存在于发达商品经济社会，即市场经济社会，也存在于小商品经济社会。无论是高利贷资本、资本家手中的资本还是小生产者经营的资本，又都是资本的特殊表现形式。当前中国早已建立社会主义制度，但还处于初级阶段，小商品经济和发达商品经济在中国大地皆而有之，故社会主义条件下依然会存在资本。问题不在于资本范畴可否在不同性质的社会关系中同时使用，而在于资本为哪种生产方式服务。社会主义社会存在资本并不意味着生产关系性质就成了资本主义。正如奴隶社会和封建社会存在生息资本和商人资本，但并没有改变这两种社会的经济形态。

（一）资本的自行增值属性

资本是由货币转化而来，但并非任何货币都是资本。判断货币是不是资本，首先看其是否具有价值增值的本能，即是否具有能够增值自身的属性。资本所具有的增值自身的属性，是资本"唯一生活的本能"，用公式表示就是"$G-W-G'$"或"$G-G'$"。以追求剩余价值为目的，或成为带来剩余价值的手段的货币或实物，并非出现于资本主义社会。资本主义生产方式确立之前，随着商品经济发展，就出现了赊购赊销、缴纳租金赋税，以及偿还贷款等情况。如果到期没有支付能力，借贷资本必然出现，高利贷资本便活跃起来。由货币转化而来的高利贷资本，还用于买卖奴隶、土地以及无偿占有别人的劳动成果，从而使其价值获得巨大增值。商业资本和高利贷资本是一

---

① 《马克思恩格斯文集》（第七卷），人民出版社 2009 年版，第 671 页。

对孪生兄弟。古代社会商业资本本质上是独立于买卖双方的中介资本。商业资本不从属于生产，生产也不从属于商业资本。由于生产和交通条件落后，商人很容易通过贱买贵卖的不等价交换对卖者和买者进行双重剥削，获取高额商业利润。不仅如此，商业资本还大量存在于国际贩运贸易中。由于交通不便，资金周转慢，风险大，费用高，因而贩运利润是很大的。在资本主义社会之前长期存在的高利贷资本和商业资本，是和落后生产状况相适应的；而超经济剥削制度又是二者实现自身价值增值的深层土壤。在资本主义社会，劳动力成为商品，货币转化为产业资本。这时货币之所以能够增值自身，是因为其所购买的劳动力具有特殊的使用价值，表现为作为可变资本的劳动力的使用，不仅创造自身价值，而且还创造比它自身价值更大的价值，即剩余价值。而作为不变资本的生产资料被用来吸收尽可能多的剩余劳动。资本表现为物，如货币、生产资料等，但这些物开始并不是资本，它们需要转化为资本。当然，这种转化是有条件的，即两种极不相同的商品所有者既要相互对立又要发生接触。一方是货币、生产资料和生活资料的所有者，他们要购买别人的劳动力来增值自己所占有的价值总额；另一方是自由劳动者，自己劳动力的出卖者，亦即将自己的劳动力当作一种商品或财产进行出卖。"劳动力占有者和货币占有者在市场上相遇，彼此作为身份平等的商品占有者发生关系"①。工人既是自由人，又自由得一无所有，构成了货币所有者将货币转化为资本的前提条件。

需要注意的是，随着生产力水平的不断提高，社会剩余也会不断增多。社会剩余的出现并不意味着价值增值的自动实现。社会剩余产品进一步价值增值的实现途径，离不开以货币为中介的商品交换。"商品流通是资本的起点。商品生产和发达的商品流通，即贸易，是资本产生的历史前提。"② 自然界不会一方面造成货币所有者或商品所有者，而另一方面造成只是自己劳动力的所有者。两种商品所有者的关系不是自然史上的关系或一切历史时期所共有的社会关系，而是"已往历史发展的结果，是许多次经济变革的产物，是一切陈旧的社会生产形态灭亡的产物"③。比如，1949 年前中国农村存在大量长工、月工、零工等雇农。"此等雇农不仅无土地，无工具，又无丝毫资金，只得营工度日。其劳动时间之长，工资之少，待遇之薄，职业之不安定，

---

① 《马克思恩格斯文集》（第五卷），人民出版社 2009 年版，第 195 页。
② 《马克思恩格斯文集》（第五卷），人民出版社 2009 年版，第 171 页。
③ 《马克思恩格斯文集》（第五卷），人民出版社 2009 年版，第 197 页。

超过其他工人。"① 这里雇农用于耕种粮食作物的生产原料和工具即为资本，因为使用这些原料和工具进行生产，带来了农产品剩余，并以商品交换、货币流通和要素流动为基础，使资本增值行为循环往复、周而复始地发生，故称其为"资本"。而1949年前农民用自己和家人的劳动耕种一小块自己的农地，而用货币购买来的用于耕种土地的劳动工具和生产原料算不算资本，需要进行具体分析。考虑到小农生产条件下，技术装备简陋，劳动生产率极低，农民将粮食作为商品进行交换所得来的实物或货币，只能作为自身及家人劳动的补偿，勉强维持自己和家人的生产和生活，交换中还有可能面临商人的严重剥削，因而不仅不能在生产和交换中实现商品价值增值，反而面临着小生产者商品所有权不能顺利实现的风险。

作为资本的一般自然属性，资本的增值性寓于它的特殊社会属性之中。二者相辅相成、辩证统一，不能将其割裂开来。张定鑫在《重思马克思资本观》一书中认为，简单商品经济构成了资本存在的历史起点或逻辑起点；资本是一只会下金蛋的"母鸡"，是一种生产关系和社会权力；资本既具有历史进步作用，又具有历史负效应；共产主义对资本进行了两个层面的扬弃。不过，作者一方面认为资本起始于简单商品经济时代，是一只会下金蛋的"母鸡"，将资本做广义的理解，另一方面又将资本视为一种除了劳动力之外一无所有的劳动者与劳动条件所有权相分离的生产关系，这种生产关系把工人变为资本增值的直接手段，也就是将资本等同于资本主义生产方式，对资本做了狭义的理解。虽然作者关于"资本"概念的这两种理解都是合理的、正确的，但前后逻辑不自洽，将导致很多理论和现实问题不能被解释清楚。比如，无产阶级通过革命消灭资本私有制，将一切私人资本变成社会主义国家的资产后，如果仍将"资本"等同于"资本主义生产方式"，对"资本"概念作狭义的理解，取消或否定国有资产保值增值的一般资本属性，工人阶级又何以自己占有自己的剩余劳动？

由增值性所决定，资本还具有竞争性。为增值自身，资本从利润率低的部门转移到利润率高的部门，通过优胜劣汰实现资源优化配置，促使企业生产规模扩大，并优化国民经济的整体结构。价值增值只有在运动中才能实现。生产劳动只有在空间上并存，时间上继起，才能使作为资本的货币的交换价值的规定性永存。资本的增值性和竞争性又使其具有扩张性，即摧毁一切对

---

① 《毛泽东选集》（第一卷），人民出版社1991年版，第8页。

自身发展有障碍的限制，不断扩大生产规模并夺取整个地球作为它的市场。正如马克思所言："只有当生产资料和生活资料的占有者在市场上找到出卖自己劳动力的自由工人的时候，资本才产生；而单是这一历史条件就包含着一部世界史。"①

（二）资本的社会属性

判断货币是不是资本，除了看其是否具有增值性，还要看其背后所包含和体现的包括买卖关系、借贷关系、生产关系、分配关系等在内不同性质的社会关系。这种社会关系就是资本的社会属性。资本作为一种生产关系或社会关系而存在。不同性质的资本关系服务于不同的社会制度，在不同的社会制度条件下有不同的表现。比如，资本主义社会之前的高利贷资本体现的是高度经济剥削的借贷关系，商业资本体现的是商人作为中介的不等价交换关系。资本主义社会中的产业资本体现的是资本家雇佣工人的生产关系，即资本剥削剩余价值的生产性质以及劳动力换取工资的形式上平等的交换特征。即便是国有资本，亦服务于资产阶级国家的经济发展战略目标，意在缓解阶级矛盾，实现资产者利益最大化。在社会主义制度条件下，不仅公有企业的劳动者是资本和劳动力的双重所有者，而且劳动者和管理者地位平等并能进行身份互换，即管理者也要参加劳动，劳动者也可以进行管理。公有资本实质上是市场经济条件下劳动者平等占有公有资本的资本关系；公有资本自身增值的那部分价值，是为了满足劳动人民的根本利益。因此，公有资本关系反映和体现的是共同富裕及人的全面发展等社会主义生产关系的实质。

需要明确的是，雇佣劳动关系是货币转化为私人产业资本的前提条件，但不是货币转化为任何资本的必要条件。比如，当前中国国民经济以国有经济为主导，国有金融资产是市场经济的核心和枢纽，发挥着经济命脉的作用。国有金融资产本质上归全民所有，职工是资产的主人，国有金融资产和职工之间并不存在雇佣劳动关系。但由于这些资产能够带来价值增值，因而也是资本。此外，劳资关系作为现代社会赖以旋转的枢纽，在全球市场经济条件下起主导作用的形式却发生了重大变化。关于雇佣关系的具体表现形式，除了马克思经典中所描述的资本雇佣劳动关系，还有两种观点：新古典学派认为资本、土地、劳动力、技术、管理几大要素所有者之间地位平等，彼此相

---

① 《马克思恩格斯文集》（第五卷），人民出版社 2009 年版，第 198 页。

互雇佣；凡勃伦则认为每一种社会形态都具有一种占主导地位的稀缺性要素，奴隶社会是劳动力稀缺，农业社会是土地稀缺，工业社会是物质资本稀缺，知识经济社会是知识、技术稀缺，各个社会形态中处于非主导地位的生产要素都是由占主导地位的稀缺性要素所有者所雇佣、支配和控制。

凡勃伦的这一观点在国内非常盛行。王东京在《学习时报》发表文章，具体论证了凡勃伦的技术雇佣资本假说。他列举了两个例子，一是当年比尔·盖茨白手起家，凭借自己的技术发明从纳斯达克融资，后来一举成功，富甲天下。二是十多年前中关村一家高科技企业的最初出资人是一位山东籍民企老板，可他并未担任企业董事长，董事长是技术发明人。那位民企老板出资 3000 万元，却只占有企业 30% 的股份，技术发明人及专家团队占了 70% 的股份。[①] 当然，这里被雇佣的"资本"主要是指狭义的货币（金融）资本。笔者认为，技术雇佣资本假说既违反理论逻辑，也违反事实逻辑。从理论来看，"雇佣"表明要素一方对另一方剩余劳动的无偿占有。在高科技企业，资本和技术作为"强强联合"的生产要素，其所有者均未直接参与生产过程。联合起来的股东，不论是按专利技术入股还是按资入股，他们之间只有股份占比高低、决策权重大小以及红利分配多少的区别，而并不存在谁雇佣谁、谁剥削谁的问题。资本所有者并不因控股权较低，就丧失其资源控制权和剩余索取权。强调技术对资本的雇佣，无疑掩盖了股东红利的真正来源。从事实上来看，由于高科技企业处于社会产业链分工上游，即使企业内部没有雇用一定数量的体力劳动者和脑力劳动者，但产业链下游企业劳动者依然会将技术专利直接转化为产品或服务。因此，与其说技术雇佣资本，不如说技术和货币所有者共同雇用体力劳动者和脑力劳动者，即主导性要素联合雇佣劳动力要素，资本、技术等强势要素所有者凭借要素所有权共同分配企业劳动者所创造的剩余价值。

二、中国特色社会主义的资本运行观

不同资本在资本结构中的地位不同，其具体运行功能也不同。研究资本运行，首先需要对资本进行结构划分。如何对资本进行划分，又取决于划分主体对资本概念的具体界定。资本界定语境和角度不同，资本结构也不同。

---

① 王东京：《技术雇佣资本假说》，载于《学习时报》第 4 版，2016 年 4 月 18 日。

从人类社会角度看，由于资本表现为包括物质财富和精神财富在内的各种社会经济资源的总称，因而也就可以将其划分为物质资本和精神资本。从企业生产角度看，由于资本表现为用于生产的基本生产要素，资本结构也就是包括资本、土地、劳动力、技术、信息、管理在内的各种生产要素的构成及其比例关系。现代经济理论将资本视为生产要素之一。从企业的角度看，资本作为一家公司的总财富或总资产，不仅包括资本货物（有形资产），同时也包括商标、商誉和专利权（无形资产）等。从公司财会角度看，资本结构又是公司长短期负债与股东权益的比例关系。从资本所有制角度来看，资本结构也就是公有资本和私人资本的价值构成及其比例关系。当前中国处于社会主义初级阶段，公有资本和私人资本共存，资本由公有资本和私人资本两种不同性质的资本构成，并实行以公有资本为主体，国有资本为主导的混合资本制度。

资本形态的划分，应涵盖企业活动的主要领域，以解决人、财、物三种资源的配置和管理问题。根据这一原则，笔者将资本形态划分为物质资本、人力资本、金融资本三种。马克思曾对劳动生产力决定因素作出概括："工人的平均熟练程度，科学的发展水平和它在工艺上应用的程度，生产过程的社会结合，生产资料的规模和效能，以及自然条件。"① 从中可将资本分为不变资本和可变资本，前者表现为物质资本，后者表现为劳动力资本。随着资本竞争的日益加剧，教育培训等投资在社会财富创造中的作用不断凸显，人力资本逐步成为一种重要的资本形态。而银行资本和工业资本的不断融合，又使金融资本这一新的资本形态逐步形成，并在经济生活中起决定性作用。对于有人提出的健康资本②、技术资本③、知识资本④等概念，可并入人力资本范畴；而消费资本⑤视其具体情形，可并入物质资本或金融资本范畴。中国现存的二元化的公私资本，也都采取了物质资本、人力资本、金融资本三种具体资本形态。

①　马克思：《资本论》（第一卷），人民出版社 2004 年版，第 53 页。
②　韩貌：《健康资本投资与人力资本理论》，载于《盐城工学院学报》（社会科学版）2003 年第 4 期，第 17～19 页。
③　丁国安：《对技术资本化的看法》，载于《国际经济合作》1987 年第 8 期，第 21～22 页。
④　陈瑜：《新经济呼唤新的资本理论》，引自陈瑜：《陈瑜文选》，中国统计出版社 2014 年版，第 48 页。
⑤　同上，第 48～49 页。

（一）公有资本和私人资本的运行功能比较

中国特色社会主义资本包括公有资本和私人资本两种。公有资本包括国有资本、集体资本等；私人资本包括民族私人资本、外资及私人控股资本。在股份制、股份合作制及混合所有制企业，资本结构既可以由公有资本和私人资本组成，也可以由同一所有制但不同种类的公有资本或同一所有制但不同种类的私人资本组成。在混合所有制企业，公有资本和私人资本相互参股、双向稀释，不同性质的资本按其在资本结构中所占比重大小获取相应的股权收益。

公有资本和私人资本作为两种不同社会属性的资本，具有各自的优势。公有资本，特别是在国民经济主要行业和关键领域占据支配地位的国有资本，服从和服务于国家战略需要，其价值增值部分用于扩大生产、改善民生。由于国有资本在社会整体资源优化配置方面优势明显，因而控制着国民经济命脉，主导了整个民族资本运营的进程和方向。而私人资本在微观经济领域数量众多，运营方式灵活多样，价值增值部分归资本所有者支配，用于资本积累和个人消费。公有资本和私人资本二者长期并存、平等竞争、优势互补、共同发展，合力谋求社会福利最大化目标。

（二）公有资本和私人资本在实际运行中都采取物质资本、人力资本、金融资本三种具体资本形态

物质资本就是直接用来生产具有使用价值的产品和服务的有形生产要素，通常包括土地、建筑物、机械设备、燃料、原料、辅助材料等。物质资本并不创造价值和剩余价值，但却是带来剩余价值的必要手段。一方面，由于物质资本只是将自身价值转移到新产品中去，所以它并不创造新价值。另一方面，物质资本是公有资本和私人资本参与物质财富生产的必要条件，并构成社会财富的自然属性和实物内容。

人力资本是存在于人体中的具有价值创造能力的知识、技能、健康等无形生产要素。首次正式提出"人力资本"概念的是美国经济学家沃尔什。他在 1935 年出版的《人力资本观》一书中，将个人教育费用与个人收益做比较，以计算教育的经济效益。诺贝尔经济学奖得主西奥多·舒尔茨于 1960 年发表《论人力资本投资》，标志着人力资本理论进入主流视野。美国经济学家加里·贝克尔于 1964 年发表《人力资本》，探讨了人力资本的形成，并对

其成本与收益进行了比较。贝克尔认为，人力资本投资影响人们未来的货币收入及消费水平。人们对学校教育、职业培训、医疗保健、迁移以及信息收集等的费用的支出，不仅是出于满足当前需要的考虑，更是为了将来需要的更大满足。他认为，一般来讲，只有当支出的现值小于或等于未来收益时，这种投资才会有吸引力，即投资收益率对于人们是否进行人力资本投资具有决定性作用。人力资本概念的提出，对于当前公有资本企业适应和引领经济新常态具有启发意义。经济新常态意味着经济效益和质量的提升，意味着国家竞争力与国民生活质量的提升。一国竞争力等于竞争力资产乘以竞争力过程。竞争力资产来自技术与产业的跨越式发展，竞争力过程意味着竞争力资产或要素的市场化、资本化。这都需要国企率先培养能够适应国内外竞争的具有技术创新意识和能力的市场主体。此外，"要想富，学技术"，将成为人们摆脱贫困境地的普遍共识。城乡居民只有接受一定的正规教育、职业教育，保持健康体质及人格，才能增强自我发展能力，阻断贫困代际传递。

金融资本是工业垄断和银行垄断相融合而形成的垄断资本。它体现了货币在市场经济中的本质及作用，是用以进行资源整合，服务实体经济运行的重要工具，也是国有资本领导私人资本发展的主要手段。工业资本在扩建、产业延伸以及收购、兼并、重组等过程中与银行资本相结合，必然形成金融资本。随着证券及非银行金融机构的迅速发展，金融资本的概念外延也不断丰富和扩大。从"投资—收益"的内在关系来划分，金融资本又可分为权益型、债务型、衍生型和混合型四种。权益型金融资本就是在所有权和经营权两权分离的前提下，股东对实体企业所获得的利润或政府经营性项目收入要求收益权的一种金融资本；债务型金融资本就是通过契约规定债权人和债务人的关系，要求债务人按规定期限还本付息，否则就构成违约的一种金融资本；衍生型金融资本就是从其他资产中派生出来的在两个当事人之间做出金融安排的一种资本；混合型金融资本是利率市场、汇率市场、权益市场、商品市场等两个或多个元素市场的组合，是多种基本元素市场结合于其产品结构之中的证券。衍生型金融资本和混合型金融资本又被视为新金融资本，即在金融市场基础工具基础上衍生或混合而成的各种组合及其金融合约。新金融资本的杠杆率、高风险性、虚拟性及其所具有的定价、避险功能，表明其在资本市场运行中具有"双刃剑"作用。[1]

（三）分析资本作用必须以资本关系的存在为前提

物质资本和人力资本在剩余价值生产中的作用不同，但都是可以带来物质财富的资本形态。对物质资本和人力资本的投资，可以分别为投资者带来财产性收入和技能性收入。两种资本都是现代市场经济的重要资本形态，它们在资本价值增值中不存在谁取代谁或谁占主导、谁是从属的问题。有学者将物质资本和人力资本对立起来，认为它们起作用的社会经济条件及所形成的生产关系是不同的，即工业经济条件下起主导作用的是物质资本，所形成的生产关系是物质资本雇佣劳动力；知识经济条件下起主导作用的是人力资本，所形成的生产关系是人力资本（劳动）雇佣物质资本。并认为在知识经济条件下，既然物质资本不在增值过程中占据主导作用，因此它也就失去了资本的本质规定性，就不再是"资本"了，而是生产资料了。莫志宏在《人力资本的经济学分析》中写道："人力资本的增值性必然建立在劳动雇佣（物质）资本的基础上。""一旦生产中有了人力资本这种资本形态，就不可能再有物质资本这种资本形态，它们各自对应的是不同的社会经济发展形态。"[2] 这里显然是主观设计了社会经济形态、资本形态及其增值性之间的内在逻辑关系，把主导型资本形态与资本增值属性等同起来，并将社会经济发展形态与社会经济发展条件混为一谈了。一方面，社会经济条件不同，资本的表现形态也不同，因为资本的本性"要求它自身不断地超越已有的、现存的表现方式而走向更高级的表现方式"。"资本的历史形态的演变过程，同时也是资本不断克服自身内在矛盾、变换具体存在方式的过程。"[3] 但另一方面，资本历史形态的演变或具体存在方式的变换，只是意味着资本关系的承载主体发生变化，资本的本性及资本关系本身并未发生任何改变。改变资本历史形态的具体社会经济条件，会影响到物质资本转移价值的速度和大小，但不是其是否具有资本本性的决定因素。在当前资本主义企业中，人力资本发挥至关重要的甚至超过物质资本的作用，但这并不意味着人力资本受雇佣

---

[1]　张汉飞：《新资本形态的奥秘：基于收益成本或价值风险的视角》，经济管理出版社2014年版，第9～10页。

[2]　莫志宏：《人力资本的经济学分析》，经济管理出版社2004年版，第42页。

[3]　杨志、赵秀丽、张丰兰等：《社会主义公有资本论》，中国人民大学出版社2015年版，第180页。

的地位随之发生改变，也不意味着物质资本作为不变资本的本质规定性的自然消失。换言之，不论是工业经济时代还是知识经济时代，物质资本和人力资本作为两种不同的资本形态，究竟是否存在于一定的雇佣关系以及存在于何种性质的雇佣关系之中，不是取决于具体的社会经济条件，而是取决于生产方式，即生产资料和劳动者的结合方式。

　　资本结构由具体资本形态组成，而资本形态的具体作用又随着经济社会结构的变化而不断演化。然而，资本形态功能的演化只能在资本关系范围内进行；离开了资本关系这一重要前提，也就不存在资本形态功能的演化问题。北京大学曹凤岐在为《新资本形态的奥秘——基于收益成本或价值风险的视角》一书所做的序中谈到，经济社会发展的不同阶段，以不同类型的产品为主导产品，故以不同的具体资本形态为主导资本。在农业社会中，农产品占据主导地位，地力资本比其他形态的资本更稀缺、更重要，因而在农业社会中占主导地位。在工业社会中，工业品是主导产品，物力资本在生产中的作用最大，因而在工业社会中占据主导地位。在知识经济社会中，知识产品（精神产品）是社会经济的主导产品，诸如人力资本、新金融资本和制度资本等新资本形态，成为支配全球财富重新配置的主力。① 曹凤岐认为，资本具体形态经历了从地力资本到物力资本再到人力资本、新金融资本和制度资本的演化历程；而资本形态的历史演化，又直接决定了资本增值功能的大小，这些观点值得商榷。比如，在中国古代农业社会，由于实行地主土地所有制，地主所得租金来自土地所有权及地主对农民的超经济强制。这种剥削只是将农民所创造的相当一部分财富进行了主体转移，并不创造新的价值，因而并不存在地力资本问题，地力资本这个概念难以成立。所谓"物力资本"，应表述为"工业资本"。而不论是新金融资本还是人力资本，又都必须以资本关系的确立为前提，否则就遑论其在资本增值过程中发挥相应的主导作用，做出不可替代的关键性贡献了。事实上，按社会生产力的构成要素所划分出的农业社会、工业社会以及知识经济社会，客观上存在的是地力、物力和人力等生产要素。如果将资本形态的功能演化问题放在整个经济社会发展的大背景环境下进行探讨，将资本化的生产要素与生产力构成要素所决定的不同经济发展阶段相对应，就人为地"延伸"了资本形态所赖以生存的社会历史空间。

---

　　① 张汉飞：《新资本形态的奥秘：基于收益成本或价值风险的视角》，经济管理出版社 2014 年版，第 2 页。

三、中国特色社会主义的资本监管观

资本的本性就是实现价值增值，获取更多剩余价值。剩余价值来自剩余劳动，资本监管的实质就是规范、监督、调整乃至限制资本所有者的剩余索取权和支配权。与社会化大生产相适应的公有资本，以追求利益共享，即实现、维护和发展劳动者的共同利益为根本目标。但是，这一目标不会自动实现，而是建立在劳动者和生产资料直接结合的生产方式基础之上，并以尊重职工民主管理企业的权利，发扬他们的主人翁精神为保障。在法律和道德得不到张扬的不成熟的市场经济条件下，一些私人资本所有者暴露出唯利是图的本性，如蚊嗜血、如蝇逐臭，也需要国家对其进行依法监管，鼓励其发挥发展生产、改善人们生活的积极作用，限制其破坏生产、扰乱秩序、浪费资源、污染环境的消极作用。

当前强调国家对资本的依法监管，主要是基于对资本增值的效率问题注重有余而对资本收益分配过程中的公平取向认识不足的严峻现实。改革之初，资本要素稀缺而劳动力要素富余，劳动者不仅工资报酬较低，而且工资被拖欠发放的现象屡见不鲜。如今城乡资本富余，劳动力短缺，但劳动者工资低且被拖欠的情况仍未改观。此外，假冒伪劣产品禁而不止，偷税漏税现象猖獗蔓延，环境污染问题日益严重，这些都与资本所有者的行为一直未被有效监管有直接关系。国家应规范私人资本运营，让私人资本所有者有序竞争、履约付酬、依法纳税、注重环保，并使私人资本的剥削性与社会主义消灭剥削，消除两极分化，最终实现共同富裕的本质要求之间的内在张力被控制在合理范围内。只有加强对私人资本的依法监管，才能充分保障劳动人民正当的经济权利和物质利益，使发展成果更多、更公平地惠及社会底层民众，保障他们过上更好的生活，确保 21 世纪中叶顺利实现社会主义现代化的奋斗目标。

资本主义市场经济条件下，私人资本疯狂扩张，不择手段地追求巨额利润。虽然资产阶级基于市场秩序考虑，立法打击技术剽窃、市场垄断及背信弃义等行为，维护社会整体利益，但因财产所有制未变，故资本监管之根本目标还是为了实现资产者的利益最大化，因而国家也难以真正克服资本扩张所引发的经济危机、社会危机和生态危机。在社会主义市场经济条件下，公有资本占主体，私人资本也是民族资本的重要组成部分。社会主义条件下的

私人资本具有双重性质，既有剥削劳动，无代价占有劳动者剩余劳动的一面，也有为社会提供生产要素，促进生产发展，不断提高人们物质文化生活质量的一面。更重要的是，私人资本剥削雇佣劳动的程度和范围受国家政权监管，因而与资本主义社会最大限度追求剩余价值的私人资本有本质区别。此外，国有资本归全民所有，国家在代表全民实现对公有资本的占有、使用、收益和处分的同时，国有资本代理人也负有国资保值增值的经营责任，并受职工民主监督。而私人资本运营则既受国家政策引导和依法管理，又受公有资本特别是国有资本的主导，更受国家相关法律法规的规范和约束，因而同资本主义制度下的资本监管有着本质区别。

第二节　中国特色社会主义资本观的基本特征

一、资本观的一般特征

关于资本观特征的研究，学术界存在两大问题：一是多数教材或专著只是就不同学者或思想家的观点进行简单罗列，而没有区分不同阶级立场、不同时代背景下的经济思想家对资本观念的不同界定。二是所列观点基本都是引自西方经济学家，而对中国本土学者或思想家的观点关注不够。事实上，世界上并没有超阶级的普世资本观念，人们对资本的认识具有鲜明的民族性、阶级性和时代性，不同民族、不同时代、不同阶级有不同的资本观。如果只是强调资本观的共性或一般性，而看不到它的民族传统、制度规定和时代特殊性，往往会陷入教条主义的泥潭。不从本国实际出发而是照搬照抄别国资本观，可能还会对本国经济发展造成重大损失。鉴于此，笔者认为有必要阐述资本观的民族性、阶级性和时代性。

（一）民族性

一个国家或民族所秉承的资本观，与该国或者民族的历史文化传统及经济发展水平息息相关。如果说历史文化传统为资本观的形成和传播提供文化伦理基因，经济发展水平则决定其成熟和完善程度及在国际上的话语权重。

早在资本原始积累时期，主要资本主义国家进行资本积累和资本改造的历史文化前提不同，据此所选择的资本主义发展道路和模式也不同，这在农业近代化问题上表现尤为明显。比如在农业资本主义化的道路问题上，德国实行的是自上而下的农奴制改革，英国通过革命的、暴力的方式来完成农业资本主义改造，美国则是通过对南部各州奴隶主经济施行暴力的方式进行改造，日本则是通过赎买、允许土地自由买卖来废除领主土地所有制。由于社会历史条件不同，这些国家在由自由资本主义向垄断资本主义过渡过程中，其资本增值、资本扩张的方式和手段也表现出不同的民族特征。英国主要以殖民方式垄断市场，榨取高额利润；美国以托拉斯实现生产和资本的集中，资本积累以惊人的速度进行；德国则是容克地主居于领导地位，他们成为公司和银行股东，从事垄断资本主义经营；日本垄断资本的封建色彩比较浓厚，工商业资产阶级和军阀勾结，推行军国主义政策，对外夺取国外市场和殖民地。

从当前来看，以美英为代表的发达资本主义国家推崇包括经济自由在内的世俗自由主义，通过法治维护资本自由竞争的市场秩序，加快资本累进积累，巩固资本对剩余劳动的支配权。与此形成鲜明对比的是，德国企业在资本逐利竞争中，注重产品研发和品质提升，而非低成本要素投入；竞争策略是依靠以创新为内核的熊彼特式非价格竞争，而非古典式价格竞争。因此，德国企业竞争关系不同于以美英为代表的盎格鲁—撒克逊传统。此外，德国产业制度体系植根于本国独特的制度框架，受该国就业政策和反限制竞争政策影响明显。工人薪酬和工作条件方面又实行"劳资共决制"，代表工人利益的工会和代表资本所有者利益的雇主联合会协商谈判，达成协议并经政府部门认定，行业内所有企业需遵照执行。① 德国资本观强调创新驱动、保障竞争及劳资利益平衡，这是与本国历史文化传统相适应的，是总结历史经验教训，厚植本国文化传统，制定民族独特规则，注重技艺教育传承的必然结果，体现出独具民族特色的特点和规定。与大国相比，小国资本观表现出明显的融合性和灵活性。日本被认为同时容纳并试图融合"儒家—佛教—基督教"三大文化传统，与之相类似的还有韩国（儒家—道家—佛教—基督教）和新加坡（儒家—佛教—伊斯兰教）。② 日本的国家资本和私人资本运行，是政府干预和市场调节相结合，且总体上是依靠市场活力和企业自身的创造力

---

① 黄群慧、贺俊等：《真实的产业政策——发达国家促进工业发展的历史经验与最新实践》，经济管理出版社2015年版，第135页。

② 汪丁丁：《经济学角度解释大国特殊性》，财新网，2016年3月3日。

来推进。政府的经济发展计划、经济调整政策、经济工作重点不具有指令性质，而是引领民间资本投向的一个诱致性信号。从日本政府调控市场，市场配置资源，企业自主决策的资本运行机制来看，无疑受到了儒家思想和基督教文化的双重影响。

（二）阶级性

不同的阶级有不同的资本观。小资产阶级、庸俗资产阶级以及无产阶级经济学的代表人物都有各自的关于资本的看法。代表小资产阶级利益的经济学家认为，资本价值增值是雇佣劳动、生产资料和自然条件共同作用的结果，是社会分工和市场交换的必然产物；只有发展小生产和加强国家干预，才能克服由生产扩大而小生产者消费不足所导致的资本主义经济危机。庸俗资产阶级经济学家认为资本主义制度是万古不变的，因而也认为资本是一个永恒范畴。资本家凭借资本所有权获取利润，是资本运行的唯一动机和根本目的。无产阶级革命家和思想家则认为资本本身是一个社会、历史范畴，它曾在资本主义生产方式确立和形成过程中起到过非常进步的历史作用。但随着资本主义基本矛盾的持续恶化，资产阶级作为人类社会最后一个剥削阶级，连同商品、货币和资本，最终都要退出人类历史舞台。

法国大革命彻底摧毁了封建土地制度，普遍建立了农民土地所有制。19世纪上半期，独立的手工业者和自耕农在法国仍占多数。但随着资本主义经济发展，他们有被排挤的危险，迫切希望能够保持自己的经济地位。著名经济学家让·沙尔·列奥纳尔·西斯蒙第在《政治经济学新原理》中系统阐述了19世纪法国小生产者的这种愿望和要求。他认为，在社会组织中，农场主通过雇佣别人的劳动而生产出来的小麦，就是他的财富，即预先储备以备日后需用的东西。农场主将所收获的小麦总数量扣除他的生活需求量及来年再生产小麦而储存的种子的数量，多余的就是他的收入。农场主既可将这一部分收入分给别人、自己挥霍或消费，也可以作为他所雇佣的工人的食粮，换取他们的劳动，还可以换取雇工、织布工人、开矿工人的劳动产品。多余收入中用于"交换劳动的费用叫做工资"①。不论农场主将多余的收入是用于换取工人的劳动还是产品，都会使小麦的价值变成永久的、逐渐增多而不会再消耗的东西。因此，"社会的形成和交换的发生使这项种子积累起来能够产

---

① ［瑞士］西斯蒙第：《政治经济学新原理》，商务印书馆2009年版，第52页。

生收入的部分大大增加，这就是人们所谓的资本。"① 比如，以 10000 斤小麦作为当年财富，其中，2000 斤分别用于农场主消费和工人工资，500 斤当作来年种子，剩下的 7500 斤就是作为资本来换取自身所需的生产资料和生活资料。来年农业工人种下 500 斤小麦种子，农场主又获取 10000 斤小麦作为财富，年复一年，循环不息，增殖不止。农场主的收入之所以会增加，是雇佣劳动以及能够帮助人劳动的自然物和机器等因素共同作用的结果；增加的收入之所以能转化为资本，实现自身价值的增值，则是社会分工和市场交换的产物。

西斯蒙第从小生产者的立场出发，认为资本积累的目的应是为了人的消费和人的享受而非停留在生产和财富层面；资本家拼命扩大生产、追求利润的结果，导致小生产者破产和收入分配不公；小生产者收入不足又使其消费不足，一部分商品不能顺利实现其价值，从而导致生产过剩的经济危机。经济自由主义给社会带来灾难，应通过政府政策调节社会经济生活。西斯蒙第从"生产扩大——分配不公——消费不足"的资本运行逻辑出发，主张以人的物质福利和幸福作为生产目的，以政府调控和分配公平作为应对消费不足的政策主张，并对中世纪行会手工业和宗法式农业规范原则充满向往，实质上反映了以农民土地所有制为基础的小资产阶级浪漫主义的资本观。

资产阶级革命时期，为了联合工人阶级共同对抗封建贵族和地主阶级的统治，以亚当·斯密为集大成的资产阶级经济学家提出了劳动价值论，以论证价值来源于劳动，劳动是价值的唯一源泉。不仅地主所得是不合理的，资本家所得也是不正义的。资产阶级地位获得稳固后，亚当·斯密又提出了"收入决定论"，强调资本家的收入也是正当、合理的。后来李嘉图将劳动价值论推向极致，提出一元化的劳动价值论。既然劳动是价值的唯一源泉，那么地租就是对劳动所创造的价值的剥削，资本所得即利润也是对劳动所创造的价值的占有，前者有利于论证资本主义与封建主义的对立，而后者则包含了劳资对立的必然结论，显然不是资产阶级经济学家的本意。李嘉图不能充分论证资本的"永恒性"，不能严密论证资本主义生产方式的"正义""和谐"，这个学术任务就历史性地落到了萨伊身上。

随着资产阶级革命推翻了封建统治，为资本主义的发展创造了有利条件，资产阶级的反动本性很快暴露出来，从反封建贵族的革命者变为反对劳动人

---

① ［瑞士］西斯蒙第：《政治经济学新原理》，商务印书馆 2009 年版，第 62 页。

民和小资产阶级左翼的反革命阶级了。创立为资本主义制度做辩护的庸俗经济学的任务就提上日程。萨伊就是 19 世纪初资产阶级庸俗政治经济学倡导者之一。他提出生产成本价值论，或者叫客观效用价值论，以取代李嘉图的古典劳动价值论。他认为生产的意义在于通过各种因素协同活动使自然界本来就有的各种物质适宜于用来满足人们的需要。因此，"所谓生产，不是创造物质，而是创造效用"①。以效用为基础的商品价值，是劳动、资本和自然力三者协力作用生产出来的。无论何时何地生产都不能缺少这三个要素，其中以能耕种的土地为最重要因素。只有在私有财产不受侵犯的情况下，生产三要素才能发挥其最大生产力。不仅如此，萨伊认为自由竞争机制自动发生作用会自然实现供需平衡，如能"恢复受束缚的产业的自由"②，是不可能发生普遍生产过剩危机的。他反对政府干预经济活动和拿破仑的经济政策，认为政府干涉生产的大危害，"起因于对自然法则的不正确看法以及以这些看法为根据所定立的不正确原则"③。而独占事业作为一种有害物，"使用着巨额资本和无数工人"④；禁止自由进出口贸易亦"不能把资本和劳动放在最有利的用途"⑤。不过，如果政府政策有利于使用资本和劳动力，他也是支持的。他承认，法国拥有世界上最完善的丝织厂和毛织厂，是政府扶植的结果，而"这种扶植具有很特殊的利益"，"就是从利己主义立场出发也很难料想到这样明智的办法"⑥。萨伊以利己主义为出发点，以要素价值论为基础，以私有制和自由竞争为自然法则的资本观，是对亚当·斯密古典经济学庸俗部分的继承，同时又是对其科学成分的否定和背离，是资产阶级资本观从革命走向庸俗的开端。有趣的是，经济学说史上争议最大的经济学家，莫过于萨伊了。大卫·李嘉图称他为大陆著作家中首先认识并运用斯密原理的人，马克思认为他是法国庸俗经济学的创始人；现代凯恩斯经济学是从批判萨伊定理开始的，而 20 世纪 80 年代美国供给学派则把萨伊定理视为真理。不同的人，从不同的立场和观点出发，对同一个人的资本观给予不同的评价。这有力地证明，资本观是具有鲜明阶级性的。萨伊身后的资产阶级经济学家，从维护私

---

① ［法］萨伊：《政治经济学概论：财富的生产、分配和消费》，商务印书馆 1963 年版，第 59 页。

②④ 同上，第 186 页。

③ 同上，第 154 页。

⑤ 同上，第 182 页。

⑥ 同上，第 190 页。

有制的固有阶级立场出发，相信资本主义万古长青、制度永恒。门格尔、马歇尔、米切尔、维塞尔都是资产阶级的庸俗经济学家。他们虽"总是试图废除现存的科学体系而去尝试创立全新的理论基石"①，但由于其学说服务于资本所有者特别是大垄断资产阶级的既得利益，因而不可能找出资本主义社会痼疾产生和积累之根源，更不能找到治理这些痼疾的根本之策。

1871 年边际革命之后，主观效用价值论取代客观效用价值论成为主流。边际革命德语系创始人及奥地利学派的奠基人门格尔将财货作为核心范畴分析人们之间的资本关系。他认为，如果有用物与人类欲望具有因果关系，人们认识了这种因果关系，并在事实上具有获得此物以满足人们欲望的力量时，该有用物就被称为财货。资本就是一种用来满足人们某种欲望或效用的经济财货。节欲本身同欲望满足的财货指向相左，因而并不具有财货的性质，没有任何价值。资本也不全从节欲中产生，在许多场合只从单纯的占有而产生。对于土地利用、资本利用及劳动力的价格，即地租、利息、工资三者，如不加以曲解，是"不能还原于劳动数量或生产费的"②。至于一定时期内土地和资本所有者所获收入比劳动者多，其实是由于"土地与资本的利用，为比劳动力更重要的人类欲望满足所依存的缘故。"③ 他认为，社会制度的更替，虽让无财货的一批人代替有财货的一批人享受现有的全部经济财货，但不能避免这样一个事实：只要一部分人的欲望得到满足，而另外一部分人的欲望尚未得到满足，或不完全满足，就有可能会发生暴力。这是因为，经济财货所有权与社会组织形态中的人类经济行为密不可分。因此，"一切社会改革方案，都只应朝着经济财货的合理分配的方向去努力，而不应企图废除所有制本身。"④ 可见，门格尔通过效用或欲望解释价值，进而规定资本的财货性质，完全抹杀了资本的社会关系属性；以能够满足人们某种欲望的财货的力量强弱和程度多寡来解释资本所有者比劳动者收入多的原因，又彻底掩饰了利润的真正来源；主张资本或经济财货所有权不可动摇，改良主义才是人间正道，这种处心积虑为资本主义制度做辩护的资本观本质表露无遗。

19 世纪末 20 世纪初，资本主义生产方式在西欧已取得稳固地位。资产

---

① ［美］约瑟夫·熊彼特：《从马克思到凯恩斯的十大经济学家》，电子工业出版社 2013 年版，第 69 页。

② ［奥］卡尔门格尔：《国民经济学原理》，刘絜敖译，上海人民出版社 2001 年版，第 133 页。

③ 同上，第 134 页。

④ 同上，第 50 页。

阶级经济学家迫切需要解决的已不是论证资本主义制度的所谓合理性、正义性问题，而是如何使这一制度实现资本有效配置，实现资本收益最大化。服务于这一阶级的特殊"使命"，西方经济学界最有影响力的经济学家马歇尔的新古典综合价值论或均衡价格论，长期统治资产阶级经济学界。他以主观效用价值论代替劳动价值论，试图掩盖资本主义剥削制度；他认为资本主义能够自行调节，自行解决种种矛盾，不会发生严重的、经常性的失业问题，来论证资本主义社会是一个永恒的理想社会。后来凯恩斯修改、补充了传统庸俗经济学的工资论、储蓄投资论和利息论，以使其学说更加符合垄断资本的需要。

（三）时代性

同一阶级在不同时代有不同的资本观。资产阶级不同时期的资本观是在资本自由竞争和对资本进行调控之间进行政策取舍。根据一定历史时期的生产力发展水平，是利用和限制私人资本，还是最终消灭私人资本，将其转变为国家资本，使其更快地发展生产力，增加物质财富总量，则是无产阶级资本观时代性的具体表现。下面以"二战"后西方国家资本观演化为例对资产阶级资本观的时代性予以说明。

在无产阶级革命导师马克思系统揭示资本主义基本矛盾必然导致生产过剩、经济危机及资本主义制度必然覆灭的命运之后，对资本运行的弊端出现了革命和改良路径的二元分野，并在"一战"期间分别得到发酵和践行。列宁利用世界大战所带来的薄弱环节，领导"十月革命"取得胜利，并迅速变私人资本所有制为社会主义公有制。而主要参战国政府则开始对战时国民经济进行管理，标志着国家垄断资本主义的产生。资产阶级经济学家约翰·梅纳德·凯恩斯顺应国家垄断资本主义的制度需要，在维护生产资料资本主义私有制的前提下，主张运用财政政策和货币政策来弥补投资不足、实现充分就业，倡导国家干预甚至直接参与实体资本运行。凯恩斯针对资本主义市场经济所存在的严重弊端，以有效需求不足为基本假设，提出国家宏观调控和市场干预理论。由于他的理论不可能抓住资本主义生产过剩及经济危机的实质和根源，更不主张变革生产资料的资本主义私有制，用暴力推翻资本主义制度，因而也就不可能科学分析和根本治理资本运行所带来的矛盾和问题。以萨缪尔森为代表的新古典综合派和以曼昆为代表的新凯恩斯主义在论证方法上对凯恩斯的学说不断修正和完善，但核心观点与传统凯恩斯主义一致。

到了 20 世纪 70 年代，奉行凯恩斯主义的国家，长期刺激私人资本投资，带来严重的财政赤字，经济陷入停滞状态，加上国家货币供给的增速超过国民生产总值增长速度，通货膨胀日益严重。基于治理"滞胀"的现实考虑，新自由主义受宠于英、美等主要资本主义国家并登上主流经济舞台。新自由主义倡导利率自由化、竞争性汇率制度；放松政府管制，特别是放松对外国直接投资的限制；取消政府干预，由市场自由配置私人资本流向，实质上就是一种完全自由化的私人资本观。新自由主义的实施虽然在一定程度上抑制了通货膨胀，促进了经济增长，但私有化直接加剧了贫富两极分化，放松金融管制又引发了严重的金融危机，并进一步加剧金融财产私人占有的不平等程度。据统计，1983 年美国 1% 的人占有 42.9% 的金融资产，1992 年这一比例更是达到 47.2%。①

进入 21 世纪后，法国经济学家托马斯·皮凯蒂出版《21 世纪资本论》，冲破新自由主义的束缚和羁绊，承认了资本主义社会私人资本所有制所引发的分配不公和两极分化问题。皮凯蒂的核心观点是私人资本收益率快于产出收益率，私人资本所有者的财富积累速度超过产出及收入增速，使企业家成为社会食利阶层，并支配除劳动力以外一无所有的无产者。为此，他主张征收年度累进资本税，而非向一切资本征收足够的税，保护对新型资本原始积累的激励。当然，皮凯蒂只是解释了资本主义社会的一些经济现象，不可能从本质上认识资本主义社会的资本属性及命运，更不可能开出消除资本主义社会私人垄断资本扩张恶果的有效良方。

事实上，现代东西方国家，不论持何种社会制度，大都面临资本观的创新和发展问题。信息革命浪潮的冲击，跨国投资、网络交易的盛行，使人们对资本的认识发生了很大变化。人们为制定新的经济秩序规则，必须对资本观进行深刻思考，把握资本在新条件下的新地位、新功能和新作用，重新定位资本观，使之服务于国民经济发展、企业创富及居民财产性收入增加的实际需要，满足经济社会进一步发展的客观趋势。

二、中国特色社会主义资本观的固有特征

中国特色社会主义资本观作为资本观的一种，首先具有资本观的一般特

---

① Edward N. Wolff. Recent Trends in the Size Distribution of Household Wealth. Journal of Economic Perspectives 12 (Summer 1998), pp. 131 – 150.

征。它作为以中国特色社会主义制度为主导的资本观，又具有不同于资产阶级资本观的自身所固有的特征。

（一）人民主体性

"民者，国之根也。"习近平在中共中央政治局第二十八次集体学习时强调："要坚持以人民为中心的发展思想，这是马克思主义政治经济学的根本立场。""要坚持把增进人民福祉、促进人的全面发展、朝着共同富裕方向稳步前进作为经济发展的出发点和落脚点"。① 这对于我们分析中国特色社会主义资本观的人民主体性，提供了重要理论指导。

人民群众是对资本支配的主体，是资本收益的创造者和享有者。社会主义市场经济对一切有益于国计民生的资本增值活动敞开大门。在国有企业，职工是企业的主人。他们既是支配资本的主体，也是资本收益的创造者和享用者。在私人企业，一方面，劳动力、技术、管理、信息等要素被资本所支配，服务于资本增值的特定需要，因而这些要素实现了向生产资本的转化，取得了生产资本形式；另一方面，资本与劳动力、技术、管理、信息等一同作为生产要素参与财富创造，其所有者凭借所有权获取相应报酬或所得。由此观之，私人企业的劳动者是资本收益的创造者，但在初次分配中不是直接享有者。提高这部分劳动者以及社会上其他弱势群体收入，需要政府进行二次分配，从而使低收入群体成为资本总收益的间接享有者。总之，社会主义国家坚持人民主体地位，就必须承认人民支配资本运行及享有资本收益的权利和资格。然而，在部分学者和腐败官员心里，人民创造历史的唯物主义被丢弃或篡改，劳动创造价值这一政治经济学理论基石被虚置或否定。资本及资本家的作用被捧上了天，劳动人民的作用被严重淡化、忽略甚至贬低。只有理论上正本清源，制度与机制上才能接地气、得民心。只有坚持马克思主义的群众史观及劳动价值论，才能真正以制度规则、法律法规捆住资本"干政欺民"之手，才能让人民群众真正成为支配资本的主体，成为资本收益的创造者和享有者。

资本结构调整进程和资本发展方向取决于历史发展的需要和人民群众的觉悟及行动。国有资本和私人资本在资本结构中的比例大小以及作为民族资

---

① 《习近平：立足我国国情和我国发展实践 发展当代中国马克思主义政治经济学》，载于《人民日报》第1版，2015年11月25日。

本整体的增值能力和国际竞争力强弱，取决于民众对资本属性和资本作用的认识程度，取决于民众能否对资本运行进行民主管理和有效监督。如果劳动人民觉悟到资本增值与自身利益息息相关，那么他们会重视资本、关注资本并自觉监督资本。资本观与人民观、利益观、人生价值观紧密相关。譬如，国企改革确保了现有员工利益，但却以牺牲下岗工人的利益为代价。若没有下岗工人所做的牺牲，中国国企改革进程将无法推进，国有企业的活力和竞争力无法提高，从国企转制而来的私营企业也就无从谈起，甚至中国的工业化、现代化、国际化进程终将因社会动荡而被迫中断。在当前中国，无论与民众切身利益密切相关的社会民生问题，如就业、分配、医疗、养老、住房、食品安全等，还是思想意识形态领域存在的理想信念缺失、道德观念淡漠等问题，客观上都与私人资本无序扩张有关。这样一来，不仅人们的民生成本负担被资本逐利性所加重，而且所有社会关系都面临货币化的困境。资本自发扩张的逻辑与劳动人民自觉行动的逻辑相反相成、互为因果。生活在资本关系中的弱势群体，不仅自身认识觉悟能力在不断提高，而且还积极利用互联网等现代科技手段，自发组织起来配合政府管控和驾驭资本。人们利用资本文明成果消除私人资本扩张所带来的恶果，将成为资本发展中的一种常态或一条主线。

坚持把增进人民福祉，促进人的全面发展，朝着共同富裕方向稳步前进，作为资本结构调整和资本价值增值的出发点和落脚点。公私资本结构调整方向由两个因素决定：一是生产力发展水平；二是人民的实际需要。优化公私资本结构，不仅仅是为了推进生产力和技术的物化变革，更是为了普遍满足人们物质文化生活的需要。政府应保障资本为民的所有制改革方向。如果国有企业内部都不能实现工人对资本收益的公平获取，而私人企业又不能回应劳动者的合理诉求，不能让他们获得契约所规定的正当利益，这样的所有制改革就失去了意义，也不可能实现国民经济的协调、可持续发展。当然，将资本增值了的部分用于满足民众的新期待，并不等于过度福利化。脱离经济发展和财力状况的过度福利化，不仅不会真正提高人民生活水平，反而还易掉入"中等收入陷阱"。正如习近平所谈到的，对民众过度承诺会导致"效率低下、增长停滞、通货膨胀，收入分配最终反而恶化"[1]。执政党最为重要

---

[1]　中共中央宣传部编：《习近平总书记系列重要讲话读本（2016 年版）》，学习出版社、人民出版社 2016 年版，第 214 页。

的任务，就是通过国有资本力量实现对私人资本的有效引导，使公私资本有效地为社会服务、为人民造福。

（二）和平积累性

"三代不同礼而王，五伯不同法而霸"。加速原始资本积累，西方国家靠的是对外战争和武力殖民。中华民族自古以来爱好和平，不走对外战争和殖民扩张的霸权之路，而是在国家调控和干预下，通过加强教育、创新科技、改善管理来提高劳动者素质，降低生产成本，扩大市场份额，提升企业产品的市场竞争力。

国家权力集中是中国资本能够快速积累的前提和保障。资本积累是现代国家的重要经济职能。对从半殖民地半封建社会脱胎而来的社会主义中国而言，没有集中统一的国家权力，就没有新中国初期工业化建设所需要的大量资本来源，就没有捍卫社会主义的强大国力。同样，没有集中统一的国家权力，也就没有改革开放以来信息化、工业化、城镇化及农业现代化所需的资本效率，就没有生产力的高速发展和人民生活水平的极大改善。国家权力集中使用是为了缩短资本积累周期，集中全国资源办大事，不断创造自由的、联合的劳动条件，造福全体人民，推进国家现代化，因而与西方发挥资本自发作用并追求一人、一党、一集团之私利的所谓"威权主义"形式相似，但目标上存在根本区别。事实上，不论是发挥资本的自然规律的自发作用，还是发挥自由的、联合的劳动的社会经济规律的自发作用，国家或政治组织的作用都是不可或缺的；特别是在彻底实现由前者向后者的过渡和转化方面，"可以立即向前大步迈进"，虽然这一转变需要"经过新条件的漫长发展过程"①。

教育和科技发展是中国资本快速积累的根本途径。一方面，教育是人力资本积累的主要途径。2015 年中国小学净入学率、初中、高中、高等教育毛入学率均达到或超过中高收入国家平均水平，教育总体水平跃居全世界中上行列。飞速发展的国民教育源源不断地培养出市场经济所需的人力资本。高等教育水平的提高又直接为高新技术发展提供了广阔空间。据统计，2014年底中国科技人力资源总量约为 8114 万人，是世界科技人力资源第一大国。

---

① 《马克思恩格斯文集》（第三卷），人民出版社 2009 年版，第 199 页。

而博士、硕士、本科、专科科技人力资源占比分别为 0.8%、4.7%、37% 和 57.5%。① 改革开放以来中国人力资源总体结构的不断优化，不仅为企业资本增值提供了稀缺要素支撑，而且也为提高贫困地区劳动者素质，帮助其脱贫致富奠定了人才基础。另一方面，科技又是资本积累的根本动力。从熊猫彩电、雪花冰箱，到双星球鞋、海鸥照相机，再到海尔冰箱、华为手机，一批批民族品牌在市场经济大浪中成长起来，不仅扩大了民族资本积累速率，而且使民族工业企业在全球经济体系中的话语权不断加大。此外，自改革开放以来，中国与西方国家保持密切的交流与合作。西方国家在中国进行大量直接投资，客观上拉动了中国本土企业资本积累的步伐；民族企业发展到一定阶段和水平，积累起来的资本出现大量剩余，技术水平位居世界前列，必然走向海外，利用国际、国内两个市场配置资源的需求不断上升，跨国资本双向流动日趋活跃。譬如，20 世纪 90 年代在坦桑尼亚注册成立并发展壮大起来的中铁建工东非公司，承建了坦桑尼亚主要城市 70% 以上的房建工程。该国 80% 以上的政府工程也是由中企承建。从 2014 年开始，中国品牌手机进军印度市场，而百度、腾讯和阿里巴巴等互联网企业也与印度最大的美食网站、订票网站和网上打折平台展开合作。2015 年 11 月，中国海航集团收购巴西第三大航空公司蓝色航空 23.7% 的权益，成为蓝色航空单一最大股东。中国公司布局长远，正凭借雄厚的资本、先进的技术和成熟的市场经验开发国际市场。中企对国外市场的大规模投资经营，既加速了民族企业资本的和平积累，又推进了当地经济社会发展和民众生活改善。

（三）开放融通性

"明者因时而变"，"知其事而不度其时则败"。中国特色社会主义资本观作为中国共产党对待资本问题的观点、政策和主张，其内容本身就是开放、融合、变通的产物，并随着国内外时代条件的变化而变化。中国特色社会主义资本观是建立在开放实践基础之上的。这种开放既包括城乡社会互相开放，也包括公私企业及中外经济相互开放。

中国的经济体制改革发轫于 1978 年的农村家庭联产承包。以土地集体所有为前提的包产到户，极大地调动了广大农民的生产积极性。随着农业劳动生产率水平的提高，农业剩余和人口剩余不断增多，从而为城市工商业发展

---

① 詹媛：《我国科技人力资源总量世界第一》，载于《光明日报》第 1 版，2016 年 4 月 22 日。

提供了物质基础和人力基础。不仅如此，土地公有私用的经济制度安排还在一定程度上消除了城市经济危机的隐患。在市场经济条件下，普遍、长期、稳定的小农生产方式实质上是不存在雇佣劳动关系的小资本生产方式。广大农民既可以进城打工，被城市资本所雇佣，直接为城市资本创造大量剩余价值；也可以留守务农，提高农业产出率，进而避免城市发生粮食危机及相对人口过剩情况，承担起潜在经济危机的制度成本，因而间接支持了城市资本的体量积累和规模扩张。当前有人鼓吹"资本下乡"，允许城市富余工商资本下乡流转农村土地，虽在一定程度上解决了土地闲置和低效利用问题，但不加限制和约束的资本下乡，必将掉入土地私有化的陷阱，最终造成环境污染、资源浪费以及农村内部两极分化的恶果。显然这与社会主义资本观的本义相背离，因而必须对其防范并坚持农村土地的集体所有制不动摇。

除了以农民入城、技术下乡为代表的城乡资本化要素自由流动、平等交换之外，作为平等市场主体的国有企业和私人企业，两类企业的内部要素均由市场定价，并实行等价交换，允许自由流动，甚至可以相互参股、双向促进。在相关法律法规和既定政策框架下，在市场机制的作用下，包括资本在内的各类要素在国有企业和私人企业之间的相互开放、平等进出，是延伸资源配置空间，提高资源配置效率的客观需要，既有利于国企参与市场化竞争，促进产业转型升级和经济结构优化，提高中高端产品的生产能力和民族产业的国际竞争力，也便于解决私企的融资问题并提高其人力资源的供给质量和效率。总之，改革开放以来，为了大幅度地发展生产力，必然要多方面地改变与生产力发展不相适应的生产关系，其中包括对已经绝迹了的私人资本关系进行恢复和发展，也包括对日益僵化的国有资本关系进行调整和改革；为了充分释放人们利用资本、技术等生产要素创造财富的巨大潜力，在减少交易成本的同时，增加财富总量，不同资本关系的市场主体又按照一定的制度和规则走向合作和联合。

中国对外开放也是资本、技术、管理等生产要素的双向开放。资本开放不等于资本放开，任由外国资本吞噬中国市场。外国资本进入中国，要遵守中国法律，并受中国产业政策的限制。积极引入发达资本主义国家的资本和技术、科学经营方式和管理方法，是为了减少研发成本和时间成本，为自主发展和持续繁荣社会主义市场经济创造必要条件，而非依附于资本主义市场经济的分工体系。资本主义市场经济以生产资料私有制为基础，中国特色社会主义市场经济以生产资料公有制为主体，二者不具有所有权意义上的融通性或一致性，但资本在全球的流动性又要求它们在运行方式及管理方法等方面相互借鉴、取长补短。改革开放以来，中国利用外资、引入技术，加上自身丰裕的低成本劳动力这一要素禀赋，自然形成了出口导向型经济增长模式。如今，世界经济格局发生巨变。一方面，发展中国家经济实力越来越强，中国依赖世界经济增长带动本国经济发展的潜力空间越来越小。另一方面，当前中国拥有雄厚的物质基础、丰富的人力资本、广阔的市场空间，加之世界新一轮科技创新和产业升级蓄势待发，因而自主创新驱动经济发展的内外条件充足、竞争优势明显。新的科技革命和产业革命的推进，全球分工体系的演化及其所制约的中国经济结构转型的趋势和方向，是本国资本观开放融通的客观动力、现实条件和根本依据。

第二章 中国特色社会主义资本观是对传统资本观的继承和发展

中国特色社会主义资本观除了以马克思主义资本观为其直接理论来源，又有着深厚的本土理论渊源。它根植于"既要自谋，又要上谋"的中国传统资本观，扬弃了"既要发展资本，又要节制资本"的民主主义资本观，承继"国营经济和合作社经济配合领导私人经济"的新民主主义资本观，发展了"社会主义公有制背景下大力发展商品经济"的社会主义资本观。如果将中国特色社会主义的时间起点界定为 1978 年，那么中国特色社会主义资本观的实践历程距今已有 38 年了。在这期间，中国特色社会主义资本观经过了利用资本主义发展社会主义、利用社会资本发展国有资本、利用法治经济发展公私资本三个阶段。西方经济学解释不了中国的跨越式发展或者说"中国奇迹"，根本原因在于它们信奉的是以资本为中心的理论逻辑。只有以马克思主义理论为指导，从中国国情出发形成中国特色社会主义资本观，才能有力解释"中国之谜"。中国未来资本发展的道路和方向，在很大程度上则取决于"以民为本，以资为末"这一东方传统资本观的恢复程度和发扬广度。

第一节 中国特色社会主义资本观的历史渊源

中国传统资本观是中国特色社会主义资本观的历史渊源。中国传统资本观分为三个部分：古代资本观、近代民主主义资本观和现代无产阶级资本观。中国特色社会主义资本观既与古代、近代资本观具有同一的文化基因和实践土壤，又与新民主主义、社会主义革命时期的资本观一脉相承、前后呼应。中国特色社会主义资本观固然离不开国际资本理论及中外资本竞合实践，但从根本上讲，它是中国人民在儒家传统和社会主义传统基础上，以马克思主义资本观为根本指南，自主探索资本结构特点和运行模式的产物。

一、中国特色社会主义资本观根植于"既要自谋，又要上谋"的古代资本观

商业资本在中国很早就已出现，商朝时期就存在商业资本活动。两汉商业资本发达，富商大贾周流天下。当时社会上有盐铁商、运输商、囤积商、高利贷商和专卖经济商。国内商业发达，国外贸易随之展开。张骞出使西域，中西交通线路业已打开，敦煌成为控制东、西交通孔道的门户；胡商前来中国，商业活动络绎于途。值得一提的是，司马迁还提出了千行百户投资获取平均利润的思想。他说"庶民农工商贾，率亦岁万息二千"①，整个社会各行业每年本金一万可生息二千，利润率均为百分之二十。"子货金钱千贯"的放款业，亦是如此。就连佗杂业如"不中什二，则非吾财也"②。就是说农工商之外的行业，其利润率如达不到十分之二或百分之二十，就会无人投资。明、清两代商业资本数量可观。明代万历年间，新安鱼盐大贾有至百万者，二三十万则为中贾。山西或盐或丝或窖粟，其富甚于新安。至于清代，《清稗类钞》载："山西富室，多以经商起家。亢氏号称数千万两，实为最巨。"在此背景下，整个社会对商业及商人的态度发生彻底转变。明嘉靖年间上海人陆楫认为，有赖于商人买卖的社会奢侈行为，有助于财富再分配及穷人就业。明末清初思想家王夫之提出了"上之谋之，不如其自谋"的市场观、"流金粟，通贫弱之有无"的商品流通观、"有分土而无分民"的贸易观以及避免"金死于藏，粟腐于庾"的消费观；黄宗羲极力主张"工商皆本"；明末农民起义领袖张献忠甚至流露出"前往南京做绒货客人"的夙愿。嘉靖以来随着产业飞速发展，包括行会在内的商人组织次第出现。入行当学徒是成为一个成功商人的可靠途径。这些理念主张及组织行为都诠释和标注着中国古代商业资本发展的新高度。

总体来看，中国古代资本观是建立在民本观和农本观基础之上的。国以民为本，民以食为天，食以财为上，财以均为要。"人之所以为人，资财以生"。离开物质财富，人类就无法生存和发展。在国家经济管理上，统治者

---

① （汉）司马迁：《史记》（四），上海书店出版社1988年版，第2046页。
② 同上，第2048页。

应"因民之所利而利之"，"听民自便"，"听民自为"，让"富人大贾分而有之"。然而，私人求财逐利的结果，必然导致并加剧贫富分化。而"使富者安其富，贫者不至于贫"，就应该"司空主地以养民"，薄赋敛、抑兼并，损有余而补不足，从而形成"私有制分工—阶级分化—国家再分配—财富占有相对均平"的经济逻辑。古人对国与民、公与私、富与均、利与义等经济关系的论述，既适用于农业，也适用于工商业；既适用于商品货币关系，也适用于后来出现的资本关系。中国古代应对商业资本、高利贷资本及小资本私有制所带来的分化及财力不足、物价不稳等问题采取的策略，一是政府要有所作为。政府究竟应不应该干预经济？这是一个一直长期争论的问题。比如，文景之治后，有了一定国力，汉武帝要聚敛财政打匈奴。桑弘羊提出盐铁官办、酒类专卖、平准均输、统一铸币，限制私人经营盐铁酒类商品及贩运投机，认为这样既可以增加财政收入，又能"排富商大贾"，抑制他们兼并掠夺。文学贤良们则对此反对，这就是《盐铁论》的争论内容。桑弘羊所提出的这些重要经济政策，不仅成功扭转了政府财政危机，满足了日益增长的巨大开支需求，还出现了财政盈余状况，同时又未增加老百姓农作物缴税负担。从政府和市场的关系看，双方争论反映了特定历史条件下国家干预经济和国家放任经济的观点冲突和较量。两种不同的制度选择、立场考量和政策取向对后世影响深远。二是社会成员通过道德修身做出努力。比如，倡导"富而好礼"，培养"见利思义""义以为上"的君子人格；践行"存天理、灭人欲"的经济原则，在"义"的指导下节制不合理的欲望；反对以牺牲本国环境和败坏道德身心为代价追求非分欲望，"破心中贼"，等等。这也是司马迁谈到的"善者因之"和"利导之"的经济政策失效后，就需要"整齐之"和"教诲之"的手段和办法，对私人经济活动进行外在干预和内在克制。

有人认为，以先秦孔孟为代表的儒家学者倡导一种经济自由论，即把经济发展看作一种私人所从事的经济活动，并通过列举孟子之言"天下之本在国，国之本在家，家之本在身"，来说明"以身为本"的"自爱"思想与西方古典经济学强调的"自利"思想的相通性。[①] 众所周知，"修身、齐家、治国、平天下"所告诉我们的非但不是"利己"之经济逻辑，反而是"由内而外、由己及人"的"利他"之道德主张及"义以为上""以义为利"的经济

---

① 马涛：《论儒家的自由经济思想》，载于《管子学刊》1998 年第 1 期，第 36 ~ 44 页。

伦理诉求。歪曲祖国先哲的伦理主张以趋附于西方近世思想，不仅抹杀了中西思维方式客观存在的整体主义和个人主义的差异性，而且以西方经济学思维强制阐释先贤哲人的观点主张，达到为特定阶级意识形态辩护的目的。其实，中国先贤哲人早已洞察包括发展资本在内的工商业活动对整个社会所带来的正负效应，所以既鼓励、支持私人经济发展，又提出了诸多重民保民、损有余而补不足、修身克己等应对之策，以调节贫富差距，实现社会稳定。反过来看，即便是在近代西方社会，针对文明社会演进过程中社会风尚的堕落，公共事业的虚无，物欲主义的渗透以及私利、肉体享受成为人们最关注的目标，启蒙思想家也一再强调自爱与他爱互惠的社会经济运行规则，主张在社会框架内处理公共利益与私人利益关系这一政治经济学的核心论题，通过自愿协议建立法律和正义的社会制度，并以强烈的道德责任感追求他人善和公共善。片面强调西方社会"自利即自爱、自爱即他爱"的社会经济逻辑，并用来曲解中国古人的修身治世思想，既不符合中国儒商"奉献家国"的伦理传统，也不符合西方社会追求个人利益与"公共善"相协调的资本主义传统。

二、中国特色社会主义资本观扬弃"既要发展资本，又要节制资本"的民主主义资本观

鸦片战争后，西方列强为在全世界谋取资本增值的广阔空间，用坚船利炮打开了中国国门，中国进入半殖民地半封建社会，并逐步沦为西方列强的原料产地和商品销售市场。由于国家自主性逐步丧失，旧的稳定的政治共同体和文明共同体逐步走向瓦解，鸦片战争前中国本土出现的资本主义萌芽，始终面临国际资本主义体系在资源和资本领域的垄断压力。帝国主义在工矿、金融、贸易、运输等方面控制了中国经济。相对于中国民族资本而言，帝国主义在华工业资本处在大资本地位。1895～1913年，中国境内资本在100万元以上的厂矿中，华资17家，资本共计3173万元，平均单位资本为187万元，外资22家，资本共计6379万元，平均单位资本为290万元。帝国主义在华资本不仅是大资本，而且还具有垄断性。一家外国大厂的资本，往往超过全行业中的华厂资本。这种垄断性还表现在资本集团的出现。许多原来以经营进出口贸易为主的外国洋行，逐渐发展到包括工业在内的多种经营，形成了工贸一体化的大资本集团。在甲午战争以后，这种现象表现

得特别显著。① 对于贫穷落后的中国而言，客观上需要民族资本主义发展所带来的文明成果，但按照资本主义老路走下去，也会形成垄断资本统治的局面。以银行业为例，1911 年中国有华资银行 16 家，资本总额为 2155 万元；到了 1917 年华资银行数达到 73 家，资本总额为 5198 万元②，并逐步形成了华北、江浙和华南三大金融财团。中国本土银行业的发展密切了与工商业的关系，起到了振兴实业的作用，但银行业的自发竞争加上官僚资本的参与，也很快走向了私人资本垄断的境地。如何既要迅速发展资本，创立由中国人民自己所支配的资源和资本等要素供需体系，又要限制中国资本主义向垄断资本主义发展，就成为民族资产阶级在资本问题上的核心议题。

孙中山于 1905 年提出"既要发展资本，又要节制资本"的主张。辛亥革命推翻清政府后，出现了资本主义发展的短暂高潮。资本问题成了人们瞩目的中心，中华民国为民族资本主义发展提供了条件。这一时期，北洋政府在不断削弱《临时约法》赋予国民的结社、言论、出版、营业和财产权利的同时，对民族资产阶级振兴实业的各种活动却给予了一定程度的保护和提倡。民族资本可以在相对宽松、自由的经济环境中与外国资本展开竞争，并向垄断资本主义发展。以丝织业为例，民国初年由于手拉提花机和电力丝绸机的推广使用，丝织业由分散的家庭劳动向工厂制的集中生产过渡。到 20 世纪 20 年代，引进先进技术和管理方式的新型绸厂在丝织业中占据主导地位。这类绸厂经过激烈的国内外市场竞争，又出现了明显分化。以"添置机械，罗致人才，革新管理，扩大经营"为治厂方针的上海美亚绸厂，从 1921 年到 1933 年就先后收购、合资、合并其他绸厂，建立十个分厂，一跃而成为丝织业霸主。

1924 年，孙中山在《中国国民党第一次全国代表大会宣言》中指出："凡本国人及外国人之企业，或有独占的性质，或规模过大为私人之力所不能办者，如银行、铁路、航路之属，由国家经营管理之，使私有资本制度不能操纵国民之生计，此则节制资本之要旨也"③；一方面，孙中山认为关系国家经济命脉的产业经营权应归国家所有，发展中国实业，"当由政府总其

---

① 参照汪敬虞主编：《中国近代经济史：1895～1927（上册）》，人民出版社 2000 年版，第 561 - 567 页。

② 戴逸：《中国近代史通鉴》（第六卷），红旗出版社 1997 年版，第 27 页。

③ 《孙中山选集》（下卷），人民出版社 1956 年版，第 527 页。

成"①；另一方面，孙中山又主张运用国家力量，通过向资本家征收直接税或从经营范围和企业规模上对私人资本加以限制，以及制定劳动法等措施，支持和扶植中小资本，节制垄断国家经济命脉的私人大资本，发展壮大国家资本，这样既有利于解决当前社会经济发展问题，又能造福未来。由于民族资产阶级缺乏科学理论指导，又不能广泛动员群众，节制资本的理想愿望不免化为泡影。以"四大家族"为代表的大地主大资产阶级的国家资本和官僚资本操纵了国民经济。正如许涤新所言：从抗战后中国总体情况看，战前较大的一部分民族资本没落了（如荣宗敬系的申新纱厂与福新、茂新面粉厂），而国家资本和官僚资本则在战时急速发展起来。特别是官僚资本垄断商业、金融与工矿，囤积居奇，无所不用其极。它们越来越成为操纵国民经济的特殊形态的独占资本。② 不过，孙中山"节制资本"的思想和观点，反映了民族资产阶级的愿望和要求，有其社会经济基础和阶级基础，有其历史进步性和现实合理性，因而转变成新民主主义经济政策的一部分。而把一盘散沙的旧中国组织成为一个具有强大凝聚力的政治共同体，经过人民对政治的广泛参与，最终创立由中国人民自主支配的资本要素体系，并在这个独立自主的强大体系下发展商品经济的重任，就历史性地落到了中国共产党人身上了。

三、中国特色社会主义资本观承继"国营经济和合作社经济配合领导私人经济"的新民主主义资本观

1917 年俄国革命一声炮响，给中国送来了马克思列宁主义。马克思列宁主义与中国实际相结合，形成了中国化的马克思主义及以之为指导的中国共产党。以毛泽东为代表的中国共产党人先是领导工人运动，后又举行农民起义。经过长期探索和实践，最终得出中国革命的中心问题说到底就是贫农问题的结论。贫农问题在农村表现为土地问题，在城市表现为资本问题。从党的一大规定"消灭资本家私有制"到抗战时期新民主主义资本观逐步走向成熟，中国共产党的资本观总是根据时代条件变化而不断进行调整和变革。总体来看，包括土地革命、抗日战争和解放战争在内的新民主主义革命时期，由于民族资本主义能够促进中国社会生产力发展，符合国家和人民的利益需

---

① 孙中山：《建国方略》，中华书局 2011 年版，第 222 页。
② 许涤新：《中国经济的道路》，生活书店 1946 年版，第 108 页。

要，其所有者是革命团结力量而非革命消灭对象，因而中国共产党采取允许民族资本主义存在，保护并使其得到尽可能发展的政策。

早在土地革命时期，党关于根据地经济建设的政策，就包含了大力发展国营工商业，组织生产合作社和发展合作社商业以及团结私营工商业者，并以国营经济和合作社经济领导私人经济发展的思想。1930 年 5 月，毛泽东在寻乌做了深入调查，为制定正确对待城市贫民和商业资产阶级政策提供了实际依据。同年 10 月，在讨论如何巩固已经扩大了的革命根据地时，毛泽东指出："对于资本问题，我们认为目前无条件地没收一切工厂商店是不对的，应该没收反革命的商店与军阀官僚资本的工厂商店。"① 1934 年毛泽东在《我们的经济政策》报告中谈道："现在我们的国民经济，是由国营企业、合作社事业和私人事业这三方面组成的。"其中，国营工商业前途不可限量；对于私人经济，只要在政府法律范围之内，不但不加以阻止，而且要加以提倡和奖励；合作社事业也在迅速发展中。虽然私人经济在相当长的一段时间还占优势，但"合作社经济和国营经济配合起来，经过长期的发展，将成为经济方面的巨大力量，将对私人经济逐渐占优势并取得领导的地位"。②

抗战时期，特别是抗战中期，党又提出经济政策以奖励资本主义生产为主，鼓励私人投资、鼓励私人资本主义发展的思想。1937 年抗日战争爆发，中国共产党不仅同官僚资本家和民族资本家建立起最广泛的革命统一战线，而且在抗日根据地大力发展新民主主义性质的工商业。抗战时期我国解放区经济是新民主主义性质的经济。新民主主义时期的指导路线就是鼓励私人资本主义的广泛发展，保护城乡工商业及乡村资本主义的富农经济。1939 年毛泽东在《中国革命和中国共产党》一书中强调：新民主主义革命，"在经济上是把帝国主义者和汉奸反动派的大资本大企业收归国家经营，把地主阶级的土地分配给农民所有，同时保存一般的私人资本主义的企业"。③"中国革命的全部结果是：一方面有资本主义因素的发展，另一方面有社会主义因素的发展。"④ 由于无产阶级和共产党政治势力的增长，以及国营经济和劳动人民合作经济的发展壮大，使得资本主义前途被社会主义前途所取代的可能性大大增加。总之，我党领导的边区存在的四种经济：国营经济、私人资本主

①　《毛泽东致湘东特委信》，1930 年 10 月 19 日。

②　《毛泽东选集》（第一卷），人民出版社 1991 年版，第 133～134 页。

③　《毛泽东选集》（第二卷），人民出版社 1991 年版，第 647 页。

④　同上，第 650 页。

义经济、合作社经济、个体经济，都是以自给自足为目的；对待私人资本主义要节制，但非打击，更非消灭。

解放战争时期，中国共产党贯彻没收官僚资本的方针政策，继续保护和扶助民族工商业，并愿意在平等互利基础上利用外资实现中国的工业化。近代中国半殖民地半封建的社会性质和社会发展规律决定了中国革命胜利后既不能走资本主义道路，也不能立即走社会主义道路，而是要在无产阶级领导下坚决没收官僚资本，同时保护和发展有益于国计民生的民族资本主义工商业。事实上，毛泽东新民主主义理论最复杂的不是论述政治问题，而是经济问题，即如何恰如其分地对待民族资本主义经济成分的问题。1947 年中共在城市采取的是"打倒官僚资本保护民族工商业"的政策。1949 年在党的七届二中全会上，毛泽东指出："中国的私人资本主义工业，占了现代性工业中的第二位，它是一个不可忽视的力量。……在革命胜利后一个相当长的时期内，还需要尽可能地利用城乡私人资本主义的积极性，以利于国民经济的向前发展。……这不但是不可避免的，而且是经济上必要的。"[1] 这次全会还规定对民族资本主义工商业采取既利用又限制的政策，利用中包含了限制的要求，即引导私人资本纳入"国计民生"的轨道。

新中国成立之后，占经济总量很大比重的官僚资本全部收归国有，加上原来革命根据地、解放区靠自力更生建立起来的公营经济及各级党政机关、部队、团体所办企业及苏联政府移交我国的财产，构成新中国成立初期国营经济的主体。国营经济控制了国家经济命脉，成为领导资本主义经济、决定资本主义经济发展方向的经济力量。[2] 而农村土地革命产生了大量小土地私有制生产关系。毛泽东认识到小农经济自发产生资本主义，导致两极分化，仅仅实行土地的小农私有并不能使广大农民摆脱贫困，所以从 1952 年又开始大规模推进农村生产关系的社会主义改造。广大农民通过共同生产、按劳分配，实现合作社经济对个体小农经济的引导和示范，同时也使一部分贫农和下中农组成的合作社同单干的富裕中农争夺群众（即大多数的贫农和下中农）。虽然互助合作合乎农民需要，但合作化发展速度过快，在很短时间内便由小规模的、半私有的农村集体经济组织转换为生产资料完全公有化的集体经济。社会主义生产关系在城乡居于绝对支配地位的

---

① 《毛泽东选集》（第四卷），人民出版社 1991 年版，第 1431 页。

② 李青主编：《中国共产党对资本主义和非公有制经济的认识与政策》，中共党史出版社 2004 年版，第 174 页。

情况下，民族资本主义工商业与国营企业的关系也由加工订货逐步走向全行业公私合营。

由于客观条件向有利于党的事业方向变化，以及在有利条件下党和群众急于求成的主观原因，中国共产党在较短时间内全面消灭了个体经济和资本主义经济，超越了既大力发展社会主义公有制经济，又让个体经济和民族资本主义经济有一个较大发展，以公有经济领导私人经济的新民主主义制度，并带来了一系列社会经济问题。1956 年 12 月 7 日，针对"三大改造"后经济生活出现的诸多问题，毛泽东同黄炎培、陈叔通等民主党派领袖座谈时指出：可以消灭了资本主义，又搞资本主义。在这一思想指导下，1956 年下半年和 1957 年上半年，中国私营工商业、个体手工业和小商小贩都有所发展。

四、中国特色社会主义资本观发展了"有计划地大大发展社会主义商品生产"的社会主义资本观

从社会主义"三大改造"完成一直到改革开放之前，囿于国家意识形态的束缚，人们将"资本"这个概念视为资本主义经济范畴，不敢讲"利润"，更不能讲"资本"。事实上，资本有广义和狭义之分。狭义的资本是指资本主义生产关系或资本家对工人的剥削关系；广义的资本是指能够自行增值的价值，其价值形态表现为资金，实物形态表现为资产。在资本主义社会之前，人类社会经济生活中就存在大量的商业资本和高利贷资本，因为大量货币投入流通领域或借贷领域，其价值自行增值，因而成为资本。同样的道理，社会主义国家发展商品生产和商品交换，其所投入的资金或资产带来了相应的利润，因而这些资金或资产也应称为资本。改革开放之前人们未将资金称为资本，既是受意识形态束缚的表现，也是因经济实践上未有价值增值的强烈需要；而改革开放以来国有企业进入市场经济体系，运用"资本"概念与市场经济接轨，表述上就更方便，更符合实际。当然，国有资产、国有资金、集体资产、集体资金，都是由劳动人民共同创造、共同享受的，因而又被称为社会主义资本。而毛泽东关于发展社会主义商品经济的观点，又是其社会主义资本观的基本内容。

1958 年底，随着人民公社化运动的推进，党内有人提出取消商品和货币的意见；紧接着城市一些人怕废除票子，就提取银行存款，抢购商品。为澄

清混乱思想，安定人心，毛泽东号召大家认真学习斯大林的《苏联社会主义经济问题》《马恩列斯论共产主义社会》。通过学习，毛泽东提出了很多新观点、新判断。特别是在社会主义社会和商品经济的关系问题上，或者说社会主义公有制与商品生产相结合问题上，毛泽东提出了"要有计划地大大发展社会主义的商品生产"的观点。毛泽东认为，商品生产不能与资本主义混为一谈，要看它同什么制度相联系；同社会主义制度相联系，就是社会主义的商品生产。社会主义国家尊重价值规律，大力发展商品生产，推进全国工业大发展及农村商品生产大发展，不仅有利于巩固社会主义经济制度，而且有利于实现农民共同富裕，提高他们的文化水平。毛泽东还将卖给公社的农业生产资料和工业生产资料划进商品范畴，提出了利用商品生产团结几亿农民的观点，并批评斯大林对农民不放心，国家把农民控制得太死的做法。此外，在生产经营方面，中共中央还提出以国家经营和集体经营为主体，以一定数量的个体经营甚至资本主义私人经营为补充；试办托拉斯，按行业或根据生产性质组织联合经营的大型公司。社会主义资本的有效运行带来了工业企业固定资产的不断增值。1965 年同 1957 年相比，全民所有制企业固定资产按原值计算，增长了 1.76 倍。这一时期我国还初步建成了具有相当规模和一定技术水平的工业体系；期间所建设起来的一些基础设施项目和大中型企业，至今仍在国民经济中发挥重要作用。

毛泽东对发展社会主义商品经济的宝贵探索，是在新的历史时期对其"国有经济领导私人经济"这一新民主主义资本观的创新和升华，同时包含了社会主义公有资本与市场经济相结合的思想萌芽。毛泽东在新中国成立前后对中国经济发展道路的上述探索，对于当前社会主义市场经济条件下如何发展公有资本，如何以公有资本主导私人资本，如何限制私人资本的消极影响，都具有重要历史启示。

第二节　中国共产党对中国特色社会主义资本观的实践探索

改革开放为中国特色社会主义资本观提供了丰厚的实践土壤，中国特色社会主义资本观又在改革开放实践中不断丰富和完善。正是因为改革开放，私人资本得以发展壮大；正是因为改革开放，公有资本同市场机制得以融合；

正是因为改革开放，公有资本和私人资本走向了联合经营并在公司内部建立了混合产权。如果将中国特色社会主义的时间起点界定为 1978 年，那么距今已有 40 余年了。在这期间，中国特色社会主义资本观也经过了利用资本主义发展社会主义、利用社会资本发展国有资本、利用法治经济发展公私资本三个阶段。

一、1978～1992 年利用资本主义发展社会主义的资本观

这一时期中国特色社会主义资本观集中体现在邓小平关于民营资本及外国资本这两种私人资本问题的观点态度和政策主张上。邓小平资本观的形成，既有理论基础又有现实基础。一方面，马克思列宁主义、毛泽东思想为邓小平资本观的形成提供了世界观和方法论。比如，马克思对资本主义社会的资本作用所做的历史的、辩证的评价，列宁关于允许外国资本到苏联投资的观点以及毛泽东关于让外国投资以实现工业化的论述，都为邓小平在社会主义条件下引入外国资本的主张和做法，直接提供了理论依据。另一方面，20 世纪初列宁对新经济政策的尝试、20 世纪 50 年代中国多种所有制经济的并存和发展、中国单一公有制及"关起门来搞建设"所导致的被动经济局面，又为邓小平资本观的形成提供了历史经验和现实基础。[①]

从国内外资本主义文明成果对社会主义建设的有益性或工具性角度谈论剥削性资本在资本结构中的地位、功能和作用，是邓小平资本观的显著特点。邓小平总结历史经验教训，从中国实际出发，提出私人资本可以而且应该为社会主义服务。1979 年，邓小平就强调"搞建设要利用外资和发挥原工商业者的作用"。[②] 1985 年，邓小平又强调："我们发挥社会主义固有的特点，也采用资本主义的一些方法（是当作方法来用的），目的就是要加速发展生产力。"[③] 1992 年，邓小平在南方谈话中明确提到：社会主义要赢得与资本主义相比较的优势，就必须大胆吸收和借鉴人类社会创造的一切文明成果，吸收和借鉴当今世界各国包括资本主义发达国家的一切反映现代社会化生产规律

---

① 参照龙启平：《论邓小平的资本观》，载于《广西民族学院学报（哲学社会科学版）》2002 年第 S2 期。

② 《邓小平文选》（第二卷），人民出版社 1994 年版，第 156 页。

③ 《邓小平文选》（第三卷），人民出版社 1993 年版，第 149 页。

的先进经营方式、管理方法。① 邓小平南方谈话是一次思想大解放，为下一步公私资本活力在中国大地上充分释放奠定了政策基调。

资本主义剥削和社会主义共富是相互矛盾的，坚持社会主义就必须明确私人资本在资本结构中地位的补充性。从上述现实矛盾出发，邓小平提出社会主义公有制为主体，非公有制为补充的所有制结构。如果不坚持公有制主体地位，中国不仅不能实现共同富裕，反而会走向两极分化；不仅不能利用和控制外资，反而会被其所控制和利用。如果只是片面强调剥削性私人资本的发展必要性，中国势必会产生新的资产阶级，这不仅意味着社会主义经济的自主性和主体性遭到极大削弱，而且意味着社会主义和共产主义理想信念的代际断层，以及真正维护和坚决执行党和国家政策的纪律缺失。一个丧失执政的经济基础、组织基础和思想基础的执政党，怎能带领人民群众走向共同富裕？怎能有力对抗西方和平演变图谋？怎能实现中华民族复兴而非蜕变为西方国家的附庸？因此，邓小平反复强调社会主义公有制在所有制结构中的主体地位。"一个公有制占主体，一个共同富裕，这是我们所必须坚持的社会主义的根本原则。"② 发展是硬道理。私营经济和外资经济虽共同体现资本主义剥削性质，但其只是处于补充地位并有利于社会主义发展。"在小范围内容许资本主义存在，更有利于发展社会主义。"③ 中国社会主义发展既离不开个体经济和私营经济，也离不开外资经济。"吸引外国资金肯定可以作为我国社会主义建设的重要补充，今天看来可以说是不可缺少的补充。"④ 此外，外资并不仅限于资金或货币资本，还包括了先进技术和管理经验。不仅外资形态具有多样性，而且利用外资的形式也有多种。"吸引外资可以采取补偿贸易的做法，也可以搞合营"⑤。

剥削性资本在社会主义国家还具有局部性和历史性，社会主义最终是要消灭剥削的。社会主义初级阶段允许剥削存在，甚至长期存在，并不意味着剥削就是社会主义的应有之义，就会贯穿于社会主义每个企业和每个阶段。现阶段剥削主要是存在于资本主义性质的企业利润分配中，汪洋大海般的个体经济和起主导作用的国有经济并不存在剥削问题；随着生产力的高度发达，

---

① 《邓小平文选》（第三卷），人民出版社 1993 年版，第 373 页。
② 同上，第 111 页。
③ 同上，第 103 页。
④ 同上，第 65 页。
⑤ 《邓小平文选》（第二卷），人民出版社 1994 年版，第 156 页。

社会主义发展进入高级阶段，剥削性资本也终将会被消灭。正如邓小平所谈到的："社会主义的本质，是解放生产力，发展生产力，消灭剥削，消除两极分化，最终达到共同富裕。"① "一定要让我们的人民，包括我们的孩子们知道，我们是坚持社会主义和共产主义的，我们采取的各方面的政策，都是为了发展社会主义，为了将来实现共产主义。"②

这一时期邓小平所提出的既要引入外国货币资本，又要引入反映社会化大生产规律的技术资本和管理资本；既要大力发展私人资本经济，又要加强国家对民资和外资等私人资本的宏观调控；既要释放资本活力，又要控制收入差距等重要观点，经过试验形成政策进行推广，调动了资本要素所有者的积极性，很快改变了过去"一大二公"的所有制结构，而变革后的所有制结构更加适应了社会生产力的发展要求。由于社会主义公有制占据主体地位，政府又实行强有力的宏观调控，因此，这一时期中国共产党既在全民所有制企业实行经济责任制，大力发展乡镇企业，又允许私人资本发展，但并未出现两极分化的后果，而是让人民群众的生活水平得到了极大改善和普遍提高。不过，总体来看，改革初期中国共产党主要是将剥削性私人资本当作经济发展的方式和手段，尚未论及个体小资本、国有资本、集体资本等非剥削性资本的概念。换言之，这一时期党的资本观主要是强调剥削性私人资本的工具性、补充性、局部性和历史性，而对非剥削性资本的概念界定和作用范围，尚未达成共识。

二、1992～2012 年利用社会资本发展国有资本的资本观

随着中国社会对"资本是罪恶渊薮"这一观念的不断扬弃，对作为工具的"资本"和作为制度的"资本主义"的明确区分，人们进入了一个"放手让一切劳动、知识、技术、管理和资本的活力竞相迸发，让一切创造社会财富的源泉充分涌流，以造福于人民"的时代。

将私人资本和公有资本统一为社会主义市场经济的资本要素，平等竞争，优胜劣汰。1993 年 11 月中共十四届三中全会通过的《中共中央关于建立社会主义市场经济体制若干问题的决定》，第一次明确使用"资本"概念，同

---

① 《邓小平文选》（第三卷），人民出版社 1993 年版，第 373 页。

② 同上，第 112 页。

时提出发展"资本市场"。在党的十五大报告"经济体制改革和经济发展战略"部分，八处使用"资本"概念，明确使用"公有资本"范畴。中共十五届四中全会通过《中共中央关于国有企业改革和发展若干重大问题的决定》，进一步提出"国有资本""社会资本"和"资本营运"等范畴。至此，资本不仅包括民族私人资本和外国资本等剥削性资本，也包括了个体小资本、国有资本和集体资本等非剥削性资本，还包括两种以上公有资本和私人资本混合而成的所有制资本。这些资本统一在资本市场运营，既合作互补，又公平竞争，共同推进中国特色社会主义市场经济健康发展。

以股份制作为公有制的主要实现形式，通过建立现代企业制度和股份制改革来吸引社会资本，放大国有资本功能，是这一时期中国特色社会主义资本观的最主要特点。20 世纪 90 年代初，我国公司制企业已经有了很大发展，但还很不规范，需要积极稳妥地推进国有企业建立现代企业制度的工作。其基本原则是：发挥国有经济的主导作用，确保国有资产（资本）保值增值；出资者所有权（股权）与企业法人财产权相分离，保障出资者、债权人和企业的合法权益；贯彻执行《公司法》，重在企业制度创新和转换企业经营机制。1996 年中央和地方试点企业资产负债率为 65.8%，比上年下降 2.4 个百分点；资产增值率为 26.5%，分流的企业富余人员 61.1 万人，约占试点企业职工总数的 6%。[1] 这一时期国有大中型企业改革的进展，并不限于对百户建立现代企业制度的试点，还大量表现为股份制企业的发展。《中共中央关于建立社会主义市场经济体制若干问题的决定》指出："国有资本通过股份制可以吸引和组织更多的社会资本，放大国有资本的功能，提高国有经济的控制力、影响力和带动力。"截至 1996 年底，全国股份制企业达到 3.6 万家。其中，有限责任公司 2.68 万家，以国有企业为主改建或新设的股份有限公司 9200 多家，共向社会筹资约 1500 亿元，股本总额为 6000 亿元，国家股占 43%，法人股占 25.1%，国家以 43% 的份额控制和支配 57% 的社会资本。另据国家国有资产管理局对 2700 多家股份公司的统计，其改制为股份公司时，国企净资产评估增值率为 27%。[2] 1997 年党的十五大明确指出："股份制是现代企业的一种资本组织形式。国家和集体控股，有利于扩大公有资本的支配范围，增强公有制的主体作用。"2003 年党的十六届三中全会进一步指出：

---

① 汪海波：《对党的经济纲领的历史考察（1949～2011）》，中国社会科学出版社 2012 年版，第 293－294 页。

② 同上，第 295－296 页。

要大力发展国有资本、集体资本和非公有资本等参股的混合所有制经济，使股份制成为公有制的主要实现形式。可见，资本问题已不仅是一个理论问题，更是一个实践问题。资本市场推进着资本结构的优化，反过来资本结构优化又加速资本市场完善步伐。然而，随着资本流动、资本运营和资本活力的充分释放，私人资本和公有资本在资本结构中的比重发生重大变化，公有资本比重严重下降，而其主导作用并未充分发挥。政府对国有资产实行多头管理，管人、管事和管资产相脱节；国有资产无人真正负责，"内部人控制"问题严重。私人资本负面效应迅即蔓延，危害社会稳定，需要依法对资本权力进行引导和规制。

三、2012 年至今利用法治经济发展公私资本的资本观

针对政府过多干预市场运行，市场配置资源作用并未充分发挥；国有资本比重下降，控制力不断减弱，私人资本渗透到医疗保健、文化教育、生态环境等社会各领域，唯利是图而又缺乏监管，带来诸多负面效应等问题，中共十八大以来，中国共产党又确立和践行了既要全面搞活资本又要优化配置资本，利用法治经济全面发展公私资本的资本观。

全面搞活资本，需要处理好政府和市场、国有资本和私人资本、自主和开放的关系。随着市场经济的深入实践，政府和市场的关系逐渐成为资本能否良性运行的根本和关键。西方国家注重对自由市场经济弊端的防范和治理。比如，法国电影产业一直奉行艺术与工业结合，多年来实施"文化例外"政策，注重国家对电影市场的保护和辅助，以避免影视产品被市场经济统治。中国为适应社会主义市场经济的发展要求，一直在调整政府和市场的关系。党的十八届三中全会强调市场要在资源配置中起决定作用，同时将政府职能明确为"创造良好发展环境，提供优质公共服务，维护社会公平正义"。既然市场要在资源配置中起决定性作用，那么国有资本和私人资本就应平等地参与市场竞争，合作互利、取长补短，而非相互排斥、相互抵消。既要以国企为主导，又要国有资本和私人资本平等竞争，这是社会主义基本制度和市场经济相结合的必然要求。公有制经济发展壮大，是对社会主义制度和人民利益的巨大贡献；非公有制经济发展壮大，走出国门，走向世界，同样也是国家的光荣和民族的骄傲。全面搞活资本还需处理自主和开放的关系，具体体现在混合所有制改革及资本对外输出等方面。一方面，相互参股、相互稀

释的混合所有制改革，既放大了国有资本的功能，又解决了私企筹资难问题，是以国有资本和私人资本之合力提升经济自主性的必要举措。另一方面，改革开放以来，我国对外贸易总额持续增加。2013 年中国成为世界第一大货物贸易国，2014 年我国由净资本输入国变为净资本输出国。随着民族资本力量不断壮大，立足国情构建开放型经济新体制势在必行。"一带一路"倡议的提出，巨量国有资本和私人资本纷纷输出国门，将真正改变世界资本秩序和格局，使中国成为全球贸易发展的推动引擎。

全面搞活资本，必须以建设法治化营商环境，优化配置资本为前提条件和根本保障。与资本增值直接相关的政府和市场、公有资本和私人资本、自主和开放等行为都是有法律和政策边界的。对政府而言，法无授权不可为；对市场主体而言，法无禁止皆可为。政府和市场的行为都"一断于法"。公有资本代理人和私人资本所有者在资本市场上的投资行为也都要遵守有关法律、政策和文件规定。自主和开放的边界，同样要由国内国际有关法律、协议、习俗所限定。习近平总书记在 2014 年 12 月 9 日召开的中央经济工作会议上谈道："社会主义市场经济的本质是法治经济，经济秩序混乱多源于有法不依、违法不究，因此必须坚持法治思维、增强法治观念，依法调控和治理经济。……一些地方和部门还习惯于仅靠行政命令管理经济，习惯于用超越法律法规的手段和政策抓企业、上项目推动发展，习惯于采取陈旧的计划手段、强制手段完成收入任务，这些办法必须加以改变。"① 同年 10 月 23 日召开的中共十八届四中全会第二次全体会议上，习近平强调："市场经济应该是法治经济。解决制约持续健康发展的种种问题，维护市场秩序、保护知识产权、化解产能过剩、打击假冒伪劣产品、保护生态环境，维护社会主义法制权威和尊严"②。实践证明，经过深化改革，资本市场正面效应逐步显现。在依法治国的基础上，中国资本运行秩序得到规范和保障。此外，有序配置资本除了依靠法治，还离不开管理，其中最重要的就是分类管理。比如，对一般性资源，市场进行短期配置，政府要进行长期配置；对地藏矿产等特殊资源，政府要进行长期配置；对民生工程项目，市场进行资源配置的同时，政府要做好规划管理工作。再比如，对文化行业、民营医院、民办教育培训机构，要区分公益性和营利性，分类登记管理，区别对待，进而使各机构功

---

① 中共中央文献研究室编：《习近平关于全面依法治国论述摘编》，中央文献出版社 2015 年版，第 115 页。

② 同上，第 10 页。

能和效益增强至最大化。

总之，中国特色社会主义资本观来自中国历史文化传统，其发展又经历了利用资本主义发展社会主义、利用社会资本发展国有资本、利用法治经济发展公私资本等三个阶段。中华民族伟大复兴也是民本基础上的资本复兴，以民为本、以资为末，是东方传统之一。

延伸阅读

中国特色社会主义资本观的新时代阐释

我国经济已进入新常态，并处于发展方式转变、经济结构优化及增长动力转换的攻关期。建设现代化经济体系是新时代跨越关口、实现经济发展的战略目标。从资本角度讲，只有建设现代化资本运行体系，才能增强我国企业的创新力和竞争力，推进我国经济顺利跨越转型关口，成功实现高质量发展。

首先，坚持公有资本主体地位是建设现代化资本运行体系的所有制前提。人民的中心地位是由公有资本的主体地位所决定的。中国处于并将长期处于社会主义初级阶段，决定了公有资本和私人资本在中国的长期并存。两种不同性质的资本及其混合所有制企业的长期并存，自然就存在一个谁是主体、谁是非主体的问题。倘若私人资本占据主体地位，显然就背离了中国社会制度的根本性质，当然也就无法确认劳动人民根本利益的合法性。反之，若公有资本占据主体地位，以国有经济主导整个国民经济发展，那么，不仅劳动人民的根本利益具有得以实现的物质基础，而且也便于将私人资本引导到有益于国计民生的轨道上来。习近平总书记在党的十九大报告中讲道："必须坚持和完善我国社会主义基本经济制度"，"推动国有资本做强做优做大"，"深化农村集体产权制度改革，保障农民财产权益，壮大集体经济"①。当前，我国政府在深化国有企业改革过程中，积极推行混合所有制改革，以国家资本撬动更多社会资本投资政府项目，有效放大了国有资本功能，实现了国有资产的保值增值，推动了国有

---

① 习近平：《决胜全面建成小康社会 夺取新时代中国特色社会主义伟大胜利——在中国共产党第十九次全国代表大会上的报告》，人民出版社 2017 年版，第 21、33、32 页。

资本的做强做优做大，国有经济对私人所有制经济及整个国民经济的主导作用得到强化。而在广大农村积极推行的集体经济组织成员自主联合的能力建设，又必然会强化集体资本的创富功能，并从根本上促进农民收入的公平分配。

其次，市场机制有效、宏观调控有度是建设现代化资本运行体系的具体机制要求。党的十九大报告指出："以供给侧结构性改革为主线"，"着力加快建设实体经济、科技创新、现代金融、人力资源协同发展的产业体系"，"着力构建市场机制有效、微观主体有活力、宏观调控有度的经济体制"①。建设现代化资本运行体系，主线是供给侧结构性改革，重点是加快建设实体资本、金融资本与人力资本协同发展的产业资本运行体系，宏微观动力机制则是将有效的市场机制与有度的宏观调控有机结合。市场机制有效是指充分发挥价格机制、供求机制、竞争机制在促进要素市场化、激发微观主体活力、提高经济质量和效益等方面的创新、开发、调节和初始平衡功能，尊重和利用市场运行的客观规律，让市场对资源配置起决定性作用。有效的市场机制包括五个方面的规定：一是产权有效激励。通过完善公私资本产权集中和产权分授相辅相成、相得益彰的产权制度体系，有效调动所有参与主体的积极性，依法维护其合法权益，进而实现要素配置最优化和各方收益最大化。二是资本化要素的自由流动。资本化要素的自由流动、平等交换是市场机制激发微观主体活力的内在要求或必然选择。三是价格反应灵活。供求关系影响价格，价格信号又反映和体现供求关系，并使要素流动方向和资源配置比例得到自发调节。四是竞争公平有序。各类资本所有制企业都在统一市场中进行公平竞争，各类市场主体活力都能通过市场机制得以激发。五是企业优胜劣汰。企业经营管理好坏都要通过市场来检验，适者生存、不适者淘汰。市场机制有效的前提和基础则在于提升要素市场化（包括商品化、货币化和资本化）程度，形成和推动市场对要素定价的有效性、市场对要素配置的平衡性和市场对要素整合的充分性。

宏观调控有度是指灵活运用财政、货币、产业、区域等经济政策在微观主体公平竞争、产业与区域充分平衡发展、经济结构转型升级等方面的引导、控制、协调和再平衡功能，精准发挥国家发展规划的战略导向作用，在确保

---

① 习近平：《决胜全面建成小康社会 夺取新时代中国特色社会主义伟大胜利——在中国共产党第十九次全国代表大会上的报告》，人民出版社 2017 年版，第 30 页。

经济平稳运行的同时，努力使社会有机体达到整体协调和动态平衡的运行状态。中国庞大的经济体量决定了资本主体状况的复杂性。不同行业、不同地区对同一调控政策的"耐受度"往往是大不相同的，这就要求强化国家宏观调控的针对性、灵活性和精准性。只有坚持区别对待、灵活有度和精准施策原则，才能优化经济结构，保持资本运行稳定，提高经济发展质量和效益。党的十九大报告所作出的一系列重大战略部署，如既要做强做优做大国有资本，又要壮大集体经济，还要毫不动摇地鼓励、支持、引导非公有制经济健康发展；既要把发展经济的着力点放在实体经济上，提高直接融资比重，发挥投融资对供给结构优化的关键性服务作用，又要促进多层次资本市场健康发展；既要深化供给侧结构性改革，在中高端消费、创新引领、绿色低碳、共享经济、现代供应链、人力资本服务等领域培育新增长点，又要形成面向全球的生产、投融资、贸易与服务网络，形成内外联动、东西互济的开放格局，都需要政府部门在宏观调控中做到统筹兼顾、张弛有度，否则难以实现整体性、长远性及战略性的预期调控目标。

需要注意的是，市场机制有效与宏观调控有度是辩证统一的逻辑关系。两者具有相同的总体目标和根本方向，那就是服从并服务于社会主义市场经济体制的稳定运行，都要共生于社会主义市场经济体制的整体框架内。一方面，宏观调控的灵活度和精准度须以市场机制是否有效及其有效程度为基础。弥补市场机制的无效性，使市场机制由无效到有效、由弱效到强效，是政府调控的现实出发点和功能着力点。市场机制是否有效及其有效程度，内在决定了政府调控的精准灵活度。另一方面，市场机制有效又要求宏观调控有度。市场机制作用的持续有效发挥须以具有精准灵活度的宏观调控为前提。具有高度灵活性和精准性的宏观调控政策有利于维护、改善和增进市场机制的有效程度。反之，如果宏观调控政策缺乏张弛和变通，那么不仅达不到宏观调控的预期效果，甚至还会引发并加剧市场机制的无效性。

最后，坚持党的领导并加强资本监管是建设现代化资本运行体系的根本保障。现代化资本运行体系以资本健康运行为前提和基础。一方面，资本健康运行离不开党的领导，即党的政治核心作用的发挥。大家最关注的假冒伪劣产品问题、食药品安全问题、环境污染问题、收入严重分化问题、国有资产流失问题、一部分国企工人丧失管理权问题，大都和资本权力得不到有效监管有关。只有坚持党的领导，改进党的领导方式，"完善基层民主制度，

保障人民知情权、参与权、表达权、监督权"①，才能确保资本运行的正确方
向，特别是使私人资本所有者服从社会主义的长远目标，才能有效增进劳动
人民的合法权益。企业性质不同，党的政治核心作用的表现也不同。国有企
业党组织兼具领导权和决策权；国有控股混合所有制企业推行企业法人治理
结构，党组织不再具有决策权，但仍行使领导权，并将坚持党的领导与完善
公司治理统一在法治框架内；私人企业党组织主要发挥政策引导、法律监督
与利益协调的作用。另一方面，资本健康运行也离不开政府严格监管。党的
十九大报告在提出加快要素价格市场化改革的同时，还要"完善市场监管体
制"②。不过，政府对国有资本和私人资本的监管目标和监管方式有所不同。
对国有资本采取分类分层监管方式，确保国有资本不流失，不发生人为损失；
提高资产质量，保证国有资本保值增值，以增进劳动人民的福利和利益；履
行社会责任，提高其社会综合效益，为人的全面发展创造条件。政府对私人
资本监管主要是事中事后监管，监督私企依法诚信经营，处理好打击犯罪与
维护创新、保障安全与推进发展的关系，并促使私企公平分配职工个人收入。
政府通过引导私人资本投向，规定其作用边界，以使其在较高程度上和合理
范围内为社会主义事业的整体利益和长远利益服务。

　　（节选自拙文《中国特色社会主义资本观：历史溯源、当代发展与新时
代阐释》，载于《西北大学学报》（哲学社会科学版）2018 年第 1 期。该文
章第二作者为郭志伟）

---

　　①　习近平：《决胜全面建成小康社会 夺取新时代中国特色社会主义伟大胜利——在中国共产党
第十九次全国代表大会上的报告》，人民出版社 2017 年版，第 37 页。
　　②　同上，第 34 页。

第三章 以人民利益为中心是中国特色社会主义资本的根本属性

中国特色社会主义资本作为不可分割的整体，既有同发达资本主义国家相同的资本属性，也有区别于这些国家的特殊属性。增值性、流动性、竞争性、扩张性是一切资本的一般属性；以人民利益为中心是中国特色社会主义资本的特殊属性，这与西方发达国家的国有资本及私人资本均为私人垄断利益集团服务的资本属性有着根本区别。中国特色社会主义条件下，公有资本以人民利益为中心，追求共同富裕的目标；而私人资本既具有剥削性，为个人谋取最大化利益，与实现共同富裕为核心的人民利益相矛盾的一面，也有被利用于并服从于社会主义目标的一面，具有服从于人民的根本利益和长远利益，客观上为社会谋取福利的手段性或工具性。换言之，以人民利益为中心，既是公有资本的固有社会属性，也是不发达社会主义条件下私人资本的从属属性，是公有资本和私人资本在资本属性上的最大公约规定，同时也是公有资本领导私人资本使之服务并服从于国家战略目标的必然要求。

第一节 资本增值是实现中国人民和世界人民根本利益的前提条件

中国特色社会主义资本，不论公有资本、私人资本抑或混合资本，都具有增值性、流动性、竞争性、扩张性等属性。因此，这些属性也被称为中国特色社会主义资本的一般属性。其中，增值性是最根本的一般属性，而流动性、竞争性、扩张性都是从增值性中派生出来的。认识中国特色社会主义资本的一般属性，是理解中国特色社会主义资本的社会功能及历史作用的重要前提。

一、中国特色社会主义资本的持续增值依赖于国资主导下的科技创新

增值性是中国特色社会主义资本的最一般属性，私人资本毫无疑问追求价值增值。公有制与市场机制相结合，形成新的公有资本。现阶段公有资本具有多种表现形式，如按主体分，可以分为国有资本、集体资本以及混合资本中的国有成分和集体成分。公有资本具有增值属性，其增值部分可用于充实社保基金、大学生创业扶持基金、保障性住房资金、棚户区改造资金、战略性产业投资基金、科技创新风险投资基金等。以社保基金为例，《全国社会保障基金条例》规定，全国社保基金是由中央财政预算拨付、国有资本划转、基金投资收益和以国务院批准的其他方式筹集的资金构成。按照国务院批准的投资范围和比例在境内外市场上开展投资运营，实现基金保值增值，并健全以合规管理为核心的内控机制，保证基金安全。

改革开放以来，中国政府依靠市场规则、价格机制、竞争方式实现效益最大化和效率最优化，为企业和个人创造财富提供了活力和空间。中国经济经过了三十几年的高速增长，已经进入中高速增长的"新常态"。特别是受制于自然资源和劳动力要素供给成本的制约，当前中国劳资收益出现逆转，亦即劳动力成本上升，资本回报率下降。据估算，2004～2013年，我国制造业单位劳动成本（工资与劳动生产率之比）上升了59.7%，资本回报率则显著下降。

有人认为，"政府扶持部门—市场部门"新二元经济结构是资本回报率下降及劳资收益逆转的真正根源。他将社会生产部门分为政府扶持部门和市场部门，并认为前者扩张时需雇佣大量劳动力，因而使市场部门为劳动力付出更高成本，以至于经济下行的时候还会有比较高的劳动力成本增速。当政策扶持部门越来越大的时候，对市场部门的挤压越来越严重，所以劳动力成本上升，工资成本上升。政策扶持部门和市场部门相比，生产、经营效率又较低，导致资本回报也较低。当资本回报较低的部门在经济中占的比重越来越大时，总体回报率就会下降。总之，政策扶持部门和市场部门的结构变化，特别是政策扶持部门越来越大，构成了劳资收益逆转的真正根源。① 且不论

---

① 参照白重恩：《中国经济反常现象剖析》，载于《新重庆》2016年第4期，第28、36页。

政府扶持部门（包括国企及纳入相关产业扶持的部分私企）和市场部门（主要是指私人企业部门）并不具有划分上的统一标准，也不论政府扶持和市场调节作用于资本回报率的效果是否一定相左，单就上述分析不符合经验逻辑来看，一定历史时期的劳动力成本是由当时的经济发展水平及教育和培训费用所决定，而不是由供求关系所决定。即便是供求规律发挥作用，企业和劳动者之间进行的都是自愿、双向选择，不存在企业之间雇佣劳动力的强制与否及成本差异问题。再比如，国企由于具有政策优势、资源优势、技术研发优势以及规模优势，整体效益（不仅包括经济效益，更包括社会效益和生态效益）不仅不比私企低下，反而对私企形成示范和带动效应。国家统计局发布数据显示，2016 年 1～2 月全国规模以上工业企业利润总额为 7807.1 亿元，新增利润 355.4 亿元，同比增长 4.8%，终结了此前工业企业利润七连跌的态势，改变了 2015 年全年利润下降的局面。在 41 个工业大类行业中，28 个行业利润总额同比增加。其中，石油加工、电气机械和食品等行业对利润增长贡献明显。石油加工行业利润增加受益于前期较低油价及成品油定价机制的调整；电气机械行业利润增长是因部分企业产品升级，智能化产品快速发展，带动效益增长。另据统计，高技术产业和装备制造业增加值同比增长 9.2% 和 7.5%，增速分别比规模以上工业快 3.4 和 1.7 个百分点，占规模以上工业增加值比重分别为 12.1% 和 32.4%；新能源汽车、医疗器械、智能电子产品等新经济、新产品继续保持较快增长。这说明，在政府和国有企业主导下，以科技创新来稳定经济增长，增强资本增值活力的政策措施初见成效。

事实上，劳资收益逆转，资本回报率下降，根源在于公私资本结构二元化。也就是说，公私资本结构二元化直接导致了民族资本整体回报率的下降。一是控制国民经济命脉的国有资本在降低经营成本、提升运营效率、赚取更多利润的同时，对私人资本的主导作用却未能很好地发挥。相反，私人资本对国有资本运行产生了诸多不良影响。比如，私人企业为增加企业利润而进行一些不合理、不规范投资，一定程度上影响到国有资本对社会资源的有效配置，进而影响存量资本的整体回报。再比如，私人资本所雇佣的劳动者工资低，导致购买力低下，影响到国企产品销售，进而导致资本回报下降。二是国内私人资本具有盲目扩张倾向，极易导致重复生产、产能过剩及销路缺乏，而国家有关部门又对其事先监管和控制不力，结果造成资源浪费，资产闲置，资本回报率降低。三是由于全球经济不景气，国外私人资本投资萎缩，过去那种依靠外资流入、新制造业科技的引入，以及低成本劳动力要素禀赋的出口导向型经济增长模式显然就难以为继。

在以大数据、云计算、人工智能、量子通信等前沿技术为代表的新一轮产业革命正如火如荼开展之际，不少国家主要就是通过公共投资的方式牵引高技术产业发展。2013年美国政府将22亿美元的国家预算投入到先进制造业；沙特政府也曾宣布创立2万亿美元的世界最大主权财富基金，力求以工业集团打破单纯依靠石油增值的单一经济结构。在科研与制造、生产与消费以及人力资本、金融资本、物质资本全球流动的全球化分工体系中，中国亦须依赖国有资本的力量，重新培育内生动力，确立自己的竞争优势，特别是增强民族创新能力，发挥创新引领发展第一动力作用，抓好职业培训，提高劳动者科技水平，增强科技对资本竞争的支撑力及对资本增值的贡献率，否则将很难适应全球化大分工及世界经济发展的新要求，因而也就不能有效提升民族产业资本投资的回报率。

二、中国以强大的民族资本力量引领世界经济和平发展

资本增值离不开资本扩张。世界经济一体化背景下，中国特色社会主义资本要持续增值，赚取丰厚利润，就必须利用先进的技术手段、便利的交通设施、多元的信息渠道，缩短商品交换的时间和空间，扩大国内外商品销售市场，同时把过剩资本输出出去，实现输出国与输入国互利双赢的经济目标。从扩张方式看，有以美国为代表的自利型扩张和以中国为代表的互利型扩张两种。

目前，当前世界政治经济仍处于深度调整期，经济整体表现依然疲软、低迷。国际金融危机爆发后的八年间，全球GDP平均增速仅为3.5%，比危机前五年低1.6个百分点。近几年主要发达经济体增长趋势均显著低于危机前的趋势值。譬如，美国、英国、欧元区和日本当前产出相比危机前各自趋势外推值要分别少约10%、18%、10%和6%。在此过程中，世界经济发展态势分化明显，各国经济发展差距不断拉大。比如，美国经济趋向稳定增长，欧洲经济温和复苏，日本经济增长放缓，而亚太经济稳中略降，俄罗斯求解滞涨与制裁的掣肘，就连拉美经济也在低位回升，西亚非洲经济总体趋好。美国、中国作为世界第一、第二大经济体对各国经济的领跑作用明显。不过，美国推动再工业化吸引产业回流，启动加息周期吸引资本回流，多方推动出口贸易额增长，强化"吸附"效应，其一味关注本国利益的举措对世界经济

的积极拉动效应愈加微弱。当前以美国为代表的"自由贸易体系"国家，从维护自身利益出发，推动带有排他性和歧视性的"跨太平洋伙伴关系协议"（TPP）和"跨大西洋贸易与投资伙伴协议"（TTIP），让国际社会倍感忧虑。

中国作为负责任的大国，即使在经济增速由高速转向中高速，面临着较大经济下行压力的新常态下，也要从全球视野出发，立足广大发展中国家的实际需要，积极推动"一带一路"共建。中国在提供资金、技术、人才、项目，加大基础设施投资力度的长期历史进程中，为新兴经济体和世界经济发展创造新动力、注入新活力。"自古以来，中华民族就积极开展对外交往通商，而不是对外侵略扩张；执着于保家卫国的爱国主义，而不是开疆拓土的殖民主义。对和平、和睦、和谐的追求深深植根于中华民族的精神世界之中，深深熔化在中国人民的血脉之中。"① 中国正通过民族资本的长期、和平、互利性输出，努力促进亚太及全球经济稳定，建设开放型世界经济，给全球经济带来积极、全面、正向的影响。在中国民族资本和平输出的过程中，特别是即将站在国际经济舞台的中心位置时，与守成国家的规则主导权竞争加剧。崛起大国和守成大国在多数情况下都会陷入冲突的境地，甚至掉入"修昔底德陷阱"。世界各国在互动过程当中对同一问题有不同看法是非常正常的。面对两大经济体经济实力的此消彼长以及它们在制定国际经济规则主导权领域所产生的竞争，中国应继续顺应经济全球化、政治多极化的世界发展态势，加强同以美国为首的西方国家沟通交流，增加彼此互信，寻找共同利益，消除冷战思维土壤，同时防范发达国家因垄断国际资源所引发的金融和经济系统的世界性风险的潜在连锁反应，并以"一带一路"倡议联合其他新兴经济体，谋求更加公平的规则制定主导权，为营建互利共赢的国际经济新格局做出更大贡献。

第二节　资本增值过程中的公私资本属性既有本质区别又有共同规定

中国特色社会主义资本的社会属性，既不是单纯的公有资本属性，也不

① 中共中央宣传部：《习近平总书记系列重要讲话读本（2016年版）》，学习出版社、人民出版社2016年版，第263页。

是单纯的私人资本属性，而是二者在长期共存、相互竞合过程中，作为一个整体在国家治理理念、国家制度层面所固有的混合属性。这种混合属性由居于主体地位的公有资本属性所规定，并使私人资本带有满足国家战略需求及人民利益需要的工具性特征。这与西方发达国家私人垄断资本控制国家战略，国有资本为私人垄断集团利益服务的资本属性，有着本质区别。

一、中国特色社会主义资本的整体社会属性由公有资本属性所规定

由于公有资本在资本结构中居于主体地位，中国特色社会主义资本的整体社会属性自然就由公有资本属性所规定。问题是公有资本与市场机制二者是否具有兼容性？如果有兼容性，那么二者又是如何兼容的？兼容后的新的公有资本属性又是由什么规定的？是由公有制所决定还是由市场机制所决定？这就要从公有制经济与市场机制的双向改造开始谈起。

（一）公有资本：公有制与市场机制的双向改造及其相互兼容

公有资本，亦即公有制采取资本的运行方式。社会主义初级阶段，公有制之所以还要采取资本的运行方式，则是适应公有制经济与市场机制相兼容的需要，以便使公有企业的资金流动效率更高，竞争力更强，利润增长空间更大。换言之，公有制经济离不开公有资本形式，唯此才能使公有企业在市场经济条件下进行生产和分配，才能成为充满竞争活力的经济实体。公有资产转化为公有资本并不难，难的是如何应对公有资本与市场机制的内在矛盾，亦即公有制本质与其实现形式之间的矛盾。这里涉及社会主义建设中需要回答的两个根本问题：一是公有制与市场机制二者究竟能否兼容？如果能兼容，又当如何兼容？二是兼容后的公有资本，其性质到底是由公有制所决定还是由市场经济所决定？回答第一个问题是解决第二个问题的前提，而"如何兼容"又带有根本性，并内在规定了公有资本的性质问题。

关于第一个问题，有学者认为，在公有制基础上实现与市场机制的统一，是中国特色社会主义市场经济建设的根本。不过，公有制本质上是取消私有资本间排他性的所有权界限；市场机制作为资源配置方式，本质上是所有制的运动和实现方式。一定的所有制若采取市场机制这一运动和实现方式，需要满足市场经济对于所有制的基本要求：所有制及相应的所有权必须是单纯

经济性质的权利；交易者之间在所有制上必须有严格的排他性；企业内部产权结构治理必须均衡，不同要素所有者的产权边界必须清晰。中国特色社会主义制度下的公有制与市场机制能否统一、有无必要统一等历史性命题还有待历史证明。① 但也有学者认为，不同所有制有不同产权界定。不能把反映私有制的产权看成唯一合理有效的产权，用这种产权界定来看待公有制的产权实现形式。国有企业的产权是清晰的，国有企业的资产属于国家所有。现代企业制度实行所有权和经营权分开，生产资料使用权交给企业，使企业成为自主经营、自负盈亏的经济实体出现在市场上。②

关于第二个问题，多数学者强调公有资本本质上是一种公有制经济。公有资本就是公有制经济在市场经济体制中，通过自己 DNA 体外重组的方法，或者说，通过从公有制经济肌体上提取出基因并把它放置到市场经济环境中与其他经济基因联结的方式，创造出的一种具有公有制遗传类型的新型资本。这就是说，公有资本的本质是社会主义公有制经济；公有资本是社会主义公有制经济在市场经济环境中新的必然的存在形态。③ 公有资本，作为集合的、社会的生产力，具有比私人资本更高的经济效能；作为生产关系的载体，它实现的是公有制经济的目的。④ 也有学者不仅认为市场经济可以用来表现公有经济的性质，还通过建立资金这一中性范畴引申出"社本"这一社会主义特有的经济范畴。如卓炯就认为，资金是扩大商品经济的共性范畴。由于社会主义经济必然是扩大商品经济，这是社会主义根本任务所要求的，所以社会主义必然采用扩大市场经济生产形式。再由于社会主义经济以生产资料公有制为主体，所以"资金"必须与社会主义生产关系相结合，就成为"社本"这个与"资本"对立的特殊的社会主义经济范畴。⑤

关于第一个问题，笔者认为社会主义公有制或公有资本可以与市场机制相兼容。这是因为，社会主义公有制和市场机制分别作为容纳生产力发展的生产关系和推动生产力发展的有效方法，具有相互兼容的生产力基础、政治基础和目标基础。公有制企业作为独立法人实体，通过主动参与市场竞争，可以有效实现公有资本保值增值，为全体人民增加更多社会福利；市场运行

① 刘伟：《今天为何需要政治经济学》，载于《政治经济学评论》2015 年第 1 期，第 5~17 页。
② 周新城：《坚定推进国有企业改革》，载于《人民日报》第 7 版，2016 年 5 月 26 日。
③ 杨志：《论资本的二重性兼论公有资本的本质》，中国人民大学出版社 2014 年版，第 404 页。
④ 同上，第 405 页。
⑤ 李炳炎：《社本论》，人民出版社 2000 年版，第 171 页。

以公有资本为载体，能够使人们减少或克服市场机制自发作用的固有弊端或消极影响，使资本收益分配兼顾国家利益、企业利益和个人利益，并确保政府调控目标的真正实现。此外，社会主义公有制和市场机制还都与国内国际社会化大生产的内在要求相适应；都具有兼顾公平和效率的目标要求，并在保证公有制主体地位的前提下，使社会主义的实质公平与市场机制的运作效率达到辩证统一；二者还分别作为根本制度和运行机制，构成发展生产力、实现共同富裕的手段。

改革开放以来，中国公有制与市场机制在相互适应过程中经过了双向改造，并使新的公有资本分别实现了对传统公有制和传统私人资本运行机制的扬弃。改造和扬弃的过程，即是公有制经济同市场机制二者相互嵌入、相互兼容的历史过程。一方面，市场机制对社会主义公有制的实现形式进行了有效改造。计划经济时代，公有制的实现形式主要是国家经营和集体经营（人们将集体经营又形象地称为"二国营"）。这种经营方式曾在促进社会公正和保障社会稳定等方面起到过非常积极的历史作用，但由于从根本上不能适应当时普遍落后的生产力发展要求，所以企业内部矛盾越积越多。经过市场化改革，公有企业普遍建立起与生产力发展要求基本相适应的经营管理体制，如承包、租赁、股份制、股份合作制，从而提高了企业生产效率和市场竞争力。事实上，在市场经济条件下，任何形式的所有制都要接受市场这只"看不见的手"的检验和抉择，并对不适应生产力发展要求的企业组织形式进行局部或整体性改造。马克思谈到的资本主义社会中的股份制、工厂合作制，即是发展到较高程度的资本主义市场经济对资本主义私有制企业组织形式进行改造的具体体现。改造后的新的企业组织形式适应了社会化大生产的要求，客观上也有利于资本主义私有制向社会主义公有制过渡。中国实践则表明，市场经济也可以对社会主义公有制的实现方式进行改造。改造后的公有制实现形式具有多样性和多层次适应性，特别是在确立国有企业的独立、多元市场主体和经营主体地位，明确所有权、经营权和监管权归属，明晰经营者的权利和责任，完善公司法人治理结构等方面，较好地适应了市场竞争的需要，因而大大提升了国有资本的增值空间和积累能力。

这里需要注意的是，市场机制对社会主义公有制的实现形式进行有效改造，并不意味着市场机制就是改革公有制实现形式的唯一力量，更不意味着只能有一种"纯粹一般"的公有制实现形式与市场机制相适应。相反，企业组织形式不会以"纯粹的一般"表现出来，资本运营方式的发展也不是机械的单线条进化，而是在复杂的多样性现实中展开。资本组织运行的一般规律不仅不排斥不同民族在形式上或顺序上所表现出来的特殊性或多样性，反而是以此为前提。这种复杂的多样性除了受经济发展水平影响，还受到历史文化传统制约。包括公有资本在内的各种资本可以采取共同的经营组织形式，但这些共同组织形式在不同民族的经济文化环境中所表现出来的具体形态又不可能完全相同。也就是说，共同组织形式都有其特殊实现方式。一个民族所普遍采取的企业组织形式，与本民族历史文化底色相适应，亦即带有包括价值观在内的本土传统文化的固有痕迹，不可能有一个统一的具体组织形式或经营管理模式。

另一方面，社会主义公有制对传统私人资本的运行也进行了一定的改造。传统私人资本本质上是一种雇佣劳动关系，它以最大限度追求剩余价值为唯一动力；私人资本积累又不免带来两极分化、经济危机、资源浪费、环境污染、极端个人主义盛行等经济社会问题。而公有制企业本身就是为解决私人资本运行所引发的一系列问题或危机而建立的。在社会主义公有制企业，职工是企业的主人，他们的收入不是劳动力所得，而是劳动所得；满足社会公共需要，主动保障和改善民生是国家对公有企业所创利润的主要投向。总之，公有企业采取资本运作的形式，绝不是复制资本至上法则，而是仅以资本为增值手段，资本必须服务于劳动人民的根本利益，最终达到共同富裕的目的。

公有制与市场机制相互改造、相互嵌入的结果，就是公有资本实现了双重扬弃，即对传统公有制和传统资本运行机制都进行了扬弃。公有资本对传统公有制经济的扬弃表现在，继承了公有制企业根本性的生产和分配制度，如生产资料掌握在国家或集体手中，以按劳分配为主体，劳动剩余主要用于扩大再生产、社会管理、公共服务等方面，对剩余的分配体现整个所有者的共同利益；摒弃了公有企业集权僵化的经营管理体制，逐步否定了带有平均主义色彩的具体分配机制，同时又改善了产权组织形式和利益分配方式，改善了政府和公有制企业的关系，使前者不再对后者进行任意干预或命令，而是以市场需求为导向施以必要的规划、调控与监督。

对私人资本形成和资本运行机制的扬弃表现在，继承了资本增值和资本管理的传统方式以及要素资本化、市场化的一些做法，使高效率、透明化的投资和运营能更好地影响公有资本的增值属性；摒弃了私人资本至上、唯利是图的资本本性，而在党和政府领导下使资本运作服从国家利益和人民需要；对国家或集体控股的股份制企业而言，又改善了企业内部出资人和经营者的关系，如股份制企业内部私人产权可以分割并在资本市场上自由流动，有利于形成和强化对企业经营者的激励和约束；同时又增加了企业生产的有计划性及分配的公平性等新的内容，从而使公有资本具有更大的增值潜力。

可见，在政府推动下，公有制经济和市场机制在社会化大生产中所展开的双向改造并最终使中国人民实现共同富裕的过程，也是二者相互兼容的过程。二者兼容所形成的新公有资本（这并不具有必然性，事实上兼容后所形成的私人资本数量更多）对传统公有制和传统市场运行机制的双重扬弃，则使其具有公有制经济和市场机制的双重优点。由于社会主义公有制在当前中国特色社会主义经济生活中占据主体地位，故公有资本的社会属性又规定了中国特色社会主义资本"以人民利益为中心"的整体属性。

目前，全国90%以上的国企、70%以上的中央企业完成了公司制股份制改制。2013 年，全国独立核算的国有法人企业 15.5 万户，全国国有企业资产总额为 104.1 万亿元，负债总额为 67.1 万亿元，所有者权益为 37 万亿元，营业总收入为 47.1 万亿元，利润总额为 2.6 万亿元（净利润为 1.9 万亿元），上交税费 3.8 万亿元。① 尽管现阶段私人经济比重上升而国有经济比重严重下降，但从历史角度看，国有经济在市场经济中的生存能力和竞争能力大幅跃升。这离不开其与市场机制相互适应、相互改造、相互兼容而形成的新的国有制实现形式，这一形式又以现代企业制度得以确认和巩固，从而提升了国有资本的保值增值力、经济主导力、社会服务力及世界影响力。而国有资本对国民经济主导作用的继续保持并逐步增强，又强化了国有资本追求"共同富裕"的社会属性，确保了中国特色社会主义资本"以人民利益为中心"的整体属性。

关于第二个问题，笔者赞同公有资本本质上是一种以公有制为基础的生产关系的观点。前文提到，改革开放之前的很长时期内，囿于国家意识形态的束缚，人们将"资本"这个概念视为资本主义经济范畴，不敢讲"利润"，更不能讲"资本"。事实上，资本有广义和狭义之分。狭义的资本是指资本主义生产关系或资本家对工人的剥削关系；广义的资本是指能够自行增值的价值，其价值形态表现为资金，实物形态表现为资产。在资本主义社会之前，人类社会经济生活中就存在大量的商业资本和高利贷资本，因为大量货币投

---

① 王金柱：《国有 民有 混合所有——完善中国特色社会主义基本经济制度探析》，江苏人民出版社 2015 年版，第 325 页。

入流通领域或借贷领域，其价值自行增值，因而成为资本。同样道理，社会主义国家发展商品生产和商品交换，其所投入的资金或资产带来了相应利润，因而这些资金或资产也应称为资本。改革开放之前人们未将"资金"称为"资本"，既是受意识形态束缚的表现，也是因经济实践上未有价值增值的强烈需要；而改革开放以来公有企业进入市场经济体系，运用"资本"概念与市场经济接轨，表述上就更方便，更符合实际。既然私有资本企业和公有制经济都是市场经济的竞争主体，如果公有制企业不按资本方式运营，提升经济效益、转变发展方式、增强竞争能力的改革目标就很难保障。社会主义初级阶段的经济运行仍遵循市场经济规律，资本又是市场经济核心范畴，所以在社会主义市场经济条件下，将资本范畴融进社会主义实践，演绎出"公有资本"这一重要范畴，具有客观必然性，这对于社会主义经济理论发展和社会主义市场经济实践都具有重要意义。当然，国有资产、国有资金、集体资产、集体资金，都是由劳动人民共同创造、共同享受的，因而统称为社会主义资本。总之，公有资产也就是公有资本，公有资本与公有制经济本身就是一回事。改革开放以前的公有资本本质是一种公有制生产关系，新时期的公有资本本质上当然也是一种公有制生产关系了。

以国有资本为例，从某种意义上讲，可以将中国国企改革的历史理解为如何使国有制逐步走出计划经济的大门，而走向市场舞台中心的过程。社会主义制度在中国建立之后，国有资产（实质就是国有资本）在社会经济生活中占据了绝对支配地位。与此同时，国家继续推行计划经济体制，直接干预国有资产运行，这对于建立完整的工业体系和国民经济体系，大大提升综合国力，巩固社会主义制度，做出了巨大贡献。不过，由于国家对国有企业管得太死，权力太过集中，导致人民生产积极性及企业经济效益普遍不高，因而对计划经济体制下的国有企业进行改革势在必行。改革不是对社会主义的否定，而是社会主义制度的自我完善和发展。国有企业改革的方向，就是在保证党对企业领导的前提下，通过让企业积极参与市场竞争，调动职工积极性，增强产品竞争力，来提高企业经济效益和社会效益。所以，市场经济孕育出来大量的富有竞争力的新的国有资本，取代计划经济时代的国有资本，在社会主义市场经济中发挥关键性主导作用。

总之，现存的公有资本是由公有资产转变而来，是公有企业适应市场经济要求的必然产物。从内容上看，新旧公有资本始终都在履行国家职能和社会功能，其收益由劳动人民共享；从形式上看，新的公有资本积极参与市场竞争，运用融资杠杆放大自身功能，利用市场机制实现自身保值增值。内容决定形式，因而说社会主义市场经济条件下的公有资本，本质上仍是一种以公有制为基础的生产关系。当然，现实生活中的一些公有企业被赤裸裸的资本至上法则"绑架"，蜕变为资本雇佣劳动关系，背离公有制的建立初衷和产权实质，这既和私人资本的逐利本性疯狂侵蚀公有企业的管理者有关，也和党在公有企业中的政治工作薄弱有关，但不能据此就认为公有资本的属性是由市场机制所决定，而不是由公有制经济所规定。

（二）公有资本具有平等占有、有计划运行及收益共享等属性

社会主义市场经济条件下，公有资本具有劳动人民平等占有性、有计划运行性、收益共享性。

首先，从生产前提看，公有资本由劳动人民平等占有。公有资本是存在于公有制范围内的，体现国家和集体对资本本身及其收益的占有和支配的一种生产关系。公有资本归全民或集体所有，因而在所有权意义上具有平等占有性。当然，平等占有并不意味着平均分配，也不意味着公有资本可以通过市场机制转变为私人财富。针对当前政府债务高企的现实，有人建议将作为政府净资产的国企和土地，通过资本市场转变为企业和居民的财富，以便偿还政府债务。这种偿还政府债务的方式不仅与国有资产保值增值的初衷相悖，而且是变相瓜分公有资本，以实现公有资本私有化的图谋，最终损害的是作为公有资本所有者的工农大众的利益。此外，还需明确的是，新常态下的适量政府债务不仅不会冲击地方经济发展，反而是经济平衡、协调、可持续发展的必要条件。至于某些地方政府的债务严重高企，这与政府决策失误直接相关，不能拿国有资本冲抵，而是要对决策者进行问责，否则就是对政府决策失误行为的纵容。

其次，从生产决策看，公有资本是有计划运行的。资本主义社会，生产社会化与生产资料私有制之间的矛盾导致经济危机周期性爆发，造成工人失业、资源浪费、生产力破坏、两极分化和社会不稳定，并最终将被实行生产资料公有制的社会主义社会所取代。按照马克思、恩格斯的设想，在社会主义社会，每个劳动者的社会性劳动都由计划确定，整个社会生产有组织、有计划地进行。个别劳动要转化为社会劳动，就不再需要商品交换的中介，也不需要价值插手其间，商品经济被计划经济所取代。可是，生产资料社会主义公有制在落后国家建立之后，由于这些国家生产力尚不发达，并处在市场

经济的全球化背景下，因而不能脱离市场经济这一经济运行方式和资源配置手段而搞纯粹的计划经济。这就需要公有制和市场机制相融合而形成大量的新公有资本。服从国家战略需要和计划安排的公有资本，既摒弃市场调节盲目性的缺陷，又吸收市场配置资源的高效率优势，因而是对传统市场经济条件下盲目运行的私人资本的扬弃和超越。此外，任何社会制度下的市场机制都不是万能的，不能解决所有问题；任何生产力水平下市场对资源的自发配置也都不是全效率的，反而在为全社会提供文化、生态产品，优化公共服务，缩小贫富差距等方面天然地缺乏效率甚至无效率。为保持经济总量平衡，优化重大经济结构和生产力布局，防范市场风险，稳定市场预期，实现经济持续健康发展，政府有必要对宏观经济进行调控。政府调控是需要物质基础的，而公有资本就承担了调整结构、化解风险、稳定预期的计划性经济社会职能。可见，不论是高效率的市场调节，还是高水平的政府调控，公有资本都将发挥关键性作用。正是因为有了公有资本的有计划运行，才使得市场调节本身更有效率，政府调控更强有力。

最后，从生产结果看，公有资本收益为人民所共享。由于公有资本被劳动者平等占有，劳动者平等享有剩余索取权和剩余控制权，并按照劳动者为社会提供的劳动数量和质量获得收入或报酬，所以公有资本还具有收益共享性。社会主义国家贯彻以人民为中心的理念原则，在经济上就是要追求和实现共同富裕。实现共同富裕，就需要坚持公有制为主体。在社会主义市场经济条件下，公有资本收益共享不仅具有必要性，而且具有可能性。这是由社会主义性质所决定的，公有资本收益理应由劳动者共享。但这种共享不会自动实现，而是需要两个条件：一是公有资本在数量和质量上都要占据主体地位，从而达到影响和引导私人资本的效果，否则公有资本就会被私人资本所影响，实现共享就是一句空话；二是国家或政府善于运用市场经济手段实现对公有资本的社会化占有、使用、收益和处分。公有资本在资本结构中占据主体地位，体现共同所有者利益的一致性，是资本收益共享或共同富裕逐步实现的制度前提。劳动者的共同利益通过社会化大生产来完成，社会主义市场经济又强化了利益共享的社会化功能，从而为公有资本收益共享的实现提供了必要的社会经济条件。考虑到劳动者具有不同的自然禀赋和劳动技能，公有资本收益在全社会分配的形式平等而事实上不平等。但这种不平等不仅不会带来贫富悬殊，反而构成资本收益共享的必要条件。

如果说价值是劳动时间的凝结，剩余价值就是剩余劳动时间的凝结。剩余劳动为原始社会末期以来的社会生产方式所共有。在社会主义社会，公有资本不仅带来剩余价值，而且带来比私人资本更多的剩余价值，因为公有资本能够容纳更多的生产力发展的空间。此时，剩余劳动、剩余价值不再作为工人的无酬劳动成果，而是表现为同人口增长相适应的累进的扩大再生产、人们日常生活管理、公共建设、社会保障及社会福利费用。反过来讲，如果没有剩余劳动和剩余价值，就不能以社会保障基金和社会发展基金改善民生，提高人民生活水平，就不能以社会政治基金维护经济社会运行秩序，整个社会就会陷入瘫痪状态。可见，国家对公有资本收益所进行的二次分配，旨在达到社会正常运行及有效缩小初次分配所造成的收入差距的目的。

有学者将社会主义社会的资本分为国有资本、集体资本、私人资本和联合资本，并认为私人资本"是社会主义资本中最有活力的一部分资本"，"是整个社会主义资本中绝不可缺少的一部分"，此观点值得商榷。该学者一方面强调社会主义资本具有两大特点：公有性和按劳分配，另一方面又讲私人资本也属于社会主义资本，和公有资本"并无原则区分"，逻辑上不免相互矛盾。社会主义资本和社会主义社会中的资本，是两个不同的概念。用后者代替前者，就否定了私人资本及私人控股的混合资本的私有性质。为了避免理解上的歧义，笔者将社会主义社会中的资本，称作中国特色社会主义资本，既包括社会主义资本，即公有资本，又包括私人资本和混合资本。此外，该学者还认为，"公有制是社会主义的基本规定之一。它构成这个社会普照的光。因此，社会主义在自己发展阶段上所存在的资本，不能不深刻受到这个普照的光的照耀。""在普照的公有制阳光照耀下，它们（指上述四种资本）被不同程度地采用不同方式为社会主义劳动者所掌握"。显然，他错解了普照的光和特殊的以太的本意，误以为公有制是普照的光，非公有制是特殊的以太，普照的光作用于特殊的以太，公有制就会改变非公有制的性质和特点。不过，这里有一个问题却值得我们重视，就是公有制是社会主义的基本规定之一，公有制主体地位和国有经济主导作用发挥得好不好，直接关系到社会主义制度的稳固程度和共同富裕的实现程度。所以，面对新自由主义的私有化狂潮，我们除了要重视私人资本运营和监管机制建设的重要性，更要注重中国特色社会主义资本的结构优化及公有资本质量提升问题，更好地发挥国有经济的主导作用。

人们利用公有资本是为了达到增值和共享的预期目的，但在主客观条件约束下，人们的许多预期目的往往是相互干扰、彼此冲突的，从而使其自觉追求的单一性预定目标难以如愿以偿。资本属性只是作为一种潜在特性而存在，并不能自动变为现实，公有资本亦不例外。推动公有资本的增值属性和共享属性由潜在变为现实，关键在于资本管理者。"盖有非常之功，必待非常之人。"也就是说，公有资本是否具有增值能力，是否从社会整体需要出发有计划地进行资源配置，是否能在生产和分配中体现平等和共享的生产关系，不仅与其公司治理结构有关，更重要的是看谁在治理。因此要牢牢把握公有资本的运行方向，加强和改善党的领导，按照德才兼备、全面发展的要求，培养合格、可靠的公有资本经营者和监管者。

二、私人资本自发竞争遵循的是资本主义剩余价值规律，只有在政府引导下才具有服务于社会主义目标的中介性

"资本"与"资本主义"是两个既相互区别、又相互联系的概念。其区别表现在：资本不仅包括私人资本，也包括公有资本，公有资本显然属于社会主义经济范畴，而非资本主义经济范畴。即便是资本体系中的私人资本部分，又包含了城乡大量存在的个体小资本、高利贷资本及商业资本，这些资本形式在资本主义社会之前就已广泛存在，因而也不是资本主义的经济范畴。其联系表现在，私人资本竞争具有走向资本主义的自发倾向性。伴随着产业革命的开展，新交通工具的涌现，以及先发内生型国家在全球范围内开拓市场的步伐不断加快，私人资本不断分化，有些私人小资本在竞争中被淘汰，有些不断壮大，形成私人大资本，并通过政治、法律程序确保剩余价值规律在资本主义社会普遍发生作用。在中国社会主义市场经济条件下，一方面，私人资本自发竞争遵循的是资本主义剩余价值规律；另一方面，国家对私人资本正确引导，又使其具有服务于社会主义目标的工具性。

（一）私人资本代表了一种产权排他的、投资盲目的、利益分化的生产关系

私人资本是所有权掌握在个人手中的一种资本形态。资本私有制企业，由于产权具有排他性，权益分配差距自然就会拉开，并呈两极态势。在中国特色社会主义条件下，之所以允许私人资本存在，是因为私人资本适应了一定水平的生产力发展要求，并具有同公有资本相同的宏观运行目标，即国家统一调控下对国计民生战略安排的服务和服从。单独考察作为一种生产关系（实质是一种阶级剥削关系）的私人资本，它具有如下特征或属性。

首先，从生产前提来看，私人资本所有权具有排他性。当前中国存在大量的包括私营经济、外资经济以及混合所有制经济中的私人资本成分和外资成分在内的私人资本经济。资本掌握在私人手中，以追求利润最大化为目的，微观上服从于私人资本积累规律和私人剩余价值规律，直接体现资本主义生产的性质和特点。需要明确的是，支持私人经济发展或鼓励非公有制经济发展，是社会主义初级阶段基本经济制度的重要组成部分，但不是社会主义基本经济制度的题中应有之义。

其次，从生产决策来看，私人资本运行具有盲目性。私人资本所有权的排他性决定其运行必然带有盲目性。资本掌握在私人手中，私人企业生产什么、生产多少、如何生产，都由私人资本家自己所决定。由于私人资本家很难获取社会总体信息，即便通过大数据获取相关信息，也无法左右其他私人企业的生产经营情况，加上国家调控难以对私人企业全覆盖，从而使个别生产者所生产的商品经常处于供求不平衡状态，最终导致个别劳动很难完全、顺利地转化为社会劳动。如果个别劳动不能被社会所承认，商品就不能顺利交换出去，个别价值就不能转化为社会价值，其结果将导致生产相对过剩，企业资金链断裂，工人失业，民众违约率增加，从而引发经济危机、金融危机及社会危机。

最后，从生产结果来看，私人企业的劳资要素所有者的收益分配严重分化。要素所有权是社会分工的前提，是收入分配的依据，也是阶层分化的根源。私人资本所有权从根本上决定劳资收益分配的两极分化。现代公司治理结构中，所有权和经营权相分离。两权分离不仅不能缩小劳资收益差距，反而因经营管理水平的提升、资本流动效率的提高和资本积累速度的加快而使这种差距不断扩大。针对资本主义社会越来越严重的不平等问题，法国著名经济学家托马斯·皮凯蒂在其著作《21世纪资本论》中探讨了不平等现状及其资本所有权本质。他认为，整个经济增长非常缓慢之时，资本收益率大于经济增长率的可能性大大增加。资本所有权的高度集中既是劳资冲突的首要原因，又造成资本收入不平等，而资本收入不平等比劳动收入不平等要大得多。为控制令人担忧的全球资本集中及不平等的螺旋上升，重获21世纪全球化金融资本主义的支配权，皮凯蒂又提出全球累进资本税的政策建议。现代财税体系和社会国家建设与国家发展进程息息相关，每个国家都必须找到适合自身发展的路径并妥善应对自身的矛盾。① 皮凯蒂关于资本主义国家收入不平等原因的探讨，产生了巨大的影响。他的论断对当今中国收入分配制度改革很有借鉴意义。当然，皮凯蒂的资本观点和应对不平等的措施有其适用范围，对于中国资本收益分配中的具体问题还要具体分析。

中国有些学者信奉彻底私有化和完全市场化的新自由主义。他们以美国为样板，教条主义地照搬照抄美国私人垄断资本的运行逻辑。事实上，在私人资本绝对主导下的美国社会，其阶级、阶层之间和行业之间收入分配差距更是被过分拉大。据《纽约时报》公布的数据，2015 年全美 400 家大企业首席执行官平均年收入 1050 万美元。中产阶级收入占社会总收入的比例由1979 年的 62% 下降至 2014 年的 43%，高收入者的收入比重由 29% 提高到49%。金融产业在美国经济中占统治地位，其占美国经济的比重由 1980 年的4% 上升到目前的 7%，这个行业创造的就业占 4%，却攫取了 25% 的利润。② 据思考进步网站报道，2015 年 4 月，230 个城市的快餐店职员罢工，以争取15 美元的最低工资。据今日美国网站报道，全美 7 个主要机场的 2000 多名工作人员也进行罢工以抗议过低的工资水平。另据该网站报道，美国最穷的20% 人口的收入仅占全国总收入的 3.1%，而最富有的 20% 人口的收入占到51.4%。美国民众对经济社会波动前景感到悲观，79% 的人相信更多人会掉出而不是上升到中产阶级行列。2015 年 6 月 9 日该网站又报道，美国近几年住房价格快速上涨，而居民收入停滞不前，55% 的民众不得不为住房付出更高代价。③ 不仅如此，私人资本与政治系统结合，还使得富人凭借其经济资源获得政治权力和政治影响力，并在政治议程中通过有利于富人利益集团的公共政策，违背中低收入者的意愿，使财富向富人集中。这不仅造成了收入分配的更加不平等，而且在精英阶层和被剥夺者之间出现明显的政治断点，美国梦正变为噩梦的边缘。在公有资本比重下降，私人资本比重上升，资本结构发生明显变化，居民收入也随之愈发悬殊的当代中国，迫切需要反思私人资本的社会属性，肃清新自由主义思潮在中国的不良影响，避免走私人垄断资本主导国民经济，政府服务于私人垄断资本的错误道路。

---

① ［法］托马斯·皮凯蒂：《21 世纪资本论》，中信出版社 2014 年版，第 84、40、531、506 页。

② 章念生、张朋辉：《美国经济政策到底为谁服务》，载于《人民日报》第 23 版，2016 年 7 月14 日。

③ 中华人民共和国国务院新闻办公室：《2015 年美国的人权纪录》，载于《人民日报》第 21版，2016 年 4 月 15 日。

（二）引导私人企业的市场竞争行为，使之遵从中国特色社会主义资本"以人民利益为中心"的根本属性规定

竞争性是资本的一般属性。企业之间通过改进生产技术、改善经营管理而展开的市场竞争及其优胜劣汰也是价值规律发挥作用的具体体现。社会主义市场经济具有市场经济的一般特征，只有允许生产要素自由流动，鼓励市场主体平等竞争，推动城乡区域相互开放，才能促进产业升级，优化经济结构，推动社会生产力不断解放和发展。因此，私人资本同公有资本展开市场竞争，既有必然性，又有合理性。

公私资本在经营性领域的竞争，早已进入常态化。私人大资本家绝不满足于此，当前又把精力重点放到对国有经济垄断地位的"觊觎"及对其主导作用的消解上。私人资本家的代言人认为，资本运营或资本功能发挥需要处理的核心问题就是政商环境问题，而社会资源优先安排国有经济是政商环境不公的最突出表现。比如，他们认为，为了满足用工需求，民企往往要开出比过去更高的工资，因为国企工人工资相对较高；抱守"重公轻私"的老观念，包括资本市场和银行体系在内的金融机构更加倾向于服务国有经济，对民企"天晴送伞，下雨收伞"，融资过程中要素待遇不一致；银行贷款审批权过于集中，而民企资产抵押率低、融资成本高、续贷难度大，到账资金又不能根据企业自身需求灵活周转，客观导致民企债务高企，资金链断裂，并构成民企由大到强转变的客观制约因素；地方项目投资回报周期长，盈利水平不高，民企投入 PPP 项目难度比较大，取得好的项目比较困难，且对民企的合法权利保护不够；国企主导基建项目，民间资本转包"二手工程"，国企吃肉，民营资本"喝点汤"；进口配额分配管理不合理；等等。这些观点是以市场经济的所谓形式公平为出发点，并以此作为判断公私资本运营相关制度设计合理与否的标尺。按照这一逻辑，符合市场竞争形式公平的制度安排才是合理的，反之则是不合理的。他们认为，当前国有资本垄断重要行业和关键领域，享受国家政策和资金支持，违背市场竞争的公平原则，对此应该逐步进行地位破除和制度清理。这些观点既是公私资本结构二元化基本国情的典型确证，也是力争使私人资本居于绝对平等竞争地位的"市场宣言"。

追求利润最大化是私人资本的逐利性和扩张性使然。面对私人资本家的多方面诉求，关键是处理好国有经济主导作用和市场配置资源的决定性作用的辩证关系。市场配置资源，必然要求公平竞争。但市场公平竞争必须以国有经济的主导作用发挥为前提，而不是打着公平竞争的旗号，暗地里却在搞私有化。任何社会制度下的市场经济，私人资本要谋取最大化的私人剩余价值，都离不开公平公正的竞争环境。对于当前中国局部区域依然存在的违背市场公平竞争的"三难"（创业登记难、融资难、诉讼难）和"六乱"（乱审批、乱许可、乱检查、乱罚款、乱收费、乱摊派），以及私企在土地征用、人才引进、信息获取、户籍管理等方面的不公平待遇，要坚持予以纠正和消除。更重要的是，中国特色社会主义条件下的私人资本还具有新的特点或属性，即配合公有资本共同服务于国计民生战略需求的手段性或工具性，以及服从于社会主义核心目标的中介性。为此，应该积极引导私人企业的市场竞争行为，限制私人资本运行可能带来的消极影响，使其遵从中国特色社会主义资本"以人民利益为中心"的根本属性规定。而贯彻党对私人企业所采取的既鼓励、支持又引导、监管其健康发展的方针政策，并不失时机地对私人企业进行强有力的宏观调控，既有必要性，又有可行性。

一是在当代中国，必须以公有资本为主体、以国有资本为主导，这是中国特色社会主义资本秩序的基本原理或首要规定。社会主义市场经济要求以社会主义为根本方向，中国共产党要为绝大多数人谋取最大利益，因而必须坚持公有制为主体，巩固和加强中国共产党执政的经济基础，这也决定了公有资本和私人资本之间的竞争是有条件的，是相对的。然而，私人资本家一般是不会自觉站在国家角度看问题的。只有以公有资本为主体、以国有资本为主导，才能保障私人企业获得健康、持续发展。2013 年《财富》世界 500 强中，82 家为国有企业。中央企业以绝对优势控制了石油、电力、国防和通信等关系国计民生的关键领域以及运输、矿业、冶金和机械等支柱产业。正是以国有资本主导国民经济发展为前提，资本结构同国家制度的矛盾问题才有可能得到真正解决，政商环境的营造和培育才能真正服务于劳动人民的根本利益。

二是国家对私人资本进行规范和引导的经验与能力丰富。"社会主义与资本主义的根本区别，就在于它们的生产关系和上层建筑是不同的。社会主义制度的建立和不断完善，为我国社会生产力的解放和发展打开了广阔的道路。"① 按照经典政治经济学理论，资本主义国家的公司、企业相互独立、自

---

① 中共中央文献研究室编：《十五大以来重要文献选编》（下册），人民出版社 2003 年版，第 1903 页。

主经营、自担风险，个体企业不必服从单一的指挥中心。而在社会主义国家就有这样一个中心，这个中心就是政府。政府通过行政管理，有目的、有计划地组织、安排劳动者在整个社会范围内创造更多的社会财富。① 但如私人资本大量出现在社会主义国家，而其运行又偏离制度轨道，国家机器这个中心就要出面干预，坚决把它纠正过来。否则，如果私人资本占主体，国家只为私人资本服务，将严重影响执政党执政的经济基础及社会主义制度的兴衰成败。国家在规范引导私人资本运行方面，既具有以国营经济和合作社经济配合领导私人经济的丰富历史经验，又具有将私人经济纳入社会主义现代化建设事业的政治、思想和组织优势，既可以通过划定市场竞争和资本扩张边界的办法来限定私人资本活动范围，降低执法成本及交易成本，又可以用民族复兴梦的伟大旗帜凝聚私人资本力量，使其能够在兼顾好国家、企业和职工个人利益的轨道上，实现包容性发展。

三是私人资本之间的合作，亦即私人财产的资本联合，作为资本主义生产方式本身范围内的扬弃，包含一定的社会资本属性。从微观看，随着科技创新，特别是互联网技术的应用及其所推动的生产社会化水平的提升，加上公有制的主体地位及集体主义价值观的作用发挥，使得私人企业越来越突破家族制、合伙制的局限，转而采取私有共用制（所有权归个人，使用权归集体）、员工持股型的私人资本股份制（对外募股集资、对内员工持股、按股分红）、个体劳动者组成的工厂合作制（个体劳动者也是出资者，劳动者共同出资、共同劳动、共同经营）等组织形式，其资本运作方式带有明显的社会主义因素，从而为自身提供了更好服务国计民生战略安排的有效形式。此外，从私人资本运行过程中逐步生长出来的这些组织形式，还蕴含着收益相对共享的资本属性。虽然它同公有资本收益共享有着本质不同，但相对于传统的纯粹的私人企业对私人剩余价值的疯狂追求和独自占有而言，却是一个质的飞跃，体现了私人资本关系的局部质变。而国资控股的混合所有制以及广泛应用于基础设施建设、棚户区改造项目、公共服务项目的政府资本与私人资本合作形式（PPP），则是以公有资本强化作为社会资本的私人资本功能属性的直接体现。

---

① L. Abalkin, S. Dzarasov, A. Kulikov. Political Economy. Moscow：Progress Publishers，1983：376.

延伸阅读 1

效率与公平辩证运动过程及其宏微观统一

一、效率与公平辩证运动过程

"效率"指的是生产效率，是以劳动效率为基础的生产效率的整体调整和动态均衡，其源头在于人们在生产实践中对美好生活需要的不断满足及人类理性对经济活动的节约要求；"公平"指分配公平，即居民财富与收入的公平合理分配，源于经济行为主体作为社会存在者的平等诉求。效率与公平分别关涉生产和分配，是做大蛋糕和分好蛋糕的关系。① 生产效率和分配公平分别表明生产力状况和生产关系性质，有关效率与公平的政治法律制度及思想又属于上层建筑。马克思主义者从基本经济事实出发，运用阶级分析、历史分析和制度分析法，透过现象看本质，揭示了效率与公平在社会基本矛盾作用下的辩证运动过程。

作为历史发展的根本动力，社会基本矛盾运动既可使效率与公平互为前提和基础，推动其在动态中实现内在或外在统一，也将带来"有效率、无公平"或"有公平、无效率"的相互排斥、相互冲突的局面。在同一社会形态发展中，效率与公平的矛盾通常以改革方式来解决；当经济社会矛盾积累到"既无效率又无公平"的严重程度，又往往会引发阶级斗争甚至社会革命，推动社会形态发生根本变革。正是在社会基本矛盾作用下，效率与公平经历由基本统一到基本不统一再到新的基础上的基本统一的辩证运动过程。

---

① 卫兴华：《关于中国特色社会主义政治经济学的一些新思考》，载于《经济研究》2017 年第 11 期。

二、效率与公平宏微观统一的具体表现

（一）效率与公平的宏观统一

经济增长是民生改善的基础和动力，民生改善则是经济增长的方向和目标。如果经济增长严重偏离民生改善的预期轨道，不仅使经济公平的历史欠账愈积愈多，而且公平满足人民日益增长的未来美好生活需要的难度也愈加增大，最终严重影响经济高质量发展的历史进程。协调好经济增长与民生改善的关系是有效推进效率与公平辩证统一高质量发展进程的题中应有之义。

在以生产资料私有制为基础的资本主义社会，资本积累引发工资停滞或下跌，导致民众购买力不足，不安全感不断上升，政府财政支出不能从根本上增强创富活力，改善民生，保障经济秩序，经济增长与民生改善甚至变成"零和游戏"。正如罗伯特·赖克所言："如果资本主义制度无法让大多数人享受经济成果，则它最终将停止产生经济成果，到时甚至连顶层富人都无法享受到经济成果。"①

中国坚持以公有制为主体，多种所有制经济共同发展，故经济增长与民生改善总体上兼容共生、同向互促。但是，由于社会主义基本经济制度自我完善的长期性和复杂性，以及新自由主义思潮对经济体制改革一定程度和范围的外在影响，经济增长与民生改善又存在相互脱节、相互背离的情形。对此，国家只有通过强有力的宏观调控，完善竞争激励机制、物价稳定机制和供求平衡机制，加强社会主义制度对市场经济运行的改造力度，有效纠正市场经济运行过程中所出现的偏离社会公平正义的方面、领域和环节，才能使民生改善与经济增长同步推进，进而达到效率与公平辩证统一的宏观发展目标。

（二）效率与公平的微观统一

中国效率与公平的微观统一，体现在公有企业、私人企业以及混合所有制企业的各自内部。在社会主义市场经济条件下，公有制企业通过商品市场

---

① ［美］罗伯特·赖克：《拯救资本主义》，曾鑫、熊跃根译，中信出版集团 2017 年版，第 173 页。

关系实现公有资本价值增值，增强公有资本的社会放大功能，并将资本收益自觉地进行公平分配；社会主义初级阶段的基本经济制度又规定私人资本企业和混合所有制企业的社会发展方向，使之服从并服务于社会主义效率与公平辩证统一的高质量发展目标。

1. 公有企业效率与公平相统一的内在自觉性

社会主义坚持以公有制为基础，其生产目的是为了满足人民日益增长的美好生活需要。社会主义生产效率与分配公平的统一，是建立在劳动者和劳动资料直接结合，劳动者成为劳动生产力和劳动成果的双重占有者基础上的更高层次、更大范围和更深程度上的统一，是真正意义上的内在统一。

作为营利性与公益性的结合体，公有企业具有双重性：一是以市场为生产经营导向，通过市场机制配置可支配的经济社会资源，获取作为手段性结果而非目的性结果的企业剩余，以强化自身直接承担经营风险及资产损失责任的人格化产权主体功能，并达到提质增效目标；二是以战略规划为发展导向，自觉贯彻党的发展理念及战略决策，从根本上解决资源配置比例失调、供求背离、收入差距过大等问题，实现社会主义公平分配目标。

在公有制企业内部，生产资料归全体人民共同占有和使用，人们共同劳动，实行按劳分配。也就是说，劳动者凭借自己所付出的劳动数量和质量，从共同创造的劳动收入中获取相应份额。特别是在兼具集中力量办大事与微观主体有活力的国有企业内，以劳动生产率为基础的要素生产率的不断提高，为按劳分配积累了日益雄厚的物质财富；反过来看，引入效率激励机制的按劳分配又进一步巩固了劳动者主人翁地位，调动了他们生产和管理的积极性，有助于他们进一步推动技术革新、提高劳动生产率水平。

2. 私人企业效率与公平相统一的外在条件性

私人企业要素归不同主体所有，亦即受法律保护的所有权具有排他性，且人们拥有的生产要素的数量和质量各不相同。为保障要素所有者利益，调动他们的生产经营积极性，同时避免要素滥用和浪费，私人企业实行按要素所有权分配的分配制度。要素使用者要获取包括土地、货币、资产、劳动力在内的要素使用权，必须取得要素所有者的同意；要素所有者凭借要素所有权获取相应报酬，同时又是以让渡要素使用权为代价。

要素生产率的高低直接关系到初次分配中要素所有者凭借要素所有权获

得个人收入的多寡，初次分配后的个人收入所得状况又反作用于企业生产经营效率。在私人企业中，劳动者不占有劳动资料，劳动剩余又归资方直接控制和支配，极大地限制了劳动生产率和分配公平性的提升空间，并严重影响效率与公平相统一的层次、程度、范围和规模。从这个意义上讲，私人企业效率与公平的统一是有条件的相对统一。也就是说，私人资本天然具有唯利是图、利润至上的本性，劳动报酬不会因生产效率提升而自动增加。私人企业的效率与公平不存在整体上的内在统一关系。[①] 只有加强党和政府对私企的政策引导，加强私企内部民主管理，注重保护私企劳动者的各项合法权益，做到决策共商、风险共担、利益共享，才能真正促进劳动报酬与劳动生产率的同步提高。

3. 混合企业效率与公平相统一的模式多样性

所谓"混合产权"特指公私产权混合。混合产权包括依托项目型、跨企业资产要素重组型、产权适度分离型、公私企业双向交叉持股型等多种形式。

依托项目型是将部分政府职责以特许经营权形式转移给作为市场主体的企业，政企"利益共享、风险共担、全程合作"。以基础设施建设为代表的公共服务项目，具有投资数额大、回报周期长、收益风险多等特点。在政府主导项目总收入分配的基本原则下，社会资本方除按要素所有权获取相应利润，其收入大小还与经营风险系数及转移能力、影响收益的创新性贡献成正比。

跨企业资产要素重组型大量表现为贫困地区人民在精准扶贫实践中所推行的"合作社＋公司＋农户＋基地"的模式。这一模式在使产业扶贫项目的相关要素快速集聚的同时，也使全链条上的利益相关者形成分工和利益一体化关系，并实行资源开发收益分享机制。贫困地区居民凭借集体资产所有权，获取更多开发收益。

产权适度分离型表现为公有私用、私有共用等方面，在提高要素使用效率的同时，按产权归属获取相应收益比例，实行要素经营收益的多样化分配形式。

公私企业双向交叉持股型是指公有企业和私人企业通过交叉持股、相互融合而形成的混合产权形式。在兼具公私产权的混合所有制企业，实行按劳

----

① 卫兴华、张宇：《公平与效率的新选择》，经济科学出版社 2008 年版，第45页。

分配与按要素所有权分配相结合的分配制度。员工凭借公司股权参与剩余价值分配，资本所有者与劳动力所有者由对立方变成利益共同体，将大大调动劳动者参与管理及技术创新的主动性，进而提升企业效率。

（节选自拙文《效率与公平相统一高质量发展的政治经济学分析》，载于《改革与战略》2019 年第 1 期，内容有调整）

延伸阅读 2

党的十八大以来的国家再分配能力现代化：
进展与路径

　　国家再分配，亦即国民收入再分配，是国家为满足公共安全需要、公民合法权益和经济发展条件，以税收、转移支付和社会保障为主要手段参与国民收入分配的过程。国家再分配能力建设既不是一蹴而就的，也不是一成不变的，而是一个动态演化过程。国家再分配能力现代化就是国家在全社会集中征收税收，分配财政资金，提供社会保障的能力转型过程，表现为分配决策科学化、财政支出公平化、权责关系规则化、权力行使程序化。国家再分配能力转型对于巩固社会主义生产方式，顺利实现社会全面现代化，缩小居民收入差距，体现社会公平正义，都具有重大战略意义。鉴于中国现存的再分配体制与科学化、社会化、法治化等要求还有很大的差距，应利用依法治国的重大机遇，建立现代财政管理长效机制，使国家分配行为真正以民生为取向、以公平为导向、以共富为方向。

一、推进国家再分配能力现代化的战略意义

　　推进国家再分配能力现代化，既是人类文明进步的体现，也是发达国家顺利实现社会现代化的基本经验，还是中国缩小居民收入差距，实现共同富裕的必然选择。

　　（一）从人类社会形态演进规律看，国家按规则、有秩序地进行再分配，是巩固社会生产方式，保证社会正常运行的客观需要

　　生产力的不断发展总是推动生产关系的变革。在阶级社会，一种新的生

产关系确立之后，统治阶级总要通过国家机器在全社会进行再分配，以便对新兴生产方式的合理性和正当性进行维护、巩固和保障，使之在整个社会经济生活中逐步占据统治地位。然而，统治者为巩固某种生产方式所采取的再分配行为总是要受某种规则和秩序约束。离开规则和秩序，不仅社会合作无法正常开展，其生产方式的运行也将更多表现为偶然性和任意性，而不会获得独立性和固定性。正如马克思所言，规则和秩序"对任何取得社会固定性和不以单纯偶然性与任意性为转移的社会独立性的生产方式来说，都是一个必不可少的要素"[1]。换言之，国家再分配作为社会经济关系的组成部分，虽然在不同的社会制度下有不同的本质，但都受到规则调节和秩序制约。在奴隶社会和封建社会，奴隶主阶级和封建地主阶级为了维护自身的整体利益，总是按照一定的规则进行再分配，以满足社会平稳运行的需要。在资本主义制度下，服务于资本主义生产方式的国家再分配，体现的是资产阶级国家对广大劳动者剥削和掠夺的关系，而这一关系不正是通过统治者制定的法律法规和制度政策来维护和实现的吗？社会主义制度下的国家再分配则是在全体人民根本利益一致基础上的分配活动，其根本特征是取之于民、用之于民。分配活动的决策权、执行权和监督权都掌握在人民手中。人民通过自身制定的法律工具和制度手段规范和约束国家分配行为，使之服务于经济发展和社会公平的目标和要求。总而言之，以规则和秩序来规范国家再分配行为，既是社会正常运行的基本保障，也是社会生产方式获得固定性和独立性的必要条件。

（二）从发达国家现代化经验看，国家再分配能力现代化是社会全面现代化的重要内容

法国著名经济学家托马斯·皮凯蒂在《21世纪资本论》中指出："构建现代财政是现代化和经济发展进程的核心组成部分。"[2] 肇始于18世纪末的法国大革命和美国资产阶级革命都强调以法律赋予的平等权作为现代再分配的绝对原则，以便为资本主义的社会现代化建设开辟道路。到了19世纪，脱胎于资产阶级革命的政治体系，其施政重点放在了保护产权上。进入20世纪后，随着资本积累导致的两极分化现象愈演愈烈，政府需对富人征税，着力

---

① 《马克思恩格斯文集》（第七卷），人民出版社2009年版，第896页。

② ［法］托马斯·皮凯蒂：《21世纪资本论》，巴曙松等译，中信出版社2014年版，第505页。

改善财政支出结构，增加社保支出，以改善社会地位最低、最不利者的境遇。自由资本主义时期的绝对所有权和自由化契约就逐步被限制了的所有权和标准化契约所代替，国家积极参与社会财富的再分配，以缓和阶级矛盾，巩固社会现代化的文明成果。美国兴起的独立行政机构所谓"第四分支"和"双重主权"，就是旨在强化国家的再分配职能。如今，发达国家要么通过制定和实施一系列与市场经济相适应的法律法规，如财政法、税法、社会保障法来帮助低收入阶层增加收入，要么通过优化以减少政府干预，充分发挥以市场力量为前提的公共服务，来调节社会财富和收入差距，缓和阶级矛盾，实现社会现代化。经过法治化、民主化的再分配调整，西方发达国家基尼系数大幅下降，由初次分配所造成的收入差距被大大缩小。比如，2000 年之后，美国基尼系数从 0.46 下降到 0.38，日本从 0.44 下降到 0.32，德国从 0.51 下降到 0.3，OECD 国家平均从 0.45 下降到 0.31。纵观世界近现代经济史，凡是实现社会现代化的国家，都遵循了国家再分配的现代化路径。相反，世界上一些国家的经济发展速度很快，然而居民收入差距悬殊，呈两极分化态势，非但未能顺利迈入现代化门槛，反而落入经济增长"陷阱"，经济社会发展停滞，严重阻滞社会全面现代化进程，这也与再分配能力比较脆弱直接关联。也就是说，发展中国家在进入中等收入国家后，如不及时改变不公平、不合理、不规范的国家分配方式，积极缩小城乡、区域、行业之间收入分配差距扩大的趋势，极易导致社会矛盾加剧，形成中等收入跨入高收入门槛的现实梗阻。

（三）从当前中国发展战略和核心任务看，国家再分配能力现代化是缩小居民贫富差距，达到共同富裕的重要条件

中国改革开放至今，经过大规模、长时期的所有制结构调整，加上市场调节的路径依赖和马太效应，以及个体禀赋差异，居民贫富分化严重。20 世纪 90 年代，全国劳动者所得的劳动报酬占 GDP 的比重达到 50% 以上，而 2001 年以后不断下降，2007 年约为 39.74%，2011 年虽回升至 44.94%，但离 60% 的国际惯例水平还有很大差距。农民收入偏低自不待言，工人收入水平也不容乐观。现存国有和集体企业大量股份私有化，必然导致劳动报酬占比下降。非公经济中劳动收入比较低，雇主为了获得利润最大化，也要压低甚至克扣工人工资。工人收入并未随着劳动生产率水平的提高而上升，反而相对下降。邓小平在 1985 年就曾强调："我们社会主义的国家机器是强有力

的。一旦发生偏离社会主义方向的情况，国家机器就会出面干预，把它纠正过来。"① 习近平也强调："消除贫困、改善民生、逐步实现共同富裕，是社会主义的本质要求，是我们党的重要使命。""收入分配是民生之源，是改善民生、实现发展成果由人民共享最重要最直接的方式。要深化收入分配制度改革，……完善以税收、社会保障、转移支付为主要手段的再分配调节机制。"② 为缩小贫富差距，逐步达到共同富裕，同时驯服权力和资本，使之不再肆虐横行，而是成为增加人民福祉的工具，国家必须下定决心推进再分配能力现代化。反之，国家机器如注重发挥自身的再分配作用，并按先进理念、法治方式、公平规则调节居民财富和收入，建立公共资源出让收益的合理共享机制，加强和优化公共服务，无疑有利于弥补市场失灵，缩小贫富差距，促进社会公平。

需要明确的是，面对日益严重的贫富分化现象，我们既要看到国家再分配能力现代化对于缩小居民收入差距的重大意义，也要看到国家再分配职能错位、越位、缺位现象的大量存在，其结果不仅未能缩小贫富差距，反而使这种差距进一步拉大。也就是说，当国家再分配职能被用来服务于资本牟利主导下的发展模式（错位），直接干预微观经济活动（越位），又不能建立起统一、科学、权威的分配规则（缺位），一个不可避免的后果就是既得利益集团掌控大部分社会资源和财富，而弱势群体队伍日渐庞大，两极分化态势进一步恶化。同时我们更要认识到，不规范、不合理、不透明的国家再分配行为，只是加剧居民贫富分化的重要原因，而非根本原因。所以，依靠民主集中、灵活规范的国家再分配力量只能在一定程度上缓解而不能从根本上解决居民收入悬殊问题。所有制关系决定分配关系。私人资本所有制所占比重迅猛增加才是导致中国居民贫富分化严重的根本原因。因此，切实保障公有资本的主体地位，有效发挥国有经济的主导作用，才是缩小贫富差距的根本之策。有人认为再分配调节不足是中国收入差距拉大的主因，故将缩小收入差距的根本着力点放在加大再分配调节力度上，则是因果错配，最终不免事与愿违。

---

① 《邓小平文选》（第三卷），人民出版社 1993 年版，第 139 页。
② 中共中央宣传部：《习近平总书记系列重要讲话读本》（2016 年版），学习出版社、人民出版社 2016 年版，第 217、219 页。

二、党的十八大以来国家再分配能力现代化的推进成效

20世纪90年代，中央为有效发挥财税功能，做出"费改税"、全口径预算管理、处理中央和地方关系要坚守"分税制"等科学决策，对城乡、区域和行业收入差距发挥了重要调节作用。党的十八大以来，国家积极稳步推进财税体制改革，包括以"营改增"为代表的税收收入划分制度改革和以"健全出口退税负担机制""完善中央对地方的转移支付"为主要内容的中央和地方事权与支出责任相适应的制度改革，又进一步推进了国家再分配能力现代化的步伐。

第一，经济新常态"倒逼"分配政策的全面性、科学性调整。一般来讲，现代国家主要运用货币政策和财政政策进行宏观调控，实现经济运行的总体预期目标。货币政策调总量，财政政策调结构。当总量调节到一定阶段，其所能释放的红利达到最大化之后，应逐步代之以结构调节。包括服务业和制造业在内的产业结构调整是最根本的经济结构调整。调整产业结构，需要大量财政投入。财政收支有其自身运行规律。经济增长越快，必然带动财政收入增长速度的加快；反之，经济增速放缓则使财政收入增速更加降低。中国经济步入新常态以来，一方面财政收入大幅减少，另一方面产业升级任务艰巨。特别是面对服务业的先天不足和制造业的高素质人力资本投入，税制改革及强化政府资本主导作用势在必行。新一轮税改以"营改增"为突破口，同时将直接投资、政策性补贴、间接税收优惠、优化政府采购作为"组合拳"，合力化解产业升级过程中的新矛盾和新问题。而国有投资以千亿元产业基金引导和带动社会资本，为实体产业融资5000亿元，解决经济转型升级中的中小企业发展问题及高科技创新问题，则是国有资本撬动更多社会资本解决产业升级难题的一个典型例证。随着税改进程的有效推进及政府产业基金的大量投入，企业生产成本降低，产业发展越来越数字化、网络化、绿色化和智能化，产品结构也逐步由低附加值向高附加值、由中低端向中高端转变。企业负担的减轻、产业结构和产品结构的变革趋势，以及经济发展方式的巨大转变、经济结构的深刻调整，促使更多私人资本流向国家战略性新兴产业、现代服务业及现代制造业等政府资本主导的行业或领域，加速产业升级，从而使国家再分配的预期经济目标不断达到或实现。

第二，国家财政支出的公平化程度进一步提升。国家再分配能力体现在

对经济发展速度和效益、长远目标和近期规划、科技教育和经济发展、改革开放和扶贫攻坚等重大矛盾关系的统筹能力以及对区域、城乡、行业之间发展不平衡的调节能力上。国家再分配的政策导向又通过财政支出结构反映和落实。在过去很长一段时期内，地方政府在社会福利分配和公共服务供给中，财政支出政策明显向其管辖范围内的城市倾斜。而在涉农财政及金融政策作用下，在蕴含了医疗、教育、社保等差别待遇的户籍制度安排下，农村居民福利占比明显偏低。党的十七大提出以改善民生为重点的社会建设，提高了财政支出用于改善民生的比重，但离民众实际需求还有很大差距。

党的十八大以来，国家财政支出更多地用于"三农"及医疗、社保、住房等民生项目支出，用于贫困地区及关系群众切身利益的重点领域，同时严控竞争性领域的财政支出，禁止将政府债务资金用于房地产开发、项目资本金或其他项目建设，努力形成"限高""提低""扩中"的分配格局，并达到人民生活质量全面提高的国家治理目标。国家统计局有关数据显示，2015年全年全国城镇保障性安居工程基本建成住房772万套，新开工783万套，其中棚户区改造开工601万套。2015年末全国共有1708.0万人享受城市最低生活保障，4903.2万人享受农村居民最低生活保障。全年资助5910.3万城乡困难群众参加基本医疗保险。按照每人每年2300元（2010年不变价）的农村扶贫标准计算，2015年农村贫困人口5575万人，比上年减少1442万人。[①] 此外，在住房调控方面，国家控制建设用地供给数量及增加保障性住房供给数量，完善社会保障性托底政策，协调了经济发展和民生改善的张力，一定程度上解除了人们生活和工作的后顾之忧。在物价方面，国家有效发挥价格杠杆作用，保持物价稳定，维护劳动者收入及其购买力。总之，国家通过再分配，不仅让困难群众受益，人民生活质量亦全面上升，因而在解决初次分配所带来的不公平问题，促进全社会共享发展成果的同时，有效拉动了消费增长，促进了经济效率提升。

第三，中央和地方权责关系逐步理顺和匹配，并以规则加以确认和保障。改革开放以来，中国财政体制经历了从高度集中的统收统支到"分灶吃饭"、包干制再到分税制的演化过程。始于1994年的分税制改革，初步构建了中国特色社会主义财政管理体系框架。总体来看，我国财政事权和支出责任划分

---

① 中华人民共和国统计局：《中华人民共和国2015年国民经济和社会发展统计公报》，载于《人民日报》第10版，2016年3月1日。

对于保障和改善民生、促进社会公平正义、解决经济社会发展中出现的突出矛盾和问题发挥了重要作用。不过，中央和地方权责关系不对称问题严重。如果政府分配权责关系横向不能理顺，政府各部门协调配合提升分配效率便无法保证；纵向不能理顺，往往加剧中央和地方的矛盾；长期不能理顺，则会恶化政府和公民之间财政资金使用的委托—代理关系。为此，国务院于2016 年 8 月发布《关于推进中央与地方财政事权和支出责任划分改革的指导意见》，明确规定财政事权由中央决定，适度加强中央政府承担基本公共服务的职责和能力，并切实落实地方政府在中央授权范围内履行财政事权的责任。这一指导意见无疑为理顺中央和地方权责关系，实现央地权责匹配，提供了重要规则保障。

第四，政府再分配行为受到有效监督和实质制约。中国市场化改革以来，资本逐利法则逐步渗透到政治、文化、社会、环保、教育、社保、宗教等领域，政府部门从中寻求租金，特别是掌握了较多经济资源的政府部门在依靠投资拉动经济增长的过程中，伺机固化他们的特殊利益，寻租、寻利行为司空见惯。权力和资本暧昧勾连，使政府再分配政策受利益驱动而非责任驱动，这极大地侵蚀了再分配的基本理念和原则，加大了中央收入分配政策在地方实施的难度，并对生产力布局及社会分工产生了消极影响。党的十八大以来，上到国家级，下到乡科级，不少官员纷纷落马，党中央以前所未有的力度严惩腐败，并对党政官员严格执纪问责。党的十八届四中全会通过的《中共中央关于全面推进依法治国若干重大问题的决定》明确规定，对财政资金分配使用、国有资产监管、政府投资、政府采购、公共资源转让、公共工程建设等权力集中的部门和岗位实行分事行权、分岗设权、分级授权、定期轮岗，强化内部流程控制，防止权力滥用；党和政府以自我革命精神，严格贯彻"科学立法、严格执法、公正司法、全民守法"的方针，这都为国家再分配能力的持续提升提供了坚实的制度保障。政府不仅在宪法和法律范围内自觉履行再分配职能，而且坚决消除私人资本对公共权力的侵蚀空间，带头净化政治生态和社会生态，又为国家再分配能力现代化的推进创造了先进的政治文化氛围。

三、国家再分配能力现代化的依赖路径

我们在看到国家再分配能力现代化建设取得重大成效的同时，也要看到

国家再分配实践中还存在很多亟须解决的问题。比如，工薪劳动者所缴个人所得税占全国个税总额90%以上，而对资本收入尚未征税，加之社会保障制度不完善，收入分配差距较大的问题在短期内难以通过再分配解决，这将从根本上继续抑制有效消费需求的提升；财政资金分配权责关系还需在实践中进一步对接和落实；对西部地区、"三农"和民生项目投入仍然相对不足，普惠性财政支出更是严重缺乏，对土地出让收入的分配不公平；行政部门自由裁量权缺乏根本性约束，隐性寻租时有发生。此外，如何应对和处理当前行政机关在财政资金分配、使用、管理过程中的职能不作为、懒政、怠政情况，以及一些地方政府自行出台招商引资财税优惠政策，法外设定权力情形，也考验着国家再分配体制机制向现代转型的能力和水平。这些问题一定范围内的大量存在，严重影响着国家再分配能力现代化的历史进程。

针对国家再分配过程中所存在的诸多问题，应继续贯彻科学决策、社会参与和法治保障原则，有效提升政府分配决策的科学化水平，增加社会参与再分配的渠道和方式，提高政府官员的法治意识和依法办事能力，沿着科学化、社会化和法治化的轨道继续推进国家再分配能力现代化进程。

（一）科学决策是国家再分配能力现代化的基本前提

所谓科学决策原则，是指通过健全科学决策机制，运用科技手段和科学方法提升国家再分配能力，解决国家再分配过程中的难题。它包括税制改革科学推进、央地权责科学划分、财政资金科学支出三个方面。

第一，科学调整税收政策。个人所得税以国民收入体系中的工资收入为征收对象，而高收入群体的工资收入在其收入总额中所占比重较小，征收又基本以代扣代缴为主，对个人资产申报、清查的监督体系还不完善，导致偷逃漏税现象普遍。现行的个人所得税制度没有对国民收入起到根本性调节作用。国家对豪车、豪宅等项目尚未专项征税，对赠与性和纯收益性收入的征税制度也不完善。为加强税收调节力度，应提高阶梯式税率差异，对低收入者免税，并给予财政补贴，对高收入者征收高额所得税，并扩大征收标的物范围；试征遗产税、赠与税，实现财富分配的代际公平。

第二，科学划分央地权责。协调好中央与地方的权责分配关系，是促进财政事权与支出责任动态平衡，调动中央和地方两个方面积极性的必然要求。当前中央和地方财政收入之比为48：52，财政支出之比为15：85，财政事权和支出责任不匹配，地方政府财政压力较大，并形成对中央财政的较高依赖，故需对中央和地方之间的权利和责任进行重新分配。这里需要考虑两个因素：一是确保中央调控的权威性。这就要求继续坚守分税制原则。二是保持宏观税负稳定。根据国务院下达的《关于推进中央与地方财政事权和支出责任划分改革的指导意见》，中央增加对全国基本公共服务的支出比重；而"营改增"等财税改革举措又造成中央财政收入减少。为平衡财政事权和支出责任，中央决定划拨部分国有资本充抵社保基金，这是维持宏观税负稳定的必要之举，但国资委要加强对国有资本充抵社保基金的风险防控。

第三，科学安排财政支出。国家应从企业生存需要和行业发展实际出发，尊重市场运行规律，提高对农业、高新技术产业及中小企业的财政资金扶持效率，再分配政策要有利于公私资本企业之间平等竞争；从地区发展实际出发，尊重区域发展规律，将财政资金投入容易形成扩散效应或溢出效应的地带或区域，使其辐射周边地区均衡发展，同时对西部地区资源开发企业征收较重的资源税，用于补偿当地居民因资源开发而承受的健康受损、物价上涨、失业失地等成本；从城乡一体化发展趋势出发，尊重社会发展规律，通过基本公共服务供给和社会保障支出，实现城乡居民普惠待遇。比如，全国 58 万个行政村，每村每年平均按 10 万元公共事务经费计算，政府财政总投入 580 亿元，仅占全国财政总收入的 0.39%，却让农民分享到了更多的现代化成果。

（二）社会参与是国家再分配能力现代化的重要途径

国家再分配能力现代化不是政府唱"独角戏"，而是一项社会系统工程，需要广泛动员社会力量加入。在收入再分配实践中，如果说政府起主导作用，那么包括企业和社会民众在内的纳税人则起主体作用。只有将一切社会积极因素及时纳入国家再分配的体系框架，才能使分配对象的生活需求得到广泛集中和有效整合，才能使社会各群体获得政府和社会公共组织精确回应的平等机会，才能最大限度积累社会正义共识，汇聚增加社会福祉的普遍意志和强大力量。党的十八届三中全会提出的"企业做慈善捐助可获得税费减免"政策，党的十八届四中全会提出的"把公众参与、专家论证、风险评估、合法性审查、集体讨论决定确定为重大行政决策法定程序"，习近平在中央全面深化改革领导小组第二十八次会议上提到的"引导社会资本进入养老服务业"，以及全国各地充分发挥合作社作用进行精准扶贫，都是利用社会力量推进国家再分配能力现代化的有效政策或措施。事实上，政府财政管理体制、社会保障制度及税制改革的深化，对财政预算、税收使用、社保基金分配的法律监督，以及政府再分配长效机制的建立，都离不开社会力量的介入和参与。动员更多社会力量协助完成国家再分配任务，需要借助现代信息技术手段，反复训练民众的民主参与、理性协商和依法监督技能，有序完善公民参与国家分配事务的渠道和方式，同时还要大力培育分配正义的社会文化氛围。

（三）依法行政是国家再分配能力现代化的根本保障

政府分配方式具有强大惯性。中央虽对违规使用财政资金和债务资金严厉打压，但违规违纪分配行为仍大量存在，只是地方政府部门采取了更为隐蔽的方式。比如，审计署 2013 年度在对中央预算执行和其他财政收支的审计中，发现并移送涉及重大违法违纪案件 314 起，主要发生在行政管理权或审批权集中、掌握重要国有资产资源的部门和单位。其中，112 起为群体性腐败；80 多起为政府在股权转让、招投标、资格申请、投融资等业务领域，采取培植"代理"或指定中介介入协助等更加隐蔽的违法犯罪方式获得不法利益；109 起为权钱交易趋向索取投资入股、业务垄断、矿产开采等隐性利益案件。一些地方政府对财政资金的使用方向也不符合法定程序和法律规范。2013 年审计署审计 9 个省本级、9 个市本级和 18 个县发现，这些地方以各种名义向引资企业安排财政补贴 1261.64 亿元，其中超过 70% 投入了竞争性领域，既不能有效发挥财政投入的引导和支持作用，还影响到市场公平。四川省简阳市 2010~2013 年，将上级财政拨付的民生类专项资金共计 14.19 亿元挪用于市重大项目、工业园区建设等，影响相关政策目标实现。① 另据披露，有些地方违规列支"三公经费"和会议费，违规建设楼堂馆所等行为还时有发生。如果说人民群众是创造财富的主体，那么政府就是创造环境的主体。政府部门如不能通过再分配给老百姓带来更加公平的竞争环境与实实在在的权利和利益，反而为部门内部谋求私利，为个人谋求租金，为提供租金的人给予特许或庇护，国家再分配对收入差距就会产生逆调节后果。

以再分配调节机制着力解决收入分配差距较大问题，离不开依法行政。依法行政是现代财政的本质要求，而财政管理的法治缺失，既背离二次分配的公平向度，又破坏市场竞争的公平环境，严重损害政府公信力，催生社会

---

① 中国财政年鉴编辑委员会：《中国财政年鉴》（2014 年卷），中国财政杂志社 2014 年版，第 33、36–37 页。

裂痕。《中华人民共和国税收征收管理法》《中华人民共和国个人所得税法》《中华人民共和国社会保险法》《中华人民共和国行政诉讼法》《中华人民共和国预算法》等国家法律法规的修订和完善，为推进国家再分配能力现代化提供了具体法律依据。但是，科学立法只是依法行政的第一步。依法行政不仅意味着立法和执法，更意味着国家治理方式的根本转变，即从传统人治思维和行政方式转向现代法治思维和法治方式，使法治思维和法治方式真正成为财政资金分配者的行为方式。贯彻依法行政的原则和要求，既是对分配权的监督和制约，也是对分配者的制度性保护。为此，应以内部制约为重点，在政府分配领域形成科学有效的权力运行和监督体系。特别是将财政预算、公共资源配置、重大建设项目批准和实施、社会公益事业建设等领域的政务信息进行公开，并建立重大分配决策责任追究制度及责任倒查机制，坚决纠正怠政、渎职、懒惰等不作为。对贪污贿赂、渎职等罪行以及国家机关工作人员利用职权侵犯公民权利等职务犯罪，由纪检监察与刑事司法形成协作机制和衔接程序，依法严办。

（源自拙文《以法治思维和法治方式推进再分配能力现代化》，载于《理论动态》（2016 年 2 月 20 日第 2058 期），《经济学文摘》（2016 年第 24 期）转载，标题及正文内容有重大改动）

延伸阅读 3

以人民为中心促进公有资本与私人资本共同发展

　　我国初级阶段社会主义市场经济体制改革，是坚持和完善以公有制为主体、多种所有制的共同发展。中国将长期处于社会主义初级阶段，决定了公有资本和私人资本在中国的长期并存。以公有资本为主体、以国有资本为主导，国有经济主导整个国民经济发展，不仅奠定了劳动人民根本利益得以实现的物质基础和生产关系，而且便于创新和完善宏观调控，发挥国家发展规划的战略导向作用，将私人资本引导到有益于国计民生的轨道上来。这样不仅确保了人民的根本利益，也体现了坚持以人民为中心的发展思想。

　　早在新民主主义革命时期，毛泽东就提出，"以国营经济和合作社经济共同领导私人经济发展"。邓小平也强调："一个公有制占主体，一个共同富裕，这是我们所必须坚持的社会主义的根本原则。"习近平在党的十九大报告中讲到："必须坚持和完善我国社会主义基本经济制度"，"推动国有资本做强做优做大"，"深化农村集体产权制度改革，保障农民财产权益，壮大集体经济"。当前，我国在深化国有企业改革过程中，积极推行混合所有制改革，以国有资本撬动更多社会资本投资公共领域，有效放大国有资本功能，实现国有资产的保值增值，推动国有资本的做强做优做大。在这一过程中，国有经济对民营经济及整个国民经济的主导作用得到强化。而在广大农村积极推行的集体经济组织成员自主联合能力建设，则有助于强化集体资本的创富功能，从根本上促进农民收入的公平分配。

　　公有资本和私人资本的健康运行，离不开党的领导。只有坚持党的领导，才能确保二者共同发展的正确方向，特别是使私人资本符合社会主义的长远目标，才能有效增进人民的合法权益。企业性质不同，党的政治核心作用的表现也不同。国有企业党组织兼具领导权和决策权；国有控股混合所有制企业推行企业法人治理结构，党组织主要行使领导权，并将坚持党的领导与完善公司治理统一在法治框架内；私人企业党组织主要发挥政策引导、法律监督与利益协调的作用。

公有资本和私人资本的健康运行，离不开政府的严格监管。政府对公有资本和私人资本的监管目标和监管方式有所不同。对国有资本采取分类分层监管，确保国有资本不流失；提高资产质量，保证国有资本保值增值，保证公益性国有企业承载的国家安全、维护国民经济命脉、实现国家战略目标、提供优质公共服务等重要职责的实施，以增进人民的福利和利益；履行社会责任，提高其社会综合效益，为人的全面发展创造条件。政府对私人资本的监管主要是事中事后监管，监督私营企业依法诚信经营，处理好打击犯罪与维护创新、保障安全与推进发展的关系。政府通过引导私人资本投向，规定其作用边界，以使其在较高程度上和合理范围内为社会主义事业的整体利益和长远利益服务。

总之，深化社会主义市场经济体制改革，要将公有资本和私人资本的属性和功能既区分又统一到中国特色社会主义事业上来，并坚持公有资本的主体地位和国有资本的主导作用。同时，不论公有资本还是私人资本都必须接受党和政府的依法领导和严格监管，以确保现实生活中的总体资本运行，服务于人民对美好生活的需要。

（源自拙文《以人民为中心引导公有制和私营经济共同发展》，2017 年 12 月 26 日《中国社会科学报》第 2 版，题目有改动）

第四章 公有资本为主体、国有资本为主导是中国特色社会主义资本的运行机理

　　中国特色社会主义资本的运行机理就是在坚持公有资本主体地位条件下，以国有资本主导私人资本发展。当前中国坚持社会主义市场经济改革方向，必须保证公有资本的主体地位，充分发挥国有资本的主导作用，否则就背离了社会主义的本质及其改革宗旨。应该清醒地认识到，公私资本比重发生明显变化，私人资本规律的自发作用迅速扩大，国有资本主导作用亟待进一步加强。

　　以公有资本为主体、以国有资本为主导的资本制度安排，是马克思主义资本观同中国国情相结合的必然结论，是规律性与目的性的统一。国有资本的主导作用，既表现在对整个国民经济的主导，也表现在对私人资本运行的主导。私人资本应在国有资本主导下逐步发展壮大；以国有资本为主导，私人资本可以获得更广阔的发展空间。国有资本通过宏观调控，主导市场体系，维护市场秩序，保障国家安全，增进公共利益，提高科技及产业核心竞争力，转变经济发展方式，影响、控制和支配私人资本运行。这一主导还表现为以国有经济的活力、影响力、控制力延伸政府的某些职能，特别是向关系到国家安全、国民经济命脉和国计民生的重要行业和关键领域、重点基础设施、前瞻性战略性产业（如军工、交通、金融、环保等）集中，以期追求国家整体利益及长远收益；其本质则是社会主义生产方式及其经济制度对资本主义生产方式及其经济制度的主导，是劳动人民的全局利益、长远利益对私人资本所有者的局部利益、眼前利益的主导。巩固公有制主体地位，提升国有资本的主导能力，必须继续深化国企改革。国企改革不仅要调结构、转方式，更要使国有资本功能得到放大，即带动更多包括集体资本和私人资本在内的社会资本，共同为社会主义目标服务。如果说前期的国企改革主要是围绕国

有资本在产业、行业、部门、地区、企业组织之间如何布局而展开，如何由计划经济转向市场经济，那么当前国企改革的重心则是如何通过"混改"提升国企核心竞争力。当然，将私人资本引入国有企业，在保障国有资本保值增值，增强其整体竞争力的同时，也带来了产权管理、资产运营及人力资源管理等方面的相应挑战。

在广大农村，又需要以集体资本主导农村私人资本运行。事实证明，私人资本主导下的农民入城和资本下乡，都不能从根本上解决农民共同富裕问题。只有发展壮大集体资本主导下的农村合作经济，才能增加集体成员收入，缩小城乡差距，最终达到共同富裕。

第一节　全面认识"两资"运行的经济国情

经过四十年的改革开放，公私资本比重发生了明显变化，私人资本规律的自发作用迅速扩大，国有资本主导作用亟待进一步加强。发展壮大公有资本，不仅是一个经济问题，更是一个政治问题。公有资本的主体地位一旦丧失，党执政的经济基础就会遭到侵蚀，党的执政地位就会受到挑战，私人资本在市场经济中将处于垄断地位。若是如此，试问，私营企业主还能接受党的政治和意识形态领导吗？私人资本家还能接受国家统一的宏观调控吗？国有经济还能带领私人经济朝着共同富裕方向前进吗？那时，党"即使做多大的努力在政治思想上坚持科学社会主义，恐怕终究难以为继"①。

一、公有资本主体地位受到极大挑战

由生产关系一定要适应生产力发展状况的客观规律所决定，单一公有制或单一私有制都不能调动各方面积极性，都不利于中国经济的发展，中国必须发展两种资本所有制。问题的关键在于，在公私资本所有制结构中，究竟应以公有资本为主体，还是以私人资本为主体。显然，由社会主义性质所决定，中国应该实行以公有资本为主体的混合资本所有制。但是，随着公私资

---

① 刘国光：《关于当前经济理论发展的四个问题》，引自程恩富、仉建涛主编：《中国经济规律研究报告（2014 年）》，经济科学出版社 2015 年版，代序第 6 页。

本比重发生明显变化，公有资本的主体地位面临挑战。

1978 年底，全民所有制经济和集体经济占 GNP 的比重为 98%，个体经济占不到 1%；而工业总产值全部由国营企业和集体企业所创造。党的十一届三中全会后，农村家庭联产承包责任制的推行，开启了所有制改革的序幕。1981 年党的十一届六中全会通过的《关于建国以来若干历史问题的决议》规定：国营经济与集体经济是我国经济的基本形式，一定范围的劳动者个体经济是公有制经济的必要补充。1987 年党的十三大报告进一步指出：私营经济、中外合资企业和外商独资企业等非公有制经济，是公有制必要的和有益的补充。1992 年党的十四大确立了以公有制为主体，多种经济成分共同发展的方针。1994 年以来，在原有社会主义经济体制之外，成长出多达几百万家、总共雇用了数以亿计劳动者的私人企业。私人资本在资本结构中的比重迅猛加大，呈现出超过公有资本发展的强劲势头。在全国工业总产值中，1958 年国企占比 89.2%，1978 年占 77.6%，1995 年仅占 34%。据第二次经济普查数据，截至 2008 年末，我国第二、第三产业企业法人单位（不含行政事业单位和个体经营户）的实收资本总额为 34.0 万亿元。在全部企业法人单位的实收资本总额中，国家资本占 33%，法人资本（即公司资本——笔者注）占 26%，私人资本占 38%。① 第三次全国经济普查主要数据显示，2013 年底，在工业企业法人单位中，内资企业有 229.3 万个，占 95.1%；港、澳、台商投资企业有 5.7 万个，占 2.4%；外商投资企业有 5.9 万个，占 2.5%。内资企业中，国有企业有 2 万个，占全部企业的 0.8%；集体企业有 4 万个，占 1.7%；私营企业有 176 万个，占 73%。在工业企业法人单位从业人员中，内资企业占 80.3%，港、澳、台商投资企业占 9.6%，外商投资企业占 10.1%。内资企业中，国有企业占全部企业的 3.4%，集体企业占 1.2%，私营企业占 44.7%。② 另据 2013 年《中国统计年鉴》相关数据，2012 年全国总资产的所有制构成中，国有资产与集体企业资产占总资产的 15%。2014 年以来，全国个体私营企业从业人员增加 6220 万人，3 年来增加

---

① 《第二次全国经济普查主要数据公报（第一号）》，载于《中国信息报》第 5 版，2009 年 12 月 28 日。

② 《第三次全国经济普查主要数据公报（第二号）》，载于《经济日报》第 6 版，2014 年 12 月 17 日。

的私营企业从业人员就占到了全部个体私营企业从业人员总数的 22%。① 可见，从非公企业数量、资产投资及吸纳就业人数规模等指标来看，其比例均远超公有制经济。

此外，改革开放以来，中国广大农村普遍实行家庭联产承包责任制。集体统一经营权式微，并逐渐被家庭经营权取代。然而，所有权经济利益的实现离不开集体统一经营权的实施。农村土地集体所有制虽未改变，但集体统一经营权被逐渐淡化、削弱甚至取消；与此同时，集体土地所有权又不能有效约束家庭经营权，集体层面的经济利益因而未能实现。如果放弃土地集体统一经营权，家庭承包就蜕变为小土地私有制，最终瓦解了农村公有制主体地位。由于村集体只起行政管理作用，不能担负起农村经济社会发展的综合职能，导致农民以原子化个体存在，游离于集体组织之外。广大青壮年农民入城打工挣钱，又造成土地闲置浪费，而村集体既无力对土地进行再分配，更不能推进农村土地经营的规模化、标准化、现代化。当前许多农村出现的村民融资难、小块土地闲置且不能连片，以及老人无人照料等问题，也同农村集体组织的经济社会功能丧失直接相关。此种情况下，有人鼓吹工商剩余资本大规模下乡，搞农业资本主义，这必然造成农村两极分化、环境污染、资源透支，不仅不可能给农民带来共同富裕，反而会使其贫困问题更加严重。国家在鼓励村民大力发展种养殖大户和家庭农场的同时，也在鼓励农民发展专业合作社。但是，政策出台后，据笔者实地调研，种养殖大户和家庭农场发展迅猛，而农民专业合作社名义上是集体统一经营，实际上成为种养殖大户骗取国家补贴或争取贷款的"保护伞"，其法律上的职责功能形同虚设。

二、国有资本对国民经济及私人资本的主导作用有所减弱

国有资本对国民经济主导作用的减弱，主要表现在两个方面：一是外资对部分区域的部分行业控制明显；二是私人资本对国有资本运行的负面影响增强。

其一，外资对部分区域的部分行业控制明显。改革开放以来，中国政府积极引进外资。特别是"入世"以来，中国政府积极适应经济全球化要求，

---

① 袁东明：《简政放权激发市场活力与社会创造力》，载于《人民日报》第 16 版，2016 年 3 月 1 日。

通过调整经济政策吸引外商投资。外资企业特别是跨国公司在为中国政府交税、为中国民众创造就业机会的同时，也必须接受中国政府的监管。2010年以跨国公司为代表的外资企业当年创造的工业产值、税收、进出口额分别达到全国的28%、22%、55%左右，直接吸纳就业约4500万人。[①] 外商投资企业具有双重国别属性。以注册地判定企业国别属性，外商投资企业应该属于中国企业，并对中国现代产业的催生、现代企业制度发展及市场竞争机制完善，起到了推动作用；但从投资者所在国家的经济政策及经济发展需要来看，外商投资企业同时又服务于资本输出国利益，特别是在关系输入国国家安全和国计民生的行业和领域，如果外国资本所占比重太大，会受资本输出国利益钳制，经济将丧失局部自主。从现实来看，外国资本在中国一些行业发展中处于相对或绝对优势。比如，2010年原油加工及石油制品制造行业的外资占比，上海为70.86%，大连为42.12%；炼钢行业的外资占比，广州为100.00%，无锡为88.02%；有色金属合金制造行业的外资占比，上海为60.77%，苏州为82.16%；金属结构制造行业的外资占比，东莞为79.39%，深圳为76.08%；平板玻璃制造行业的外资占比，上海为76.11%，江门为99.52%，深圳为99.34%；铝材加工行业的外资占比，苏州为85.96%，大连为65.89%；化学农药制造行业的外资占比，苏州为72.43%，荆州为93.63%。[②] 外资在东部地区及传统行业分布较为集中，既不利于区域协调发展，也不利于技术、产业升级，同时又为外资控制地方经济埋下了隐患。为此，国家鼓励外商在中西部地区投资，鼓励外资投向高端制造业、高新技术产业、现代服务业、新能源和节能环保产业，并鼓励外资以参股、并购等方式对国内企业进行改组改造和兼并重组。当然，调整外资结构必须要同监管外资运行相结合。否则，外资对核心技术的垄断将会极大地破坏中国经济战略，危及中国经济安全，损害中国经济主权。

其二，私人资本对国有资本运行造成了极大的负面影响。这种影响表现为，私人企业主对国资经营者的腐蚀，雇佣劳动关系对国资属性的颠覆，以及私人资本力促国有资本全面私有化，等等。之所以如此，一是鼓吹国企私有化的新自由主义思潮不绝于耳，其影响力不容小觑。比如，沙希德认为，1997年以来，国有企业的商品价格改革取得重大进展，并在生产什么商品、

---

① 王志乐主编：《2012跨国公司中国报告》，中国经济出版社2012年版，第14页。

② 中国产业地图编委会、中国经济景气监测中心编：《中国产业地图2010~2011》，社会科学文献出版社2011年版，第147、153、156、159、162、163、168页。

生产多少等方面具有相当程度的自主性，过去必须遵循的计划性目标不复存在，越来越多的劳动者按照短期合同受雇佣或被辞退。国企存在的问题是，1996～1998 年国有企业工业净产值下降了 2 个百分点，而国企工业部门亏损率则高出 3 个多百分点，这是价格机制和竞争机制作用于国企所导致的。1998 年各类国企单位下岗职工达 2000 万人；1997～2002 年五年间，36% 的国企职工下岗。中国国企改革的历史和成就，以及经济转型中的私有化进程，表明工业企业的所有制改革能够带来利润率和生产率的提高。不过，改革的效果取决于改革进程的设计、新所有制、政府管理，以及支持工业组织和工业竞争的制度环境的改变。从微观因素看，公司改革后的治理质量及竞争度，是多数国家企业改革成功的基础。有些国家努力避免将国有工业资产私有化，是因为它们受多种因素影响，比如政府政策方向向右偏移，政府通过征收大规模公有资产缓解财政压力，深化金融市场改革以刺激私人储蓄更有效使用。[①] 兰顿认为，国企改革暴露出很多问题，比如代理问题，国企资产被经理人和行政官员剥夺的问题。国企公司化而非私有化，被伪共产主义者视为搞好中国特色社会主义市场经济的象征，这是一种潜在的对私人经济不友好的意识形态。然而，这种意识形态将允许大规模征收国有资产，认为这样做有助于中国经济快速发展。这也意味着私人经济只能居于次要地位，即使它为中国经济成功做出了重要贡献。[②] 国内学者以钱津为代表，要求取消省级以下行政区域的国企；以吴敬琏、高尚全为代表，要求国企退出竞争性领域。让国企消失在省级以下行政区域，国企还能否支撑起以公有制为主体的社会主义生产方式？让国企退出竞争性领域，意味着商业类国企私有化，那么非经营性国有资本还能否在国民经济中真正起到主导作用？其所有权还能否掌握在劳动人民手里？必须清醒认识到，新自由主义者所鼓吹的私有化改革，不符合时代潮流和人民需要，是一种错误取向。坚持社会主义市场经济才是中国下一步深化公私资本结构改革的正确方向。

二是私人资本为自身发展扫清障碍。国有资本代表国家整体利益，私人资本代表私人利益，二者本质属性根本不同。私人资本为扩大规模扫清障碍，

---

① Yusuf, Shahid. Under New Ownership: Privatizing China's Enterprises. Washington, D. C.: World Bank Publications, 2006: 77, 79, 151, 231.

② Cheng Wei-qi and Philip Lanton. SOEs Reform from a Governance Perspective and Its Relationship with the Privately Owned Publicly Listed Corporation in China. Brown, David H. MacBean, Alasdair I. Challenges for China's Development: An Enterprise Perspective. London: Routledge, 2005: 24.

要么将国有资本变为私人资本，要么让国有资本以私人资本为标杆，按照私人资本的经营管理模式进行运转，甚至将国有资本生产方式也转变为雇佣劳动关系，从而达到私有制生产关系的同质化。三是国家对私人资本鼓励有余而引导不足。2010 年国务院出台《关于鼓励和引导民间投资健康发展的若干意见》（共计三十六条），鼓励和引导私人资本进入基础产业、基础设施、市政公用事业、政策性住房建设、社会事业、金融服务、商贸流通、国防科技工业等领域。私人资本具有两面性，发挥其积极性作用的同时，也要消除其消极的一面，这就需要政府对私人资本进行引导。然而现实生活中的有些地方政府，由于政绩驱动和部门利益驱动，对私人资本缺乏正确的引导，致使私人资本盲目扩张，并对国有资本运行产生了巨大的负面影响。

三、私人资本运行规律的自发作用正在迅速扩大

公私资本共同活动的空间就是市场。市场是资本的流动场所，资本是市场的基本要素。改革开放以来，我国市场发育同所有制结构调整是同一过程。市场发育之初，就存在相同性质或相似规模的资本进行联合分割市场的情形。公有资本和私人资本所体现的资本关系有着根本区别。公有资本投资是以资本增值为手段，以实现共同富裕为根本目标，最终是为了实现社会利益和人民利益；私人企业投资的目的在于获取利润，是为了获取金钱利益和私人利益。不同性质的资本代表了不同性质的社会关系属性，资本运行规律也就有不同的表现形式。正如吴宣恭所指出的：由于我国社会主义初级阶段存在所有制和生产关系的二元化，社会上便有社会主义和资本主义两类截然不同的经济规律体系同时在发挥作用，使经济规律也出现了二元化。[①] 在社会主义性质的公有资本所有制关系中，劳动者是生产资料的共同主人，他们共有产权、联合劳动、追求共富。公有资本企业发挥作用的主要经济规律是劳动者平等协作规律、按劳分配规律等。这些规律的作用发挥，确保了我国国民经济持续快速健康发展。与公有资本运行规律不同，私人资本家通过对生产要素的占有、对工人的剥削及对市场局部信息的获取，攫取最大利益；私人资本运行规律就表现为剩余价值规律、市场自发竞争规律、私人资本积累及两

---

① 吴宣恭：《运用唯物史观 提高对中国特色社会主义经济规律的认识——领会践行习近平关于加强学习历史唯物主义的重要讲话》，载于《当代经济研究》2015 年第 11 期，第 5 - 9 页。

极分化规律。任由这些规律自发作用，则不利于国民经济全面协调可持续发展，不利于民生改善、文化繁荣、生态保护及社会和谐。

在我国社会主义制度下，私人资本还具有自发异化为社会对立面的趋势。在产权构成序列中，资本的所有权是第一位的，它不仅决定企业经营权、资产使用和管理权以及收益分配权，而且还会在追逐利润或私人利益的冲动下，挣脱文化和制度的束缚，异化为一种与社会相抗衡的资本权力。防止私人资本权力异化的根本途径，就在于坚持以公有制为主体、以国有企业为主导的基本经济制度不动摇。然而，从现实情况来看，私人资本运行规律发生作用的广度和强度都在扩大，并对公有资本运行产生重大影响。主要表现有三：一是私人企业在市场竞争中逐步占据较大投资份额，影响国有资本增值空间，进而影响国有资本对其经济职能和社会职能的正常履行。二是私人资本所有者为实现利润最大化，一方面进行不合理、不规范的投资，带来产能过剩，进而拖累国企的正常生产和销售，并使国企职工收入减少；另一方面实行私人资本雇佣劳动制度，使得越来越多的富豪迅速聚敛起巨额财富，广大劳动者群体收入则增长缓慢。2012 年国有企业和集体企业就业人员年平均工资分别为 48357 元和 33784 元，而城镇私营企业就业人员年平均工资只有 28572元。他们在城市生活的成本巨大，而私营企业主又对其经常克扣、拖欠工资。工人整体收入的下降乃至失业，造成广大消费者购买力不足，将会引发生产相对过剩的情况。三是私有企业主对国有企业管理人员的腐蚀，又是导致大量国有资产流失，或国有企业内部平等协作关系受到破坏的重要因素，私企劳资矛盾在国企重复上演。资本与国有制之间能否找到一种社会主义结合方式，或者说"资本一般"与社会主义生产关系能否有效衔接，是国有资本能否保持收益共享社会属性的根本所在，也是经济体制改革成败与否的关键环节。如果国有企业的劳动者不是国有资本的主人，不能参与决策支配资本运行，不能监督资本经营者使其决策符合自身利益和愿望，他们的利益不能与资本增值变化进行制度性挂钩，国有资本的社会属性就会发生蜕变。

公有资本和私人资本两类运行规律在同一个经济体中共存，不会平行发挥作用。生产力或生产方式的不平衡性决定生产关系的多样性，居于主体地位的生产关系又决定社会制度的根本历史性质。在共处于一个社会的两类经济规律中，必有一方占主导地位，当社会主义生产关系有足够强大的力量时，社会主义经济规律就能发挥主导作用；随着资本主义势力不断增强，资本主义经济规律的作用就日趋明显，一旦它在社会中占有优势，资本主义经济规律就将成为支配社会的主要经济规律了。①

第二节　公有资本为主体、国有资本为
主导的学理基础

从理论角度看，国有资本主导私人资本发展，是马克思主义资本观同中国国情相结合的必然结论，是规律性与目的性的统一。要坚持国有资本主导私人资本的观点，确保社会主义市场经济的改革方向，就必须反对新自由主义思潮，并防止在社会主义与市场经济相结合问题上，以"政府—市场"为框架的社会结构分析取代资本所有制分析。

一、坚持公有资本为主体、国有资本为主导是马克思主义资本观与中国国情相结合的必然选择

马克思认为劳动是价值的源泉，资本与劳动相对立，资本要素所得是对工人劳动所创价值的无代价占有。资本家通过市场机制实现商品价值；商品货币市场交易又形成了商品拜物教和资本拜物教，形成了劳动异化关系。为消除这种"异化"了的生产关系，就需要消灭资本私有制，建立生产资料社会共同占有的、没有剥削的、个人全面发展的共产主义社会。这是人类社会的必然发展趋势。

一方面，资本创造出了一个崭新的社会——资本主义社会。只有资本才能创造这样一个社会。在社会分工、资本积累、扩大生产、价值增值等资本逻辑作用下，社会劳动生产率大大提升，社会财富大大增加。资本文明破坏了封建的、宗法的、田园诗般的小农社会，创造了一个生产力不断提升和社会关系日益丰富的现代资本主义社会。"大工业把巨大的自然力和自然科学并入生产过程，必然大大提高劳动生产率……很明显，机器和发达的机器体系这种大工业特有的劳动资料，在价值上比手工业生产和工场手工业生产的劳动资料增大得无可比拟。"② "资产阶级在它的不到一百年的阶级统治中所

---

① 吴宣恭：《运用唯物史观　提高对中国特色社会主义经济规律的认识——领会践行习近平关于加强学习历史唯物主义的重要讲话》，载于《当代经济研究》2015 年第 11 期，第 5～9 页。

② 《马克思恩格斯文集》（第五卷），人民出版社 2009 年版，第 444 页。

创造的生产力，比过去一切世代创造的全部生产力还要多，还要大。"① 此外，资本的本性就是扩张逐利，在全世界范围内寻求交换场所。资本在全世界范围内的殖民掠夺财富和武力瓜分市场，客观上也使各民族国家连接成一个整体。发达国家和地区的文明种子向落后国家和地区散播，促进了落后国家脱离野蛮状态，使各民族联系和交往更加广泛和普遍。"资产阶级，由于一切生产工具的迅速改进，由于交通的极其便利，把一切民族甚至最野蛮的民族都卷到文明中来了。它的商品的低廉价格，是它用来摧毁一切万里长城、征服野蛮人最顽强的仇外心理的重炮。它迫使一切民族——如果它们不想灭亡的话——采用资产阶级的生产方式；它迫使它们在自己那里推行所谓的文明，即变成资产者。一句话，它按照自己的面貌为自己创造出一个世界。"②

另一方面，资本是资本主义社会经济制度的基础。资本主义生产的目的是为了获得更多的剩余价值。在资本主义生产关系条件下，资本家和工人作为各自商品的所有者，在流通领域必须遵循等价交换原则，体现一种反映经济关系的具有契约形式的法的关系，工人将自己的劳动力作为商品进行出卖；资本家将商品转换为货币，再拿货币从市场上按比例购买生产所需要的生产资料和劳动力。生产资料和劳动力相结合，进入剩余价值生产环节。在资本主义生产和再生产过程中，资本家通过剥削工人的活劳动实现资本增值，又将其所获得的剩余价值继续转化为资本。资本家在资本无休止的反复运动中，千方百计挤压工人的绝对剩余价值或相对剩余价值，并实现对无酬劳动的支配权，因而使资本积累量越来越大。而随着资本有机构成的提高，机器对工人的替代，又产生大量相对过剩人口，加剧工人失业。财富的积累和贫困的积累相伴相生、相辅相成，造成资本主义社会资本和劳动、生产和消费、经济和环境的矛盾恶化，经济危机周期性爆发。不仅如此，资本就像一个磁场，带动周围的一切围之旋转。资本增值使资本逻辑从经济生活跃迁到社会生活的各个领域。也就是说，不仅经济关系上追求剩余价值，政治文化社会关系领域同样也要遵循价值增值原则，即服从一定的资本增值逻辑，服务于追逐剩余价值的需要。按照资本本性展开的能够支配一切的这种经济制度和经济权力，构成了资本主义社会根本制度的基础。由于资本主义社会基本矛盾必然导致生产无政府状态、相对过剩及周期性经济危机，造成社会两极分化，

---

① 《马克思恩格斯文集》（第二卷），人民出版社 2009 年版，第 36 页。

② 《马克思恩格斯文集》（第二卷），人民出版社 2009 年版，第 35～36 页。

阶级矛盾、国家集团内部矛盾尖锐，因而随着社会生产力的不断发展，最终必然要被生产资料社会所有制的社会主义和共产主义制度所取代。

马克思主义强调，资本既是一种增值手段，也是一种生产关系。私人资本关系占据主体地位，既意味着生产方式的新的变革，同时也是经济危机和社会危机的根源。资本主义生产方式由于本身的发展，已成为生产进一步发展的桎梏；资本主义分配方式造成少数资产者日益富有，广大工人阶级处境日益恶劣。劳动者要摆脱私人资本所有制给自身所带来的剥夺和奴役，就必须通过社会主义革命斗争将一切资本掌握在自己手中，实现生产资料的社会占有，并作为社会成员自由发展的手段。以马克思主义为理论武装的中国共产党，从成立之日起就以消灭资本私有制为目标。新民主主义革命时期，中国共产党将马克思主义资本观与中国生产力极端落后、民族资本发展不足而官僚资本强大反动的现实国情相结合，采取"推翻官僚资本统治，保护民族资本主义发展"的经济纲领和政策，确立"以国营经济和合作经济领导私人经济发展"的新民主主义资本观，为保障革命胜利奠定了坚实的物质基础和阶级基础。新民主主义革命在中国取得胜利后，中国大地上既存在由官僚资本直接转化而来的国有资本，又存在相当数量的民族资本和个体小农经济。公有资本和私人资本在当时中国的社会经济共同体中并存，并以公有资本领导私人资本朝着社会主义方向发展。国营企业主导下的多元资本结构有利于恢复和发展国民经济，保障国家经济安全，并为不同的资本所有制关系向社会主义生产关系过渡创造条件。

按照马列主义的过渡时期理论和毛泽东的新民主主义理论，由新民主主义到社会主义要经历很长一段时间。当时中国民族资本主义尚未得到充分发展，新民主主义社会没能真正建立，立即向社会主义过渡也就缺少必要的制度基础、物质基础和理论基础。急于开展"三大改造"的直接后果，就是中国大地仅存公有资本这一单一资本。虽然毛泽东提出"消灭了资本主义，还要发展资本主义"，但意识形态的斗争使得资本主义不仅未能在中国大地充分发展，反而遭到空前猛烈的批判。包括国有经济和集体经济在内的单一公有制曾对中国经济发展起过巨大的推进作用，但由于其严重脱离中国落后的生产力发展水平，再加上"左"的理论及其指导下的政策实施，最终导致国民经济发展遭受重大损失。这与当时没有尊重生产关系一定要适应生产力状况的规律，没有重视我国生产力落后的国情，未使公有资本和私有资本长期并存直接相关。

"文革"结束后，生产力发展不平衡必然要求多种资本所有制并存；而多种资本所有制并存必然要求中国共产党在马克思主义指引下，对传统社会主义资本观进行继承和创新。中国特色社会主义资本观就是随着改革开放的推进而得以逐步形成和发展的。事实上，越来越多的社会主义国家也逐步认识到发展私人经济的必然性以及国有经济主导私人经济运行的必要性。比如，古巴共产党对社会主义道路的探索，过去认为社会主义应该是100%的公有制，现在认识到应该允许非公有制、合作社、社会所有制、合资和外资同时存在。私营企业将在明确的限制范围内发展，成为国家经济结构的补充部分。[①] 然而，由于受新自由主义思潮影响，以公有资本为主体、以国有资本主导私人资本的中国特色社会主义资本观在实践中并未得到全面、有效落实，主要表现为公有资本在资本结构中所占比重越来越小。这既不利于巩固执政党执政的经济基础，也削弱了共同富裕实现的所有制基础。我们要认识到，中国实行公有制为主体、多种所有制共同发展的基本经济制度，这是一个长期的基本国情。而中国作为一个有着巨大经济体量的发展中大国，其生产关系调整又具有很大的弹性或回旋余地。在中国社会经济共同体中，既可以是公有资本占主体，也可以是私人资本占主体。公有资本占主体，表明国家制度的社会主义性质，反之则表明国家制度的资本主义性质。因此，创新和实践中国特色社会主义资本观，必须坚持以马克思主义为指导，坚持公有资本的主体地位和国有资本的主导作用，并建立与社会主义制度本质及执政党性质相适应的混合资本所有制。换言之，确保公有资本在资本结构中名副其实的主体地位，持续发挥国有资本在国民经济中的主导作用，鼓励、引导和支持私人资本健康发展，是必须坚持的资本结构改革方向。

二、以公有资本为主体、国有资本为主导，是规律性与目的性的统一

以公有资本为主体、国有资本为主导，既符合生产关系一定要适应生产力发展规律、社会化大生产规律、国民经济有计划按比例协调发展规律，又符合社会主义国家主动改善人民生活，实现社会公正，最终达到共同富裕的

---

① 徐世澄：《古巴共产党对社会主义道路的探索》，载于《中国社会科学报》第5版，2016年5月26日。

目标要求，因而构成中国特色社会主义资本的运行机理。

一方面，以公有资本为主体、国有资本为主导，既是社会主义生产方式内在矛盾运动的产物，也是社会化大生产的必然要求。生产力决定生产关系，生产关系一定要适应生产力发展要求，是人类社会发展的基本规律。社会主义生产方式内在矛盾运动也表现为生产关系对生产力状况的调整和适应。如果说改革之初生产力整体相对落后，发展水平极不平衡，需要大力发展私有经济，那么经过资本积累、科技创新、统筹协调、全球互动，生产有了极大发展，就应该提高公有经济比重，扩大公有经济范围。此外，不论是社会需求结构，还是物质财富的生产条件，都随着技术革新和产业升级而得以不断改进，生产社会化程度明显提升。生产社会化、规模化同生产分散化、小型化相比，具有很大的优越性。这种对经济部门和经济发展起决定作用的社会化的生产方式必定要占据统治地位，并将个体经济排挤到无足轻重的残余地位。就是说，如果在一个社会经济体内存在两种以上的生产方式，生产社会化程度较高的生产方式作为能够较快推进生产发展的要素结合方式，一旦占据主体地位就将导致个体经济的急速衰落，并决定着该社会经济转型、政治演化、文化变迁的性质、方向和趋势。目前全球平行存在的生产社会化程度较高的生产方式有两种：一种是以私有制为主体的资本主义生产方式；另一种是以公有制为主体的社会主义生产方式。前者虽然社会化水平较高，并在全球占据主导地位，但其与资本私有制的矛盾不可调和。由生产发展水平和社会制度性质所决定，中国特色社会主义资本运行，应坚持以公有资本为主体、国有资本为主导，以国有资本影响和引导其他资本的发展方向，这既符合生产关系适应生产力状况的原理，也遵循了生产规模化、社会化、国际化，让国民经济有计划、按比例协调发展的趋势和要求。

另一方面，为什么人发展、由谁享有发展成果是一个根本问题。以人民利益为中心是中国特色社会主义资本区别于资本主义社会私人资本的特殊属性。公有资本和私人资本运行最终都必须服务并服从于社会主义根本目标和人民长远利益。实现包括共同富裕在内的社会主义根本目标，既离不开公有资本的功能发挥，也离不开私人资本的积极作用。因为实践证明，完全的公有制或完全的私有制，都不能真正有效地解放和发展生产力，提高人民生活水平；只有国有资本和私人资本相互补充、相互配合，才有可能推进实现社会主义目标。在国有资本和私人资本长期并存的前提下，存在二者何者居于支配地位、起主导作用的问题。换言之，究竟是国有资本主导私人资本，还是私人资本主导国有资本，才能更好地实现社会主义预期目标？中国的经验及苏联的教训分别从正反两方面证明，只有以国有资本主导私人资本发展，才能巩固党的执政基础，才能确认、维护和巩固劳动人民的根本利益，才能保持社会主义性质或方向。否则，国家机器的经济基础若由私人大资本主导，国家机器就蜕变为资产阶级的统治工具，而资本收益也就只能为私人垄断资本集团服务。还是邓小平说得好："社会主义的目的就是要全国人民共同富裕，不是两极分化。如果我们的政策导致两极分化，我们就失败了；如果产生了什么新的资产阶级，那我们就真是走了邪路了。"①

国有企业作为全民所有制企业，首先体现的是社会主义国家利益，然后才是独立的法人实体和市场主体。国有经济为保障社会主义国家的整体利益和长远利益，实现社会主义本质，保证我国经济自主和国家安全，应对国际竞争，应对国内外重大突发事件，提升我国经济实力和国防实力等方面和领域提供制度安排、物质手段及科技力量。比如，注重改善民生，推进社会公平正义，最终实现共同富裕是社会主义的应有之义和奋斗目标。根据现有条件朝着共同富裕目标前进，除了搞好收入再分配，最根本的是坚持社会主义基本经济制度和分配制度。只有坚持社会主义基本经济制度和分配制度，调整收入分配格局，才能解决收入差距问题，维护社会公正，使劳动剩余更多更公平地惠及全体劳动人民。而国有经济和其他公有制经济是社会主义经济制度的基础，是实现社会主义本质的基本制度安排。再比如，缩小贫富差距，实现共同富裕，离不开财政政策、社会保障政策和社会福利政策。国家实施这些调控政策所依赖的物质基础就直接来自国有资本价值增值部分。

三、坚持公有资本为主体、国有资本为主导，既要反对新自由主义思潮，又要防止以政府—市场关系分析取代所有制分析的倾向

1993 年党的十四届三中全会提出"国有经济为主导"，国有经济控制国民经济命脉；1999 年党的十五届四中全会将国企控制的"行业"和"领域"划定为国家安全行业、自然垄断行业、提供重要公共产品和服务行业、支柱产业和高技术产业中的重要骨干企业。2006 年国资委的一份指导意见又提出：国有经济应对军工、电力电网、石油石化、电信、煤炭、民航、航运七

---

① 《邓小平文选》（第三卷），人民出版社 1993 年版，第 110～111 页。

大行业发挥绝对控制力；对装备制造、汽车、电子信息、建筑、钢铁、有色金属、化工、勘察设计、科技等行业的重要骨干企业要起较强控制力。对此，持有不同立场的人进行不同的解读，可谓杂音不断，需要认真鉴别分析。

第一，防止以坚持国有资本主导作用、拥护国企改革为名而行新自由主义之实。狭义的资本属于经济基础范畴，而与之相对应的资本观则属于上层建筑范畴。经济基础决定上层建筑，故资本决定资本观。新自由主义资本观本质是对完全私有化、自由化资本关系的反映，中国特色社会主义资本观的本质是由公有制的主体地位和国有经济的主导作用所决定。由于人们的立场观点、知识视野、经历经验迥异，加上中国历史悠久、情况复杂等客观因素，导致他们对资本的看法充满歧见、莫衷一是。有的学者从彻底私有化和完全自由化的一元资本结构阐述中国资本发展的方向和前途；还有学者则从政府和市场二元经济结构分析中国资本运行中的现象和问题，以政府干预市场竞争为由，否定政府作用，意在贩卖自由化、私有化的救市药方。吴敬琏主张国企要从竞争性领域退出[①]；高尚全强调国企只应存在于非营利性的公共产品和服务领域，其评价不是来自"市场"，而是来自社会[②]；马晓河认为，国企要进入命脉行业和战略性领域，但也要从竞争性领域（包括建筑、金融、交通、房地产、汽车、商贸、烟草、传媒）和垄断行业的竞争性环节（包括发电、铁路客运运输、成品油批发零售）退出。[③] 钱津认为，国企不仅要从非竞争性领域退出，而且在省级以下行政区不再设立国有企业。[④] 他们从产业、行业及区域分布等层面鼓吹"国退民进"，将新自由主义奉为圭臬，既没有考虑国情因素，更不顾及社会主义基本制度的历史合理性和现实优越性，可谓东施效颦，误国误民，罔顾国情、贻害无穷。事实上，很多发展中国家在彻底西化的道路上元气大伤、损失惨重。菲律宾就是这样一个典型国家。2005 年该国有 30% 的人口生活在贫困线以下，平均每日收入不到 1 美元。近年来，菲律宾政府虽进一步支持基础设施建设及人力资源开发，改善投资环境，但 2014 年该国贫困人口占到半数以上，2016 年该国年轻人失业率高达14.4%。亚非拉发展中国家复制新自由主义资本运作模式以实现国家富强与

---

① 《吴敬琏文集》（中），中央编译出版社 2013 年版，第 657 页。

② 《高尚全改革论集》，中国发展出版社 2008 年版，第 165 页。

③ 马晓河：《国企应在房地产等领域退足退够》，中国经济网 2016 年 3 月 28 日。

④ 钱津：《国有企业与现代市场经济的边界研究》，载于《国有经济评论》2011 年 1 期，第60～68 页。

民生幸福的愿望，都已宣告破产。而与之形成鲜明对比的是，按每人每年2300 元的农村扶贫标准计算，2015 年中国农村贫困人口 5575 万人，虽然占到了农村人口的 9.2%，但由于有强大的政府资本特别是金融资本作支撑，精准扶贫成效显著；2015 年末城镇登记失业率为 4.05%，政府资本主导下的就业市场有效抑制了失业情况蔓延；此外，2015 年全年资助 5910.3 万城乡困难群众参加基本医疗保险，全国城镇保障性安居工程基本建成住房 772 万套，极大地改善了民众生活。① 这说明，坚持公有制为主体、国有经济为主导，是中国共产党贯彻公平正义原则，大力改善民生，追求共同富裕的物质前提和经济基础。当前中国主流资本观的内容界定，既应坚持国家基本制度的性质和方向，又应对社会主义制度下的两种资本关系，即"两资一体"的基本国情做出充分的反映。正如习近平在中共中央政治局第二十八次集体学习时所强调的："要坚持社会主义市场经济改革方向，坚持辩证法、两点论，继续在社会主义基本制度与市场经济的结合上下功夫，把两方面优势都发挥好。"② 而对中国资本观的本质阐述，就必须由社会基本制度的性质所规定。"要坚持和完善社会主义基本经济制度，……公有制主体地位不能动摇，国有经济主导作用不能动摇，这是保障我国各族人民共享发展成果的制度性保证，也是巩固党的执政地位、坚持我国社会主义制度的重要保证。"③

　　第二，坚持公有资本为主体、国有资本为主导，要害在于将社会主义公有制与市场机制相结合，但这并不完全等同于将政府和市场的作用相结合。也就是说，不能用政府—市场结构分析取代所有制分析。有权威人士认为："20 多年前，市场经济与社会主义开始了'历史性结合'。中央十八大以来我们对市场与政府关系的认识进一步深化。"④ 应该明确的是，"政府—市场"关系理论框架和分析范式对于人们认识宏、微观资本运行规律具有重要指导意义。无怪乎有著名经济学家将政府和市场的关系上升为其所构建的经济学体系的理论内核。相对于市场的盲目性和无序性，政府具有资源整合能力、决策能力和较高的总体办事效率，可以实现资本宏观运行的公平目标；相对于政府的迟钝性和高成本性，市场又具有信号传递灵敏性、交易低成本性和

---

① 《中华人民共和国 2015 年国民经济和社会发展统计公报》，载于《人民日报》第 10 版，2016年 3 月 1 日。

②③ 《习近平：立足我国国情和我国发展实践 发展当代中国马克思主义政治经济学》，载于《人民日报》第 1 版，2015 年 11 月 25 日。

④ 任仲平：《标注治国理政新高度》，载于《人民日报》第 4 版，2016 年 5 月 3 日。

自我调节及修复本能，可以提升资本的微观运行效率。政府和市场相互补充、相得益彰，则从总体上平衡资本运行的公平与效率双重向度。不过，政府和市场关系不同于社会主义基本制度与市场经济关系。社会主义基本制度离不开政府的维护和巩固，但本身不同于政府；市场经济也离不开市场作用，但本身不同于市场。将政府和市场关系等同于社会主义基本制度与市场经济的关系，无疑就掩盖和忽视了生产资料所有制对生产关系或经济制度的决定性作用了。脱离生产资料所有制，特别是资本所有制，而对资本运行所进行的规范或实证分析，无论多么精确细致，都仍然浮在经济表象层面，未对事物内部本质做深入探讨。只有从公私资本结构的基本国情出发，才能客观、全面地认识中国特色社会主义资本观的本质特征，才能得出有说服力及指导性的有益结论。

总之，公有资本在资本结构中的主体地位，规定了中国特色社会主义资本观的内在本质。只有公有资本占主体地位、国有资本起主导作用，国有资本主导和引领私人资本发展，才能确保中国经济发展的社会主义性质，确保私人资本有益于社会生产和人们生活的发展方向。

第三节　国有资本主导私人资本运行的现实表现与实现形式

一、国有资本主导私人资本运行的现实表现

私人资本代表私人利益，其参与市场竞争、追求利润最大化的行为属于纯粹市场行为，私人资本运营遵循的是市场逻辑；国企既具有一般企业的盈利性，也有为公众提供服务的非营利性或公共性。国有企业是社会整体利益的代表或化身，其能够也必须主导一般性的市场行为，国有资本运营也要遵循市场逻辑，但更重要的是政治（政府政策）逻辑。一般来讲，政府主导经济社会发展进程，在经济领域就表现为国有经济主导作用的发挥，其具体路径表现为以下六个方面。

（一）国有资本代表国家利益，履行社会综合职能

首先，国有资本直接为私企发展做出了巨大贡献。过去40年的经济发

展，私人资本发挥了重要作用。私人资本作用的发挥，除了得益于政府的鼓励与支持，在很大程度上是以牺牲国企为代价的。根据全国工商联的调查，至少 1/4 的私营企业是由国有企业和集体企业改造而来的；私人资本发展离不开基础设施，国有企业则承担了这一成本代价；私人资本发展离不开税收优惠，国企则承担了高税率重负；私人资本发展离不开作为内生动力支撑的科技和人才等生产要素，国企则承担了科技创新和人才培养责任；私人资本发展需要广阔的市场空间和资源空间，国企则承担了退出部分竞争性领域的改革代价。当前针对私营中小企业融资难问题，国家资本亦在主导或支持对中小企业融资的担保。广大中小微企业的发展壮大对整个市场经济健康运行发挥着重要推动作用。中小微企业发展，难在融资，而融资又难在担保。平衡大企业和中小微企业的关键性要素需求，将存量和增量资金更多用于扶持中小微企业，支持实体经济发展，是推进中小微企业蓬勃发展的必然要求。为此，一方面，政府设立中小企业发展基金，通过政策引导、市场运作，带动社会资本参与，支持种子期、初创期成长型中小企业。另一方面，又积极探索中小企业贷款抵押担保的平台或机制。如广东建立中小企业融资风险补偿平台，哈尔滨建立政策性担保平台，江苏建立科技成果转化风险补偿专项基金，福建推行"政银保"合作模式，对纳税信用记录良好的企业发放无抵押贷款，开展小微企业贷款保证保险试点。这些担保模式一般是由政府资本主导或支持，核心在于使各级财政对企业融资担保进行风险补偿，以达到激活中小企业发展活力的预期目标。

其次，国有企业带头贯彻国家战略，增大投资需求，在增加私人资本增值空间的同时，也有利于降低用工成本。一方面，工资增长幅度高于劳动生产率增长幅度，企业用工成本上升。调查数据显示，制造业企业的全员劳动生产率从 2013 年的 10.78 万元增长到 2014 年的 11.65 万元，增长率为 8.10%；企业平均工资成本从 2013 年的 6639 万元增长到 2014 年的 7454 万元，增长率为 13.83%。工资增长幅度高于劳动生产率增长幅度 5.73 个百分点。[①] 另据报道，福建民企过去几百元就能雇用一位工人，现在大体 3500～4000 元/月，同时企业还要承担五险一金，用工成本明显增加。另一方面，以国资为主导的"一带一路"、国际产能合作、上海、广东、天津、福建等自贸区的加快推进，以及新城镇化战略的实施，可增大投资需求，形成规模

---

① 程虹：《提高制造业企业创新效率》，载于《中国社会科学报》第 4 版，2016 年 6 月 8 日。

效应，从而使人口红利继续释放。以城镇化战略实施为例，据测算，每个新增城镇人口将带来公共服务等方面的投资需求30万元左右。以目前每年1000万农村人口转入城镇来核算，每年带来的投资需求高达3万亿元。从长远来看，国资主导实施的城镇化战略所释放的投资潜力可以抵消企业用工成本迅速上升的现实压力。

最后，国企除了在生产要素空间流动以及创造投资机会等方面支持私人资本发展以外，还在支持国家和社会发展方面承担了多种职责，特别是在应对突发事件、上缴税利、积累资本、保障民生等方面做出了不可替代的贡献。一是虽然国企不断退出，就业人数下降，其GDP在全部工业企业中所占比重不断减少，但其税负一直居高不下。1998~2002年，规模以上国有及国有控股工业企业主营业务税金及附加占比80%以上。不断退出后，国企依然是高税负，2011~2013年占比仍高达33%~36%。二是国有企业除了按规定将利润的一部分上缴国家，用于社会事业之外，主要用于资本积累和扩大再生产，快速增加国有资本总量，使全民所有的资本总量不断增多。三是市场上出现的假冒伪劣商品、有毒有害食品等，多与个体或私人资本不择手段追逐利润有关；国企诚信度较高，在保障民生安全方面做出了重要贡献。①

有人认为国企是低效率的代名词，拉经济增长的后腿，对此应做动态的、辩证的分析。改革开放之前及改革初期，国企曾在支持整个国民经济体系和工业体系，大幅提升综合国力，保障工人主人翁地位以及促进内部管理平等化等方面，做出过巨大的历史贡献。体现在国有经济的利税率方面，根据有关统计资料，1957年为34.7%，1965年为29.8%，1978年为24.2%，1988年为20.6%。20世纪90年代中期以来，有些国企经营效率不及私企，也是与不平等的工资及税收政策有关。从有关统计数字看，私企职工的工资只及国企的一半多；而国企的税负又高，尽管国企就业人员只占城镇就业人员的16.6%，国有工业企业GDP只占全部工业企业GDP的20%以下，但税负占比却依然高于非公有制经济。如果私企的工资与国企一样高，税率也与国企相同，其工业增加值的增长率及盈利率则会大大降低。此外，考察国企，不能仅从经济效益方面，更要看其对社会整体的影响，看其社会综合贡献率的大小。社会贡献率是企业社会贡献总额与企业平均生产总额之比。由于国有企业代表

---

① 卫兴华：《发展和完善中国特色社会主义必须搞好国有企业》，载于《毛泽东邓小平理论研究》2015年第3期，第1~5页。

国家利益，履行社会综合职能，所以国有企业的社会整体贡献必然要高于私企。以大同煤矿为例，2015 年企业办社会机构 420 个，涉及 2.95 万人，年净支出 39.5 亿元，大大抵消了企业职工的社会生活成本及经济交易成本。因为国企办社会职能包括了社区管理、市政、离退休人员社会化管理、道路、保洁、消防、医疗卫生、教育、广电网络以及职工家属区的供水、供电、供气和物业管理等。国企人工高成本则因其对社会职能的履行，特别是对社会负担的分担。有人将社会贡献量化并在不同所有制之间进行比较，得出的结果是，国企社会贡献率为 1053，集体企业为 644，私企为 359，而中外合资合作企业仅为 50。事实上，由于国企和私企的性质、地位和作用不同，比较二者的经营效率高低就缺乏共同基础，得出的结论也缺乏说服力；衡量和评价国企，也必须从历史演化、宏微观功能上对其进行全面分析，防止一叶障目、不见泰山。

如果我们仅从单一经济指标比较公有资本和私人资本增值能力，国企盈利水平的确不高，甚至还是负值。比如，从工业增加值的增长率来看，国有控股企业、集体企业工业增加值的增长率的确不及私营企业。问题是国企经营效率较低的背后原因是什么呢？有人认为这是由国企自身的经济发展方式落后、营销模式陈旧、管理不科学所导致。那么，为什么国企经营管理水平及经济发展方式落后呢？国有资本不会自发地提高经营效率，需要既有责任心又懂操作的经营管理者自觉提升劳动生产率及经营效率。然而，国企改革中大批管理人员、技术人员或者孵化私企，或者流入私企，或者直接变国企负责人为私营企业家，极大地削弱了国企竞争力，同时党又相对放松对在职国企领导的监管，由此引发的"内部人控制"现象严重，企业经营管理水平不高，企业职工主人翁地位被虚置，并最终导致国企经营效率较低的后果。其实，国企参与市场竞争有其天然优势，比如制度和政策优势、规模优势、科技创新优势等；而充分发挥这些天然优势，关键在于企业经营管理者。一些国企的经营管理效率较低，与政府对企业经营管理者的监管不到位直接相关。换言之，国企经营效率并非天然低下，某些国企的低效率问题绝不是由其全民所有制性质所引致，更不能以此作为全面私有化的"充分理由"；提高国企经营效率，从根本上讲，需要加强职工监督制度和党政监督制度建设。

（二）国企通过主导市场体系，掌握生产和流通，为私人资本运行提供新的环境和条件

首先，国有企业掌握着关系国计民生的经济命脉，主导着整个市场经济体系。而在石油、天然气开采和电力行业现价工业总产值中，在石油加工、炼焦、煤炭和水的生产供应上，在交通运输设备制造、冶金、有色金属等基础性、支柱型产业领域内，中央控股企业占据绝对支配地位。央企还是参与国际市场竞争，与外国大企业一决雌雄的主角。政府发挥快速学习能力和强大动员能力优势，逐步建立起成熟完善的市场体系。国有资本所主导的这一市场体系，为私人资本运行提供巨大的经济体量和市场空间。中国具有比日本大4倍多的供应商体系，拥有具备成熟工作经验的1.5亿产业工人，具有现代化的基础设施、巨大规模的市场空间以及健全的供应链体系，并为中国资本增值提供了约15%～20%的成本优势。

其次，国有工商企业直接控制关系国计民生的生产资料和生活资料的生产经营活动及对外贸易活动，并对产品供求关系发挥基础性调控作用。改革开放之前，国营企业在生产和流通领域占据绝对主导地位，企业财产、资金、设备（国有资本）都由政府占有和支配。没有国有企业的主导作用，也就没有计划经济下的商品生产和流通。经过几十年的改革，绝大多数国有企业内部产权清晰、权责明确，并在生产和流通等方面自主经营、自负盈亏。与此同时，私人工商企业如按工商管理部门要求登记注册，都可从事法定范围内的生产和销售活动。至此，在生产和流通领域就形成了国有工业企业、国有商业企业、私人工业企业、私人商业企业两种性质、四种类型的企业。不完全竞争条件下，国有工业企业和国有商业企业在生产、流通环节的某一端处于垄断状态时，有利于将私营工商企业产生的负外部性内部化，减轻或消除私人垄断资本在生产、流通环节的双重加价，稳定市场均衡价格和销量，从而维护社会整体利益和消费者合法权益。

具体来讲，国有资本主导下游销售环节，在商品流通中发挥主渠道作用，能够起到调节产品供求、稳定市场预期的作用。随着买方市场的强化，消费者主权的上升以及供应链各环节内部竞争的加剧，流通企业从自身利益出发，要求上游制造企业压缩生产成本和价格空间，形成以下游销售环节为主导的产业模式。在市场经济固有的自发性、盲目性和滞后性影响下，假如私人商业企业通过竞争承担甚至主导了商品流通业务，或者说在同类商品流通渠道中起主导该类商品流通的主渠道作用，就很难与社会化大生产的内在要求相适应，整个国民经济也难以正常运行。在混合资本所有制下，国有资本企业既是市场参与者，又是市场调节者。国有企业直接控制特殊商品（国家储备粮、重要稀缺原材料、医疗卫生产品等）流通，而中粮、华润万家等央企在一般性商品流通中也起到关键性支撑作用，并按照价格信号进行正确决策，因而能起到稳定市场预期，维护市场秩序的作用。

此外，国有企业通过贯彻政府投资政策、商业政策、消费政策等方式，能够对私人工商企业进行间接调控与引导。国企带头遵守政府制定的交易规则，也有利于保护知识产权，维护依法生产、诚信交易、竞争有序、规范可控的市场秩序，提高产品质量和服务水平，创造就业机会，维护和保障员工权益，反对腐败与投机欺诈，从而在很大程度上改善整个商品生产和流通的制度和文化环境。

（三）国家运用国有资本进行宏观调控，减少或避免私人资本运行的"市场失灵"

《中华人民共和国宪法》规定：国有经济，即社会主义全民所有制经济，是国民经济中的主导力量。国有资本和国家利益是手段和目的的关系。国企是政府将有限社会资源集中起来进行投资的载体，是统筹运用国家财力、物力实施产业政策的物质保障。一方面，国有资本承载着国家战略性功能、社会利益调节功能，承担着政府调控作用，是国家进行宏观调控的重要工具和依托，成为市场经济的稳定器和减压阀。另一方面，国家直接占有生产资料，能够按照社会意志对国企进行有效监管，并按经济社会发展的总要求，对国企生产经营活动进行合理调节，引导和调控市场行为，使之真正体现全体人民的共同利益，亦即实现国家整体目标。国有资本可被用来调整经济结构，防止经济失衡，平抑经济波动，促进经济协调、可持续发展，增加社会整体福利，还可被用来调节市场上商品和服务供求关系，控制物价过度上涨或下跌，控制资本流向及市场竞争秩序。国有资本的这些特有功能都是私人资本所不可能具有的。当前国企在转方式、调结构、去产能、去库存方面起了带头作用，比私人企业承担了更多责任，有效缓解了供需矛盾，减少了市场震荡，保障了预期目标的实现。作为国民经济的领导力量，国有资本在治理假冒伪劣，打击走私贩私等方面，能够协调国家、集体利益和私人资本所代表的私人利益之间的关系，因而成为调控私人资本为社会主义市场经济服务的决定性条件。

国有资本还在缩小区域发展差距、提供公共产品等领域发挥重要调节作用。一般来讲，非均衡发展使资本、技术、劳动力等要素流向经济增长较快的发达地区，形成"回波效应"，将加速地区发展不平衡。与美国对"需要援助地区"的支持，德国对"值得发展地区"的促进政策不同，中国中西部地区既是需要援助地区，亦是值得发展地区，中国政府通过定向宏观调控，加大公共基础设施建设、水电供应设施及环境治理等领域的投资，以消除区域发展不平衡因素，寻求经济增长新动力。公共基础设施建设、水电供应设施、邮政通信及环境治理等领域的投资，数额大、周期长、见效慢，或者产生一定的外部性，故私人资本不愿或无能力投资这些行业或领域。私人资本不能有效发挥作用的市场失灵领域，就要求政府兴办大型工程并由国有资本在公共事业领域发挥主导作用，这样既能促进就业、增加收入，又能刺激消费、拉动民众对公共产品和公共服务的基本需求。此外，由于国有资本收益是公有的、不可分割的，对公共产品供给或公共工程的计划设计也就成为作为社会利益维护者的政府的首要职能。① 国有资本易于集中资源，通过大规模企业的兴办，可影响和带动私人资本参与公共服务项目的投资和运营。比如，既适用于政府负有责任又适于市场化运作的包括公共服务、基础设施在内的 PPP 项目，在加快中西部铁路建设，弥补基础设施、公共产品和公共服务之短板，以及有效推进区域协调发展等方面优势明显。包括棚户区改造、城市地下管网建设在内的基础设施建设，是政府和社会资本合作的经常性项目。2015 年国家先后推出 5 批上万亿元的专项建设基金，以少量政府资本撬动更多私人资本投入基础设施建设，并针对不同行业特点，合理分配私人资本在建设基金中的比例。公共事业领域也是政府和社会资本合作的重要领域。在市场经济条件下，这一领域兼具公益性和营利性双重特点。如将"公益性项目＋经营性物业"综合用地模式扩展到城市道路、水利、教育、医疗、养老、文化、体育等公益性较强的项目中，可以为 PPP 创造盈利空间和增值条件，实现经济效益和社会效益的"双赢"。同时，完善立法保障，完善公共事业领域的价格形成机制和合理回报机制，又能为政府和社会资本在公共事业领域的合作，提供公平的市场竞争秩序和良好的资本运行环境。

（四）国有资本在推进私企科技进步及产业升级方面具有明显优势

中国科技创新在许多领域实现了由"跟跑"到"并跑"再到"领跑"的转变。中国制造业具有领先全球的数字化、联结型生产平台优势，到 2025 年，中国新一代工业制造部门可以每年增加 4500 亿~7800 亿元的价值，并

---

① Manuel Gottlieb. A Theory of Economic Systems. London：Academic Press Inc.，1984：256.

推动中国产品由"中国制造"向"中国创造"转变；中国服务创新能力已达到引领全球的水平，服务创新可以每年增加 5000 亿 ~ 14000 亿元的价值。不仅如此，中国还正加快生物工程、新能源、新材料、节能环保、人工智能等战略性新兴产业领域的变革。但是，中国作为科技大国大而不强的结构性矛盾日益凸显。科技对经济增长贡献率远低于发达国家。原始技术创新严重不足成为中国发展的"阿喀琉斯之踵"；基于原始创新的颠覆性创新更是缺乏。事关国家安全和产业竞争的核心技术自给不足成为供给侧的最大短板。只有大力创新科学技术，特别是为企业提供原创性技术支持，才能降低企业生产成本，增加企业利润。国企在技术进步和产业升级中必须而且能够走在前列，在原始创新及基于原始创新的颠覆性创新方面发挥关键性作用。这是因为，国企能够集中使用资源，承担更大风险，遵循国家整体技术规划，较易产生技术外溢效应，并掌握着社会化程度较高的生产能力，是生产力发展中的主导性企业，因而在为国民经济发展提供物质技术基础的同时，也在为私人企业技术改造提供先进技术装备。不论是传统工业的巨额投资技术改造，还是先导工业、战略性产业的技术研发、投资创新，都在很大程度上依赖于政府投资的国企特别是央企来完成。而中国国有资本风险投资基金的成立，作为一种投融资方式，则是以股份形式参与投资，帮助所投企业（尤其是高新技术企业）资本增值及上市。此外，对于大规模科技创新，私人资本不愿且无力承担风险，只能由国有资本带动和吸引社会资本或私人资本积极、有序参与到科技研发和成果转化工作中来。比如，以青岛海信集团联合创新公司、橡胶谷知识产权公司为试点，推进专利资产流动运营，就是国有资本带动众创的一种尝试。企业初创期在其财力不够的情况下需要融资。融资问题是制约众创空间拓展的"瓶颈"，这一问题又可通过专利质押贷款来解决。这一模式是以国有资本为先导、以原始创新为动力、以专利等科技成果的资本化、产业化为依托而得以开展，其实施效果取决于国有资本运营主体能否有效兼顾科技创新规律和市场经济规律。

国有资本主导下的产业结构、产品结构所经历的大规模调整，为私人企业提供资本流向。从订货、盈利、用工、未来投资方向等方面综合看，资源密集型制造行业的市场空间（如房产、钢铁、采矿）逐步被现代服务业（如信息、租赁、商务）和高技术制造业（如医药、电子设备）所替代和挤压。这可从《2016 年中国大学生就业报告》中得到证明。2016 年大学专业就业率排名，物流管理专业就业率最高，教育业、医疗和社会护理服务业、媒体信息及通信产业就业比例增加较多；建筑业和机械五金制造业则是就业比例降低最多的行业。处于工业上游的不仅多为国有大型企业，而且国家资本在第二、第三产业企业法人单位实收资本总额中占据较大比重。第二次全国经济普查主要数据显示，2008 年末，我国第二、第三产业企业法人单位（不含行政事业单位和个体经营户）的实收资本总额为 34.0 万亿元。在全部企业法人单位的实收资本总额中，国家资本为 11.4 万亿元。① 随着"互联网＋"行动计划的落实，以信息流带动物质流、人才流、技术流、资金流，信息技术与制造业将不断走向深度融合，产业发展越来越数字化、网络化、绿色化和智能化，产品结构也逐步由低附加值向高附加值、由中低端向中高端转变。产业结构和产品结构的巨大变革趋势，以及经济发展方式的巨大转变，经济结构的深刻调整，促使更多私人资本流向国家战略性新兴产业、现代服务业及现代制造业等国企主导的行业或领域。

（五）国有资本带动私人资本保障国家安全从而提高国家核心竞争力

这是因为，第一，在关系国家安全和国民经济命脉的行业，中央企业占据主导地位，成为应对突发事件、保障国家安全的重要力量。发达国家跨国公司拥有资本、技术、管理、营销等多方面的绝对优势，与之竞争的一般的本土私人企业不仅不具备竞争优势，反而有可能成为跨国公司的依附，或者被跨国公司并购。当前高端手机市场仍由国外企业主导，而国产智能手机的操作系统、芯片等在很大程度上仍要依赖国外进口。至于中国新兴领域的人工智能、虚拟现实及无人驾驶技术，亦未开始领跑世界。国企具有资本积累、向重要部门扩张的制度优势，战略资源开发的体制优势以及产业结构调整的政策优势，并具有保障企业自主运行，防止本国重要经济部门被外国控制的主权属性，因而在全球化背景下，中国国企在与跨国公司竞争中，担负着节制跨国垄断资本、保护本土企业发展、确保国家经济安全的重要使命。更重要的是，我国国企在军工行业占据绝对控制地位，对飞机车辆轮船制造、电子信息等与国防高度相关的产业，保持一定的控制力，从根本上夯实了国家安全的产业基础。

第二，国家实施科技创新战略，提升核心竞争力。一是国企通过扩大自

---

① 《第二次全国经济普查主要数据公报（第一号）》，载于《中国信息报》第 5 版，2009 年 12 月 28 日。

身规模，形成核心技术和拳头产品，提升了自主创新能力及核心竞争力，改善了国际市场竞争地位。二是政府通过引导企业成为国际科技合作的主体，支持有较强国际竞争力的企业建立海外研发中心，以合资、参股等方式有效利用当地科技资源，增强专利技术储备，提高科技创新能力。三是国家在能源、粮食生产、装备制造等关乎国家利益的产业领域，培养一批具有国际竞争力的大公司大企业集团，发挥它们的骨干、示范和导向作用，并通过对外投资、开拓市场、深化合作，不断增强国际竞争力。"中国高铁""中国核电"走出国门，走向世界，这在为私人资本功能发挥提供经济环境、竞争条件和增值空间的同时，也大幅提高了中华民族产业国际竞争力及中国对外开放水平。

（六）通过混合所有制改革缓解收入差距较大的问题

改革开放以来，在政府主导下，通过充分发挥政治优势和制度优势，中国不断打开共享经济发展的新局面。一是有效解决了老百姓的绝对贫困问题。中国农村贫困人口比例，从 1990 年的 60% 以上下降到 2014 年的 4.2%，中国对世界减贫贡献率超过 70%。[①] 二是积累了巨大的经济体量。我国经济总量稳居世界第 2 位，人均 GDP 达到 7800 美元左右，常住人口城镇化率达到 55%，[②] 从而为缩小贫富差距，缓解相对贫困状况提供了雄厚的物质基础和稳固的社会基础。三是经过政策调整，我国居民收入差距明显缩小。比如，城镇居民人均可支配收入与农村居民人均纯收入之比，由 2010 年的 3.23 倍下降为 2014 年的 2.75 倍。城镇非私营单位在岗职工，年平均工资最高的金融业与最低的农林牧渔业之比，由 2010 年的 4.66 倍下降为 2014 年的 3.82 倍。城镇私营单位在岗职工，年平均工资最高的信息传输、计算机服务和软件业与最低的公共管理和社会组织之比，由 2010 年的 3.51 倍下降为 2014 年的 1.9 倍。[③] 人们在经历了大规模脱贫和财富总量迅猛增长两个阶段之后，现已进入既要提升生产总值和人均收入，又要缩小贫富差距的共享发展阶段。只有最大限度地促进公有企业和私人企业高质量发展，让全体人民都能分享改革发展的各项成果，才能进一步释放经济发展的内生动力，确保全面建成

---

① 张铁：《分享摆脱贫困的"中国经验"》，载于《人民日报》第 5 版，2015 年 11 月 25 日。

② 《中共中央关于制定国民经济和社会发展第十三个五年规划的建议》，人民出版社 2015 年版，第 2 页。

③ 赵展慧：《收入分配，怎样才能更公平》，载于《人民日报》第 17 版，2015 年 11 月 23 日。

小康社会，不断朝着共同富裕的方向稳步前进。

以生产资料公有制为基础的社会主义生产关系，能够从根本上克服资本主义生产方式中的基本矛盾，保证生产、流通和分配被置于社会的自觉调控之下，实现再生产有计划按比例发展以及社会成员的共同富裕。因此，生产资料归国家而不是归任何私人所有，从根本上消除了劳资对抗的社会矛盾，能够将眼前利益与长远利益、局部利益与整体利益、公共利益与个人利益有机结合，是最终达到共同富裕的根本制度保障。混合所有制改革，特别是允许混合所有制经济实行企业员工持股，形成资本所有者和劳动者利益共同体，从某种意义上讲也是对收入分配的源头即生产条件的占有环节进行有效调整，这对于防止两极分化，共享发展成果，具有决定性意义。

总之，实践已经证明并将继续证明，国有资本在中国经济社会生活中始终发挥着不可或缺的主导作用。只有在国有资本主导下，私人资本才能获得更广阔的发展舞台。今后只有进一步发挥国有资本的主导作用，才能抵御私人资本的不良渗透或消极影响，才能联合私人资本一同应对国际资本的全球竞争。如果国有资本不能在经济社会发展中有效发挥主导作用，不能做大、做优、做强国企，那么国有资本和私人资本竞争，国有资本就会败下阵来；中资和外资竞争，中资就会败下阵来。国有资本以及中资的退败，又将使中华民族再一次面临经济独立地位及国家完整主权的丧失风险。因此，"贬公扬私、妖魔化国企，主张继续'国退民进'，消除国企、全盘私有化的主张是既背离科学社会主义和中国特色社会主义，也背离经济社会发展的实际。"[1]

二、国有资本主导私人资本运行的实现形式

公私资本结构二元化引发公有资本经济（社会主义）和私人资本经济（资本主义）两类经济规律作用发挥的二元化；经济规律二元化又带来社会经济发展的两种命运、两种前途。坚持和发展中国特色社会主义，必须发挥国有经济主导作用。实际上，随着公有制比重的严重下降，非公有制经济较快发展及其负面效应的逐步显现，以混合所有制为重要实现形式，进一步加

---

[1] 卫兴华：《发展和完善中国特色社会主义必须搞好国有企业》，载于《毛泽东邓小平理论研究》2015 年第 3 期，第 1~5 页。

强国有资本对国民经济及私人资本运行的主导作用，可谓时代之迫切呼唤，人民之根本诉求。

党的十八届三中全会将混合所有制作为基本经济制度的重要实现形式，即以之作为国有资本主导私人资本运行的重要产权组织形式。从世界范围来看，混合企业普遍存在。作为一种资本组织形式和股权安排形式，混合企业可视为企业治理过程中的产权让渡形式和结构变革阶段。在经历了私有化的2/3的国企中，政府作为最大股东对企业决策拥有最大控制权和支配权。

在中国，混合企业的产生有两种情况：一种是成立之初就以混合企业形态出现。比如，政府（或代表政府的投资基金以及国资控股公司）与民营企业合资成立的企业，即是如此。另一种是公司成立后因产权让渡而产生的混合企业形态。这里又分两种情况：一是民企为应对市场竞争，争取得到政府政策和资金支持，而将私人股权部分国有化，亦即让渡部分股权甚至直接引入国有资本控股。二是国企特别是央企及其子公司引入私人资本。国资委2013年底公布的数据显示，央企及其子公司引入非公资本而产生的混合所有制企业，占到总企业户数的52%。超过一半的央企已经是混合所有制企业。2016年2月，在部分重要领域如电力、石油、天然气、铁路、民航、电信、军工推进混改及企业员工持股改革。与西方出售国企资产不同，中国国企股权多元化，是为了提高国有资本的杠杆效应，放大国有资本功能，通过生产效率、管理水平及盈利能力的提高增强自身活力，进而提升自身对国民经济特别是私人经济的影响力和引领力。不仅如此，在国企改革过程中，国资委将对国企进行分类。其中，涉及国家安全的少数国有企业和国有资本投资公司、国有资本运营公司，可以采用国有独资的形式；涉及国民经济命脉及重要行业和关键领域的国有企业，可以保持国有绝对控股（持股50%以上）；涉及支柱产业、高新技术产业等行业的重要国有企业，可以保持国有相对控股。对于国有资本不需要控制可以由社会资本控股的国有企业，可以采取国有参股的形式，或者是可以全部退出。①

混合所有制经济不仅发展壮大了国有资本，而且还可引导私人资本发展；不仅可以形成由国企吸收私人资本参加的多元化混合经济体系，而且将私人企业纳入由国企主导组建的新公司里，以少量的国有资本带动了大量的社会

---

① 《52%央企及子企业已引入非公资本　国企改革将"一企一策"》，中国新闻网2013年12月19日。

资本，从而巩固和加强了社会主义初级阶段的基本经济制度。不论是理论上还是实践中，混合所有制经济都被证明是可以成为中国基本经济制度的实现形式的。进入世界五百强的拥有千亿元营业收入的中国医药集团、中国建材集团，都是处于充分竞争领域的央企。前者近年来联合重组了数百家私营企业，并在新组建企业中为原私营企业保留了30%的股份，原私企创业者也成为新组建公司的管理者，成为规范治理企业的职业经理人。后者首先以上市公司作为融资平台吸引社会游资，然后以下属企业作为业务平台吸收私企参股，并在下属企业里给原私企所有者保留30%的股份。这样，中国建材集团以210亿元国有权益控制了650亿元净资产，又以650亿元净资产控制了3000亿元总资产，走出了一条以公有资本为主体、以国有资本为主导，国有资本引导私人资本健康发展的新路。

发展混合所有制经济，首先要处理好基本经济制度与运营管理体制的关系。毫不动摇地坚持以公有制为主体、以国有经济为主导，毫不动摇地发展非公有制经济，是社会主义初级阶段的基本经济制度。混合所有制经济兼顾公有资本和私人资本的优点，兼顾公有资本和私人资本所有者的共同利益，遵循现代企业制度的一般要求，谋求利润最大化。与此同时，混合所有制经济又要求以国有资本为主导，国有资本引领私人资本健康发展，谋求公益最大化。换言之，混合所有制经济既要在运营管理中追求营利性，又要以基本经济制度为基础追求公益性。当营利性与公益性发生矛盾时，国有资本必须真正发挥起主导私人资本运行的关键性作用，使眼前的营利性要服从长远的公益性。

发展混合所有制经济，还要处理好国有股利益、私有股利益、职业经理人利益以及员工利益四者之间的关系。混合所有制经济作为一种新型产权组织形式，既不是单一的公有制，也不是单一的私有制，而是将公有资本和私人资本统一于社会主义市场经济运行中的混合资本。这种统一不是外在的统一，而是内在的统一。不过，这种内在统一在放大国有资本功能，确保其保值增值，更好发挥主导作用的同时，也在改变企业内部股权分配与治理结构，使得企业治理难度加大。也就是说，混合企业对股权及剩余控制权的合理配置，股东各方相互制衡，民主决策，客观上能够促进企业盈利能力和生产效率的提升，但不同背景的股东存在目标冲突，这又为经理人实现自身利益提供了可乘之机。再比如，允许混合所有制企业内部员工持股，是激励员工创新、创富的重大举措。不过，员工持股属于私有制范畴。员工对私人资本部分进行持股，当然有利于形成资产者和劳动者的利益同一体，有利于缩小收入差距，并为实现共同富裕创造有利条件；但若对国有资本部分进行持股，则是内部人占有全民财产的具体表现。这不仅导致决策分散化和生产低效率，而且还有可能陷入彻底私有化的泥潭不能自拔。

需要注意的是，发展混合所有制经济只是国企改革中国有资本主导私人资本运行的一种实现形式。国企改革并非一"混"就灵，也并非资本混合这一种途径。国企改革是一个复杂系统工程，除了产权组织形式及治理结构改革之外，还涉及生产、流通以及核心竞争力提升等领域，需采取不同的应对策略。比如，针对一些国企产能过剩、库存积压、资源配置失衡等问题，需要进行供给侧结构性改革；针对一些跨国连锁企业如沃尔玛、麦德龙、家乐福等企业，流动资本年周转速度都达到 20～30 次，而我国国有商业流动资本平均周转速度仅为跨国公司的 1/10，[①] 则需推进资本流通体制改革；针对国企经济效益、核心竞争力相对较弱，从原料到产品的全产业链布局的全球化、一体化、数字化、智能化程度较低等问题，则需搞好科技创新体制改革。

第四节　大力推进农村集体资本主导私人资本运行的体制机制建设

一、关于农村经济应以何种性质的资本为主导的争论

近年来，中国农村发生的一个明显变化就是资本下乡日益普遍。由于出口放缓，制造业出现利润率下降的危机，导致许多城市工商资本开始投往农村。这类资本大多依靠国家低息或免息贷款等隐性支持，获取投资农业的启动资金。国家希望这些资本能够推动农业现代化，用机械化生产来解决粮食安全问题。在以私人资本下乡应对相对贫困，推进城乡协调发展问题上，厉以宁认为，家庭联产承包及农民进城导致两大问题：农业劳动生产率低和田地荒芜。在资源丰富的城市郊区，资本与土地相结合，发挥资本先导作用，或者资本进入农业领域，如通过土地经营权的流转，把土地集中起来，进行

---

① 黄铁苗：《遵循经济规律　提高供给体系的效率》，载于《光明日报》第 7 版，2016 年 4 月 12 日。

规模经营，搞集约化、规模化、机械化、专业化；或者资本进入非农领域，用于非农生产，如开发旅游业，或租用村集体土地，投资设厂等，自然催生农村的内部活力，使农村的资产价值得以体现，进而提高农民的自我发展能力，改善他们的生活。这样一来，资本所有者有利可图的同时，农民也受益颇多。特别是随着农民承包地流转和宅基地置换工作的展开，随着农民宅基地和承包地抵押问题的解决，农业必会发展、农民也会增收、城乡差距将会缩小，城镇化速度一定会大大加快，由此对中国经济发展所起的推动作用也是难以估量的。① 不少学者也认为解决二元经济所引发的一系列问题，需要城市工商资本对农村经济的反哺，需要人财物的回流，特别是资本的回流。②

当然，更有学者认为个体劳动及家庭承包经营制有其历史合理性，但其局限性也日益凸显；私人资本所有者承包经营制又是城乡对立、两极分化的根源；只有集体经济，才有利于推进城镇化和新农村建设，加速农业现代化步伐，最终实现共同富裕；而在集体经济制度安排中，劳动联合又比资本联合更具有根本性和优先性。卫兴华认为，包产到户不能实现共同富裕及农业现代化。社会主义农业现代化，需要依靠集体经济，推进实现社会主义农业的第二次飞跃。程恩富将集体经济的本质规定为"整体所有、自主决策、联合劳动、按劳分配"。简新华认为，以集体经济为基础，实行合作经营和家庭经营的社会主义新农村，其所推行的村民自治的集体经济，更能体现社会主义性质，更有利于规模经营，抵御风险，降低成本，提高效率，增加收入。许惠渊认为，集体经济是劳动者的劳动联合与劳动者的资本联合相结合的经济。如果只强调"资合"，大多数农民将变为被雇佣者，失去主人的地位。他们都主张以明晰产权为重点，建立现代企业制度，发展多种形式的城乡集体经济、合作经济，以加快农业现代化、工业化和城镇化。③ 李昌平认为，土地农民集体所有而非私有，构成平均分配土地和宅基地的唯一手段和保障，构成抵抗私人资本剥夺农民生存权的最后屏障，构成联结村民的经济和社会纽带，也构成农村与城市对接的桥梁。一旦中国搞土地私有化，资本和市场一定会展开一场惊心动魄的"原始积累"，迫使千百万农户与土地相分离，

---

① 厉以宁：《论城乡二元体制改革》，载于《北京大学学报（哲学社会科学版）》，2008 年第 2 期，第 5～11 页。

② 杨英杰：《让农村资本流动起来》，载于《学习时报》第 1 版，2015 年 9 月 14 日。

③ 龚云：《新集体经济策论——"中国经济社会发展智库第 6 届高层论坛"综述》，载于《马克思主义研究》2012 年第 9 期，第 153～158 页。

自然风险和市场风险又会协助资本加速这一分离过程，最终造成两极分化：一极是资本和土地集中；另一极是农村失地、失房和城市失业的贫困农民。坚持土地承包制，反对土地（包括宅地）私有化，一个重要而充分的理由在于，确保在城市"失业"的农民工返回农村时，有房、有地且有一个较好的生存环境。①

城乡协调发展是党的施政目标之一。农村发展有两个维度：城镇化和新农村建设。政府带领群众推进城镇化和新农村建设，最终能否达到预期效果，关键在于经济制度安排。在市场经济领域，城乡工农业生产既需要资本要素，也需要劳动要素，因而存在一个资本（包括私人资本和集体资本）和劳动（包括个体劳动和联合劳动）何者应发挥主导作用的问题，亦即私人资本、个体劳动、集体资本（集体经济的价值形态，包括资本合作和劳动合作）何者才是农村经济发展的根本推动力量的问题。对这个问题的不同回答，反映了人们对农村发展根本出路选择的歧见和分野。

二、以私人资本为主导的农民入城及资本下乡均不能实现农民的共同富裕

在新的历史条件下，中国社会生产力总体水平不高、发展不平衡的国情依然未变。这在客观上仍需要充分发挥私人资本的积极作用，即通过物质生产活动实现资本积累和资本扩张，促进社会生产力发展。但是，不论农民入城还是资本下乡，通过私人资本对农业剩余劳动力的雇佣，不仅不能解决劳动者相对贫困问题，甚至有可能使其重返绝对贫困状态。缓解和改善相对贫困，只能依靠公有经济，即国有经济和城乡集体经济，这也是城乡协调发展的根本出路所在。

回顾一下改革开放以来的城乡经济关系变迁史可以发现，一方面，家庭联产承包责任制的推行，极大地调动了农民生产积极性，带来农业剩余的不断增多。农业剩余的增加使得农业人口出现剩余，并构成农民入城的根本前提。而商品化改革在城市的逐步推行，又使得城市工商业发展迅速。为摆脱绝对贫困，改善物质生活，在不耽误农地耕种的情况下，农民纷纷涌入城市

---

① 李昌平：《土地农民集体所有制之优越性——与越南之比较》，载于《华中科技大学学报（社会科学版）》2009 年第 1 期，第 11~14 页。

打工，农民工数量猛增。正如恩格斯所指出的："工业的迅速发展产生了对人手的需要；工资提高了，因此，工人成群结队地从农业地区涌入城市。"①农民大规模入城参与城市建设，客观上促进了城乡融合。然而，农业劳动力持续转移又会造成农业生产总量不足，农产品价格攀升，工业部门工资随之提高，工业利润下降，从而妨碍工业资本扩张，导致劳动力需求下降，进而抑制劳动力的跨部门转移。这说明私人资本主导下的农民大规模入城不具有可持续性。另一方面，资本要素由城镇流向农村，加快了农村要素的资本化，却又带来失业、污染、人口过剩甚至使一部分劳动者重返绝对贫困，从而使城乡裂痕不仅得不到修补，反而被进一步撕开。传统的城乡生产方式和生活方式一体化，不仅没有缩小城乡居民贫富差距，反而使其不断拉大。这一过程可简要表述为："绝对贫困—农民入城—相对贫困—资本下乡—绝对贫困"。由此观之，以私人资本主导反贫困事业，必然导致劳动力和土地等生产要素的资本化。要素资本化在推动社会生产力发展的同时，也破坏了一切财富的源泉——土地和农业工人。私人资本力量所推进的城乡生产方式的资本主义化，只能使劳动人民陷入生活贫困的恶性循环之中。

当前以农村土地流转和土地资本化为根本诉求的资本下乡，实则是城市资本主义生产方式在农村的复制和延续。主张以私人资本主导城乡一体化进程的观点，基于以下理论假设：城乡对立的问题，是发达的工业文明与落后的农耕文明的对立，是两种生产方式的对立。城市生产方式依靠资本、知识、管理、技术、品牌、人力资源等要素参与，而农村基本上还是靠土地与劳动力。因此，农村劳动力必然要转入城市并经历一个劳动力要素的市场化和资本化过程，而农村的发展也需要城市的生产要素参与，特别是资本参与。这里显然是把城乡一体化理解为城乡生产方式一体化，即把城乡发展一体化的根本特征视为城乡生产方式的资本主义化。

将城乡一体化等同于城乡资本主义生产方式一体化，不符合中国国情。首先，市场化是一把双刃剑。一方面，以发挥城乡比较优势为理论基础的资本下乡，可以提高全要素生产率，延展城乡改革红利释放的弹性空间，降低国家城乡规划发展成本，甚至在一定程度上弥合城乡制度、观念断裂的时代沟壑。但另一方面，无边界、一刀切且不尊重农民意愿，超出农民接受和适应能力的农地资本化，无疑又会加速农村两极分化，造成新的城乡对立。也

---

① 《马克思恩格斯文集》（第一卷），人民出版社 2009 年版，第 402 页。

就是说，城市工商资本下乡流转农民土地，可以带来城乡一体化的短期效应，而无限制、无条件的彻底市场化又是造成贫困入城、农民返贫及城乡断裂的罪恶渊薮，成为阻碍城乡一体化进程的负面力量。特别是民生领域的资本化和市场化，包括关键性生产资料和生活资料如土地的资本化和住房的市场化，已经导致并将进一步加剧广大农村居民"留不下城市，又回不去农村"的被动局面，当然也就不能再将其视为城乡协调发展的根本条件。

其次，中国城乡差别巨大，城市更像欧洲，农村更像非洲。中国民众契约意识明显不强，工商业者抵御农业和商业双重风险能力也普遍较弱。在此种条件下，如任由私人资本自由下乡流转土地，追求城乡生产方式的资本主义化，甚至将其视为城乡一体化的决定性条件和根本途径，那么在市场竞争机制作用下，广大底层农民因处于弱势地位，合法权益不仅得不到维护和保障，反而还会遭到侵吞和掠夺，无疑会拉开城乡贫富差距，甚至极有可能返回绝对贫困状态。此外，各级政府为发展现代农业，鼓励和吸引城市工商资本下乡流转农民土地，还将国家各种惠农项目重点倾斜投入到城市工商资本经营的土地上，使得本该由广大农民分享的利益被城市工商资本攫取。这样一来，广大农民购买力将会进一步下降，城乡投资和消费严重不足，城乡之间整体经济的调节空间不足，回旋余地骤减，统筹能力弱化，从而进一步激化城乡矛盾，最终造成经济萧条和社会震荡的不良后果。

三、以集体资本主导私人资本运行是中国农村经济发展的根本出路

（一）发展农村集体资本的必要性与可能性

农村发展集体资本具有明显的必要性。首先，发展集体经济是提升农村自我发展能力的必要条件。面对农村新旧贫困问题所带来的经济带动力较弱及经济活动量不足等后果，应积极培育集体经济驱动的内生动力。集体经济组织在引入先进的管理理念和效率更高的生产模式，集聚各种生产要素，实现土地资源的优化配置、高效利用和效益最大化，实现农业与现代生产要素相融合，增加农民收入，逐步消除贫困等方面，优势明显。只有走农业生产集体化道路，并在自我发展能力提升的基础上，利用各种积极因素，调动各种积极力量，才能使农牧民生活条件得到普遍改善，社会总体福利获得明显

提高，经济活动总量日益增多，城市和工业带动农村和农业的选择空间才会增大，城乡发展一体化的进程自然也才会随之加速。其次，发展集体经济是适应农村经济结构转变的客观需要。近年来，农民收入结构发生很大变化，农民收入差距不断拉大，客观上需要发展集体经济。以甘肃省为例，作为农村居民收入主体的家庭经营收入占纯收入的比重，2000 年为 70.8%，2011年为 47.8%，下降了 23 个百分点；工资性收入占纯收入比重，2000 年为24.9%，2011 年为 40%，上升了 15.1 个百分点，表明工资性收入成为农民收入增加的重要来源。另据统计，2009～2011 年，甘肃农村大岛指数（收入最高的 20% 个体收入总和与最低的 20% 个体收入总和之比）分别为 2.15、2.16 和 2.32，表明甘肃农民家庭收入差距正在扩大。[①] 正是农村经济结构的变化带来农民收入结构发生改变，而集体经济的萎缩又造成农民收入差距拉大，农民群体内部明显分化。培育集体资本，振兴集体经济，提升有组织的集中经营化程度，是增加农民收入、应对农民分化的根本选择。更重要的是，针对社会弱势群体并未公平分享到土地资本化总体收益，甚至被排除在总体收益分配之外的现实情况，村集体可将土地集中起来实现适度规模化经营，发挥机械化优势；当集体资本积累到一定阶段时，创办集体自己的农产品储藏、加工企业，使一小部分劳动力留在农业经营领域，而将其余的劳动力转移到集体经营的工业企业中，农业增值收益留在村集体，每个集体成员共享集体土地的资本化收益。

中国经济社会发展的优势和潜力又为集体资本的发展壮大创造了必要条件。宏观方面，中国虽仍是一个发展中国家，但同时也是一个自然生态多样、人文底蕴深厚，支持政策和发展机遇叠加，资源富集优势和经济增长潜力凸显的国家，从而为发展集体资本提供了资源、政策及文化优势。微观方面，改革开放 40 年来，中国科技文化获得较大发展，为从要素驱动向创新驱动城乡一体化创造了前提条件。此外，中国城市除了帮助农村吸收更多的农民进城就业，缓解农村人口与土地间的紧张关系之外，还向农村输送资本、人才、技术、信息，使农林牧、种养加、农工商的产业结构逐步走向合理化。当前培育和壮大城乡集体经济，既是城乡要素市场发展到一定阶段的必然结果，又是共同富裕框架下私人要素市场进一步发展的必然选择。

---

① 安文华、包晓霞主编：《甘肃社会发展分析与预测（2013）》，社会科学文献出版社 2013 年版，第 261－262 页。

（二）发展壮大农村集体资本的具体路径选择

为大力推进产业扶贫和智力扶贫，增强农民自我发展能力，作为联合劳动与集体资本职能载体的集体经济组织，应在逐步消除农村贫困过程中充分发挥关键性主导作用。首先，明晰集体产权，确保集体资产保值增值。土地所有制是集体经济最主要的标志。在坚持土地集体所有的前提下，可以探索多种形式的经营合作方式。反之，如果土地不归集体所有，就会使集体丧失决策权和分配权，背离城乡居民共同富裕的发展方向。其次，成立专业合作社，发展多种形式的合作经济。发展集体经济基础上的合作经济，有利于先富带动后富，实现效率与公平的统一，推进农业现代化和城乡一体化。最后，在明确集体产权的基础上，运用现代经济管理制度，大力发展现代农业、资源产业、特色产业、生态旅游产业，提高资本投资增长率和全要素生产率，提高经济效益，增加集体成员收入。

当然，中国部分农村集体经济"空壳"现象依然严重，要突出农村集体经济组织反贫困作用，必须以尊重农户自主决定权为前提。在集体经济条件下，生产资料掌握在部分劳动者手中，这是掌握自己命运的根本标志，也是实现共富的前提条件。要将这些理论优势转化为实践优势，就必须尊重群众自愿原则，进出自由。集体经济组织只有以农民真实意愿作为决策的根本性依据，尊重群众财产权，并贯彻落实《农民专业合作社法》，修改完善《中华人民共和国城镇集体所有制企业条例》，加快制定《农村集体经济组织法》，切实解决长期以来农村集体经济组织机构不健全，职责（权）范围模糊不清，工作开展无章可循，组织成员无法界定等问题，以适应户籍制度改革和城市化发展的需要，才能真正推进城乡发展一体化及利益分配共享化。

延伸阅读 1

华农菌草的"贵州方案"助推董地脱贫

一年以前，严重缺水的基地群众还在靠天种粮，靠山吃饭。贵州省纳雍县董地乡脱贫攻坚指挥部前线工作队 2016 年 10 月进驻后，为这里带来了人工地下水，带来了华农菌草产业链，带来了希望。在董地攻坚脱贫前线指挥部的战略规划下，纳雍县董地乡以菌草技术和菌草产业决战脱贫攻坚，决胜全面小康。在"创新、协调、绿色、开放、共享"理念指引下，通过实施"政府＋企业＋科技＋村集体经济组织＋贫困户"模式，构建"一个联盟、两个平台、三个基地、万个脱贫农场"，实现技术共享、产业共赢。贵州省国土资源厅副厅长、纳雍县董地乡前线攻坚脱贫副总指挥兼工作队队长周从启称该模式为菌草扶贫的"贵州方案"。

九月的纳雍县董地乡，秋高气爽、万里无云，正是去贵州看草海的好时节。下了飞机驱车 200 多公里赶往纳雍县董地苗族彝族乡脱贫攻坚指挥部，简单吃完午餐直接赶往地头田间。

在柏油路上，透过车窗看到一块块分散的梯田上直立着几十株发干的苞谷杆，周从启既着急又无奈。他说：村民在山上种苞谷，不仅造成水土流失的生态失衡，增加了农业生产的机会成本，还因一家一户且传统落后的农业产销方式而加剧了自身日常生活的相对贫困甚至滑向绝对贫困。如果这些农户都种上华农菌草，情况会大不相同。

生态贫困和生活贫困导致思维贫困；思维贫困又将固化生态贫困和生活贫困。如何破解这一恶性循环的贫困陷阱？正当我陷入沉思之际，汪洋大海般的华农菌草景观映入眼帘，心情随着草海的澎湃而激动。这不仅因为我第一次身临如此蔚为壮观的场景，还因为或许其中暗含了上述恶性循环的破解之道。

如何破解深度贫困乡的贫困循环？对于这个问题的探索，周从启颇费了一番工夫。解决这个问题，要从农民贫困的根源谈起。

我们经常讲市场对资源配置起决定性作用。如果将资源或要素分为人财物三类的话，那么资本化的要素相应地也可以划分为人力资本、金融资本和实物资本三种。这些资本既有个人的，也有集体的。历史事实表明，农民若缺乏集体资本积累的能力，就很容易陷入"绝对贫困—农民入城—相对贫困—资本下乡—绝对贫困"的贫困循环。

共同富裕作为社会主义的本质，要求先富带动后富。生活在深度贫困山区的老百姓无法凭借集体自身的力量积累资本，摆脱贫困，故需要外界力量的带动或帮助。精准扶贫的全部文章也都是围绕"带动"二字来做的。比如，主导产业项目的政府、企业及金融机构带动深度贫困居民物质生活脱贫，进而带动其思想文化脱贫，少数人脱贫又继续带动多数人脱贫。可问题是，企业及金融机构为农民提供就业岗位的目的在于利润最大化，而农民集体寻求企业及金融机构支持的目的则在于脱贫致富，这不是一个"带动悖论"吗？问到这儿，周从启很自信，因为他不仅看到了"带动"之于精准扶贫的必要性，而且还找到了精准扶贫实践主体所希冀的"带动"办法。

习近平总书记说："党中央制定的政策好不好，要看乡亲们是哭还是笑。要是笑，就说明政策好。要是有人哭，我们就要注意，需要改正的就要改正，需要完善的就要完善。"周从启认为，项目付诸扶贫，既要政府主导实施，又要群众主动接受；既要政府因地制宜，又要群众客观致富。

据了解，华农菌草历经 20 多年的亲本强壮根系培育，具有产量极高、营养丰富、特耐贫瘠、应用范围广等自然属性。它在不同环境、不同土壤均可种植，每年 3 月种植，6 月开始收割至深秋，每年收割 4~6 次。种植 1 亩按平均 30 吨、每吨 150 元计价，当年就可增收 4500 元，比脱贫基数 3100 元多出 1400 元。利用华农菌草养牛，每增重 1.5 公斤，只需 7~8 元，而其他饲料养牛需 10~12 元成本，且不需添加任何化学物质，适口性极好。此外，菌草还可用来养羊、养鸡、养猪或种植食药用菌，发展蚯蚓。全部农副产品由企业订单回购，切实增强贫困群众获得感。

2016 年，董地苗族彝族乡从种苗生产、规模种植、饲料生产到畜禽养殖、食用菌生产，通过特殊有效的利益联接方式，带动建档立卡贫困户 547 户 2604 人如期脱贫，扶贫直接贡献率达到 30%。将菌草技术和菌草产业转化为广大农户看得见、学得会，主动接受、乐于跟进、积极推广、规模复制并且通过参与产业建设真正实现持续增收的行动，可以为破解"三农"诸多难题提供一种切实有效的生产方式，周从启如是说。

众所周知，很多地方流行的一般性经济作物种植项目，盈利空间小，市场风险大，带动成效不可持续。周从启就此谈到，稳固精准扶贫成果，说起来容易，做起来难。扶贫工作既要求短期投入、快速见效，又需要稳定增产、持续增收。能否兼顾"短"和"长"的关系，是评估扶贫工作是否达到预期效果的试金石。市场化、商业化开发可以让农民短期、快速脱贫，但持续、稳定脱贫就需要有全局思维和长远眼光了。"以短养长"靠的是低成本和高收益，"以长促短"靠的则是技术研发和产权模式。

周从启作为菌草技术和菌草产业在深度贫困区的引进者和推广者，详细介绍了菌草扶贫的竞争优势。菌草是高科技之草、脱贫之草、产业之草、就业之草、生态之草、健康之草，产业实施兼具经济效益、社会效益和生态效益，具有综合竞争力优势，能够精准完成省委省政府"农民富、生态美、产业兴、企业强"的脱贫攻坚战略目标。

参加调研的中国市场杂志社国家扶贫战略研究院院长祝万翔告诉笔者：扶贫不只是救济，更是造血，是一个系统工程，通过华农菌草产业链与攻坚脱贫结合，形成一种可复制、可推广、可持续的产业扶贫新模式，成为农民脱贫致富的重要途径。这种模式作为解决贫困问题的"贵州方案"理应惠及全体贵州人民。

2017～2020 年，华农集团要在贵州种植华农菌草 100 万亩，在全国乃至"一带一路"国家种植 1000 万亩，10 年内实现产值千亿元以上。正是基于菌草技术的可靠性、菌草实体企业产权的混合性、产业模式推广全球的可复制性，成就了贫困群众收入增加的可持续性，并让周从启找到了高技术产业带动深度贫困山区精准脱贫的模式或样本。

相信贵州省纳雍县董地苗族彝族乡菌草技术和菌草产业精准扶贫之路一定会越走越广阔！

（源自拙文《华农菌草的"贵州方案"助推董地脱贫》，中国经济网，2017 年 10 月 16 日）

延伸阅读 2

集体经济组织反贫能力建设的政治经济学分析

从城乡要素自发流动的逻辑进程及潜在趋势看，私人资本主导下的要素流动，往往使农民陷入"绝对贫困—农民入城—相对贫困—资本下乡—绝对贫困"的贫困循环。当前打破这一贫困循环，集中表现为政府对广大农民相对贫困问题的认识和处理。私人资本经济是农民相对贫困的制度根源，而集体经济则是集体所有制与按劳分配、公有制与市场机制、生产效率与分配公平、共同富裕与合理差别的内在统一。以共享发展理念引领改善农民相对贫困程度，既要求私人资本经济健康发展，更要求注重加强集体经济组织反贫能力建设。

一、引言

学界对农民致贫原因、政府扶贫历程及农民脱贫路径等问题的思考，必然涉及对资本（包括私人资本和集体资本）和劳动（包括个体劳动和联合劳动）属性与功能的界定，回答联合劳动、个体劳动、集体资本、私人资本何者才是反贫困的根本依靠力量的问题。换言之，政府持续推进农民脱贫致富奔小康，关键在于经济制度安排。以集体经济主导农村经济的反贫制度安排，实质是追求最大多数人对经济改革成果的共同享有，因而构成国家反贫政策调整和社会利益调节的着眼点和依据；在私人资本经济主导农村经济的情况下，由于农民个体进入市场的能力有限，城乡要素流动不仅不会使农民从经济增长中平等受益，反而为少数人积累和占有更多社会财富创造了有利条件。目前中国农民已基本摆脱绝对贫困，而相对贫困问题又普遍凸显。私人资本经济是农民相对贫困的根源，而非改善良方。本文在分析私人资本逻辑与农民贫困循环内在关联的基础上，阐发集体经济组织为改善农民相对贫困所创造的公平的就业环境、可靠的增收保障、深厚的合作基础和持久的创收源泉，进而诉诸其有序推进中国农村反贫进程。

二、私人资本逻辑与农民贫困循环的因果互动

贫困分为绝对贫困和相对贫困两种。因此，反贫困既包括消除绝对贫困，即满足贫困人口的基本生存需求，也包括缩小收入差距，实现社会成员权利和机会平等。改革开放40年来，工业化和城镇化作为中国减困的第一源泉，主要遵循"要素流动—扩大就业—增加收入—消除贫困"的运行逻辑，并谱写了人类反贫史上的辉煌篇章。不过，私人资本逻辑与农民贫困循环存在紧密的内在关联性，二者是一体两面的因果关系。从城乡要素自发流动的逻辑进程及潜在趋势看，私人资本主导下的要素流动，往往使农民陷入"绝对贫困—农民入城—相对贫困—资本下乡—绝对贫困"的贫困循环。也就是说，消除绝对贫困是农民入城的逻辑起点，农民入城后的相对贫困问题不断显现，农民相对贫困驱动城市富余资本流入农村，私人资本无节制下乡又极易使农民陷入绝对贫困境地。

（一）消除绝对贫困是农民入城的逻辑起点

以乡村户籍人口作为总体推算，1978年末中国农村贫困人口规模为7.7亿人，按当年价现行农村贫困标准衡量，农村贫困发生率约为97.5%。① 只有消除绝对贫困，并产生农产品剩余及农业人口剩余，才能为沿海城镇经济快速发展提供必要的生产要素和消费资料。而家庭联产承包责任制在全国的普遍推行以及农业科技成果的大力推广，则极大地调动了农民生产积极性及其生产效率，农产品剩余不断增多。1978～1984年，无论是粮食单产还是总产量都大幅增加，农民人均收入名义增长166%。② 这不仅使农村绝对贫困人口大幅减少，农村居民生活水平由"绝对贫困型"迅速转向"温饱型"，城乡居民收入差距大为缩小，而且增加了城市农产品供给，为取消粮票制度创

① 《改革开放40年：我国农村贫困人口减少7.4亿人》，载于《光明日报》第12版，2018年9月4日。

② 蔡昉：《中国奇迹探源——兼论中国智慧的逻辑》，载于《经济日报》第12版，2019年1月15日。

造了基本前提。

反过来看，商品化改革在城市的逐步推行、城市工商业迅猛发展对农村剩余劳动力所产生的巨大需求，则为中国农民增加可支配收入及消费能力、进一步摆脱绝对贫困提供了不可或缺的外部机遇。自 20 世纪 80 年代末 90 年代初，以家庭为生产和生活单位的农村居民，在不耽误农耕的情况下，纷纷涌入城市打工。此种情形类似于工业革命时期的西欧国家。"工业的迅速发展产生了对人手的需要；工资提高了，因此，工人成群结队地从农业地区涌入城市。"[1] 不过，与西欧资本主义工业化初期农业工人涌入城市根本不同的是，中国农民进城打工有其特殊的背景、身份及历史意义。他们是在社会主义制度已在全国长期巩固的大背景下，以"土地承包经营者"而非一无所有的无产者身份进城务工，并在深刻改变自身命运的同时，大幅推动了城乡一体化进程。

国家统计局数据显示，2017 年中国农民工总数达到 2.87 亿人，外出农民工月平均收入为 3485 元。[2] 中国目前贫困线以 2011 年 2300 元不变价为基准，2017 年贫困线标准为 3335 元。[3] 由此观之，农民工大规模、多领域、自由、灵活地参与城市建设，不仅快速摆脱了绝对贫困，而且改善了自身的物质文化生活条件。从最初的农民入城到城乡一体化的不断推进，中国走出了一条史无前例的工业化、城镇化反贫之路，农村社会生产力、产业经济实力和农民生活水平随之上了一个新台阶。

（二）农民入城后的相对贫困问题不断显现

一个国家或地区各阶层之间以及阶层内部社会成员的收入差距或收入不平等状况用"相对贫困"这一概念来表达。它反映的是个人或家庭达到或超过维持其生存和发展的基本需要，但与一定时期内的经济发展水平相比仍处于较低生活水准的处境或状态。确定相对贫困人口数量的方法有两种：一是以社会平均收入水平为参照，按照低于平均收入的一定比例确定本国相对贫困人口规模；二是以生活必需品价值或价格为标准来确定相对贫困人口的数量或规模。由于满足生活必需品的数量和质量标准是不断变化的，因而农村相对贫困人口规模也处于不断变动之中。

---

① 《马克思恩格斯文集》（第一卷），人民出版社 2009 年版，第 402 页。
② 《2017 年农民工月均收入 3485 元》，载于《人民日报》（海外版）第 2 版，2018 年 1 月 30 日。
③ 王红茹：《剩余贫困县如何摘帽？》，载于《中国经济周刊》，2018 年第 43 期。

当前，我们既要看到中国农村居民相对贫困程度有所减缓，也要看到农村居民真脱贫能力的脆弱性和外出务工人员平等获取基本社会福利的期待性。农民相对贫困问题的局部缓解和总体加剧并存。一方面，随着收入增长，农民提高了对居住、医疗和文教娱乐等基本生活条件的质量要求，增加了用于改善基本生活条件的消费比例，缩小了同城市居民在居住、文教娱乐和医疗等生活需求方面的消费支出差距，其相对贫困程度有所减缓。另一方面，农村居民真脱贫能力具有明显的脆弱性。相对于城市居民，农村居民属于贫困易发高发群体。由于农村地区产业集聚水平普遍较低，农业机械化对劳动力使用的限制和替代，以及农民个体参与集体财产收益分配的权利得不到保障，故农村居民严重缺乏工资性收入来源与财产性收入来源。国家统计数据显示，2017 年城乡居民年均工资性收入分别为 22201 元和 5498 元，前者是后者的 4 倍；城乡居民年均财产净收入分别为 3607 元和 303 元，前者是后者的 11.9 倍。[①] 收入增加渠道缺乏且收入来源不稳定，导致农村居民难以摆脱贫困状态，甚至由相对贫困极易返回绝对贫困。

此外，外出务工人员对其基本生活福利具有权利和资格意义上的平等获取性。生活在城市中的农村居民背井离乡、勤劳打拼，除了要获取一份工资性收入，还普遍希望获得与城市居民权利和机会相同的教育、医疗和居住条件保障。但是，城镇务工、农村居住的"候鸟式"流动的外来农村户籍人群，受到就业、医疗、教育、住房等公共服务限制，尤其以其所承受的城镇住房市场化后的不平等程度为最大。调查结果显示，外来农村户籍人群有 76.8% 的人租赁住房，他们人均居住面积为 21.1 平方米，购买保障性住房的比例仅为 0.1%，其住房质量也较低。改善这一群体在城镇的居住条件成为一项巨大的社会工程。[②]

（三）农民相对贫困驱动城市富余资本流入农村

用工业化、城镇化的办法可以基本解决农民绝对贫困问题，而由此带来的相对贫困问题何以解决？这是一个更加复杂、解决难度更大的问题。因为农民生活的相对贫困与小块土地分散闲置、农村留守妇女儿童以及农村空壳凋敝等问题紧密相连。邓小平晚年曾经谈道："发展起来以后的问题不比不

---

① 中国社会科学院课题组：《改革开放 40 年中国民生发展》，载于《人民日报》第 7 版，2018 年 12 月 20 日。

② 范雷：《新型城镇化背景下的农民工住房状况》，载于《中国发展观察》，2014 年第 12 期。

发展时少。"①

一般认为，资本下乡系由用工成本上涨所引发的一种经济现象。农村劳动力由无限供给转变为有限供给，其供求状况发生了根本变化，使国内外工商资本、金融资本与廉价土地、劳动力相结合已不具有现实的延续性。在利润率严重下降甚至无利可图的情况下，大量社会资本自然由生产成本高的地区流向生产成本低的地区，故而资本下乡日益普遍。换言之，由于制造业用工成本上涨、利润率下降，城市工商资本投往农村，与农村廉价土地和劳动力相结合，既节省不变资本，又雇用了更多劳动力，创造更多剩余价值，以改善因城市用工成本上涨所挤压的利润空间。

实际上，城市用工成本上涨的背后，不是劳动力供给数量的减少而是逐年上升，且供给结构亦由新生代农民工逐步取代老一代农民工。表面看，资本下乡系因城市用工成本上涨所致，而实际却是私人资本经济与农民工相对贫困因果互动的结果，说到底是私人资本经济自我矛盾运动的必然产物。由于多数老一代农民工仅凭劳动力收入无法享受城市教育、医疗、养老、住房等公共服务，且无力应对意外情况，加之国家惠农政策和鼓励返乡创业政策的深入贯彻，因而选择返乡务农或就业创业，进而使城市企业用工成本上涨，同时也为一部分城市工商资本投向农村产业提供了必要的技术条件和劳动力条件。不少贫困县产业园绝大多数技术工人和一线员工就来自本地返乡农民工。而为国家高质量发展提供高技能人才保障的新生代农民工，不仅要挣钱补贴家用，而且对就业环境和发展前景也有较高需求。用工企业如若无法满足其需要，劳动力市场将会产生"用工荒"与"找工作难"的结构性失衡。正是因为私人资本经济带来新老农民工相对贫困的地位和处境，才引发其返乡就业创业及城市"民工荒"现象，进而导致城市用工成本上涨及资本下乡。换言之，农民工相对贫困是资本下乡的深刻社会根源。

（四）私人资本无节制下乡极易导致农民绝对贫困

以发挥城乡比较优势为理论基础的资本下乡，可以提高全要素生产率，延展城乡改革红利释放的弹性空间，降低国家城乡规划发展成本，甚至在一定程度上弥合城乡制度与观念断裂的时代沟壑。但无边界、一刀切且不尊重农民意愿，超出农民承受能力的农地资本化，无疑又会造成新一轮的农民返

---

① 《邓小平年谱》（下卷），中央文献出版社 2004 年版，第 1364 页。

贫、贫困入城及城乡二元化。

资本下乡的本质是资本雇佣劳动的私人资本经济在乡村的贯穿和普及。农村私人资本经济是由农村产业资本所有者支配生产资料、决定资源配置并占有劳动成果的一种经济制度。为了能在激烈的市场竞争中立于不败之地，农村产业资本所有者将剩余价值的一部分用来进行资本积累和资本扩张，购置先进机器设备，扩大生产规模，以获取更多剩余价值。机器设备对农村产业工人的不断替代，又将形成庞大的产业后备军，并加剧财富分配的两极分化。总之，私人资本经济"既不会使人民群众得到解放，也不会根本改善他们的社会状况，因为这两者不仅仅决定于生产力的发展，而且还决定于生产力是否归人民所有"①。

早在 20 世纪 60 年代美国就通过立法严禁境外资本租赁本国农地；日本也不允许城市资本下乡，反对土地向资本特别是国际资本集中。在中国民众契约意识明显不强，工商业者抵御农业和商业双重风险能力普遍较弱的条件下，如任由国内外私人资本自由下乡流转土地，追求城乡生产方式的资本主义化，那么处于弱势地位的广大底层农民的合法权益不仅得不到维护和保障，反而还会遭到侵吞和掠夺，无疑会进一步拉开城乡贫富差距，甚至极有可能返回绝对贫困状态。更严重的是，如若允许国外私人产业资本大规模下乡，便为隐藏在背后的国际金融资本控制中国农村经济打开了便利之门，甚至使中国重新陷入"农村从属于城市""东方从属于西方"的旧的国际经济格局。

需要说明的是，"绝对贫困—农民入城—相对贫困—资本下乡—绝对贫困"的逻辑框架，只是用来分析私人资本主导下的要素流动所引发的农民贫困循环问题，旨在说明私人资本主导的要素流动不仅不能解决农民相对贫困，还有可能使其陷入绝对贫困境地。但这并不意味着每个农民个体的致贫原因和反贫经验都遵从上述循环轨迹，更不意味着这条主线已在现实生活中依次、充分展开。

三、发展集体经济是改善农民相对贫困程度的关键抉择

习近平总书记在庆祝改革开放 40 周年大会上讲到："我国贫困居民累计减少 7.4 亿人，贫困发生率下降 94.4 个百分点，全国居民人均可支配收入从

---

① 《马克思恩格斯文集》（第二卷），人民出版社 2009 年版，第 689 页。

171 元增加到 2.6 万元。"① 可以说，当前全国居民特别是农村居民已进入基本告别绝对贫困，而相对贫困问题又普遍凸显的脱贫新阶段。当前打破农民贫困循环，集中表现为私人资本大规模下乡背景下农民如何改善自身相对贫困地位的问题。一方面，农户兼业化发展提出了土地流转规模需要②；另一方面，政府有关部门应积极防范和纠正土地改革私有化的巨大风险③。通过保障土地流转的集体化、集约化方向，有效改善广大农民的相对贫困程度。

集体经济是集体所有制与按劳分配、公有制与市场机制、生产效率与分配公平、共同富裕与合理差别的内在统一。强化集体经济对包括私人资本经济在内的整个农村经济的主导性是改善农民相对贫困地位的客观要求。发展壮大农村集体经济，建立符合市场经济要求的农村集体经济运营新机制，构成农民相对贫困状况有效改善的关键抉择。

第一，从所有制与分配制度的关系看，集体经济是集体占有生产资料与集体成员共同享有劳动成果的统一。集体经济是集体成员共同占有生产资料的一种公有制经济形式，坚持以按劳分配为主体，将按劳分配与按要素所有权分配相结合。大力发展集体经济不仅构成农民相对贫困改善、城乡居民收入差距缩小、农村反贫进程持续推进的关键路径，同时也是克服由私人资本扩张所带来的农村人口过剩、环境污染、两极分化、经济危机等社会痼疾的内在要求。当然，集体所有制的建立并不意味着按劳分配主体地位的自发实现，更不意味着贫富分化现象的自然避免。从生产资料集体占有到劳动成果集体享有，将集体化和共享化相结合，关键在于发挥村党组织对集体经济组织的领导核心作用。只有坚持村党组织的领导核心地位，集体经济组织才能真正依靠创新驱动，完善基础设施，兴办农村产业，协调村民眼前利益和长远利益、局部利益和整体利益的关系，实现绿色、循环、可持续发展，满足村民教育、就业、医疗、住房等基本福利需求，进而达到发展成果集体共享的预期目标。

第二，从所有制与运行机制的关系看，集体经济是公有制与市场机制的

---

① 习近平：《在庆祝改革开放 40 周年大会上的讲话》，载于《人民日报》第 2 版，2018 年 12 月 19 日。

② 张旭、隋筱童：《我国农村集体经济发展的理论逻辑、历史脉络与改革方向》，载于《当代经济研究》，2018 年第 2 期。

③ 程恩富、张扬：《新形势下土地流转促进"第二次飞跃"的有效路径研究》，载于《当代经济研究》，2017 年第 10 期。

统一。中国作为社会主义国家，客观上要求加强和巩固公有制经济的主体地位。社会主义公有制与市场机制相融合形成公有资本。公有资本的价值增值部分是实现社会成员共同富裕的物质基础。公有制占主体，要求集体所有制在农村占据主体地位，并对私人资本企业运行起主导和引领作用。相对于私人资本经济而言，集体经济摒弃了私人资本所有者雇佣劳动、盲目逐利、唯利是图的本性，吸收了私人资本利用市场机制加强管理、提高效率的有益做法，同时还增添了劳动人民平等占有性和收益共享性等社会属性，使之能够在党的有计划的领导下不断满足集体成员日益增长的美好生活需要，因而是在历史扬弃私人资本经济基础上，实现了公有制与市场机制的有机结合，并为破解农民"贫困循环"，使之逐步走向共同富裕，提供了新的不可或缺的所有制实现形式。

第三，从生产效率与分配公平的关系看，集体经济是增加经济活动总量与实现要素收益共享的统一。面对农村新旧贫困问题所带来的经济带动力较弱及经济活动量不足，以及农村弱势群体难以公平分享要素收益，甚至被排除在总体收益分配之外的现实困境，集体经济具有增加经济活动总量、公平分配要素收益的天然优势。特别是符合市场运营要求的集体产业经营者，依靠科技创新，引入先进管理经验和灵活高效生产方式，收发实物、资金和产业信息，优化配置物质资本、人力资本和金融资本，推动初级生产要素与高级生产要素相融合，既可实现土地资源的适度规模经营及高效利用，又可创办农产品储藏、加工企业，形成产业链和产业体系，进而创造出更多的商品生产和商品交换总量。在此前提下，通过共享性制度安排将集体成员共同创造出来的财富按比例用于改善村民相对贫困状况，缩小农村贫富差距。

第四，从共同富裕与合理差别的关系看，集体经济是政府共享发展战略与农民多样化发展需求的统一。中国农民相对贫困形成原因的多样性决定了中国共享发展工程的复杂性，也决定了集体经济组织在贯彻国家意志、改善农民相对贫困状况过程中的联结性。发展集体经济不仅是政府惠民政策自上而下顺利实施的基础一环，同时也是农户自下而上反映差异化诉求的制度和机制保障，因而是将国家意志与农民意愿、党的共同富裕宗旨与相对贫困户的不同发展需求统一起来的核心载体。实践反复证明，改善农民相对贫困，缩小城乡收入差距，既要以政府统筹规划为前提，又要尊重农民多样化需求，并着力提升其自我发展能力。二者能否有机联结，则在很大程度上取决于集体经济组织能否获得高质量发展。

四、在应对农民相对贫困中加强集体经济组织反贫能力建设

集体经济组织是农民群体为适应规模经济效应而建立，并以交易成本最小化为重要手段，以实现共同富裕为根本目标的平等自愿互助组织。当前中国集体经济组织在提高贫困户人力资本、金融资本、实物资本积累能力，增加农户资本数量和资本禀赋，提升农村产业资源配置效率，维护弱势群体合法权益的同时，也存在形式主义严重，产权集体化程度普遍较低，由参与人所投资本对总产出的贡献程度决定组织内部利益分配等方面的问题。只有确认集体经济组织的性质和地位，尊重农户自主决定权，运用集体产权制度增进集体利益，推行效率与公平相统一的自主联合劳动制度，才能有效提升农村集体经济组织的反贫能力。

首先，确认集体经济组织的性质和地位，尊重农户自主决定权是提升集体经济组织反贫能力的基本前提。我国宪法规定："集体经济组织在遵守有关法律的前提下，有独立进行经济活动的自主权。""集体经济组织实行民主管理，依照法律规定选举和罢免管理人员，决定经营管理的重大问题。"[1] 然而，自1978年改革开放以来，有些集体经济组织是以盈利为目的的企业法人，有些则是以承担相应社会责任、服务组织成员社会需要为宗旨的综合性合作组织，现行集体经济组织的性质一直未得到统一认定。由此，现实生活中的绝大部分集体经济组织无组织机构代码及工商纳税登记证，不属于法人范畴，权利主体身份非常模糊。近80%的农村集体经济组织尚须依靠转移支付维持运转。[2] 2018年中央一号文件《中共中央国务院关于实施乡村振兴战略的意见》明确了农村集体经济组织的"特别法人地位"，并要求"研究制定农村集体经济组织法"[3]。只有加快制定《农村集体经济组织法》，对组织登记、集体成员确认和管理、财产责任界定、组织机构设置和运行、财务管理、法律责任、监管等问题做出全面规定，才能真正实现农户脱贫减贫及利益共享的可持续性。

---

① 《中华人民共和国宪法》，人民出版社2018年版，第14页。
② 王景新：《农村集体所有制有效实现形式：理论与现状》，载于《光明日报》第11版，2015年1月17日。
③ 《中共中央国务院关于实施乡村振兴战略的意见》，载于《人民日报》第2版，2018年2月5日。

一般来讲，集体经济组织是以盈利为基本手段，以共同富裕为根本目标，综合履行经济职能、社会职能和生态职能，兼顾经济效益、社会效益和生态效益的农民自发合作组织。提升集体经济组织反贫能力，须以尊重农户自主权为前提。在集体经济条件下，生产资料掌握在部分劳动者手中。这是他们掌握自身命运的根本标志，也是其脱贫致富奔小康的决定因素。要将这些制度优势转化为现实优势，就必须尊重农民群众自主决定权，并以其真实意愿和动态需求作为集体经济组织从事生产经营决策的核心依据。

其次，运用集体产权制度增进集体利益是提升集体经济组织反贫能力的关键条件。改革开放40年来，在社会主义市场经济逐步完善过程中，中国城市除了帮助农村吸纳更多的农民进城务工，缓解农村人多地少的紧张关系之外，还向农村输送资本、人才、技术、管理、信息和能源，使农村科技和社会生产力获得较大发展，农林牧、种养加、农工商的产业结构逐步走向合理化，为广大农民由要素驱动脱贫向创新驱动脱贫创造了有利条件，有效激发了他们自我脱贫的积极性、主动性和创造性。在农村科技创新、要素集聚、产业融合背景下，集体经济组织作为联合劳动与集体资本的职能载体，应继续运用集体产权制度大力推进科技扶贫、要素扶贫和产业扶贫进程，采用成员优先、市场调节等多种方式配置资源，增强农民自我脱贫和自我发展能力。

建立健全归属清晰、权能完整的农村集体产权制度，是集体所有制与市场机制接轨的内在要求，是真正强化扶贫主体与贫困户利益联结机制、进而满足其真实社会需求的根本依据，是实施以按劳分配为主体、将按劳分配与按要素所有权分配相结合的制度支撑。为此，村集体应在全面核实农村集体资产，明确集体组织的土地权属基础上，采取集体专业承包经营、村企集团独立经营等多种经营方式，并允许集体经济组织托管土地、托养牲畜，吸收相对贫困农民的土地承包经营权入股，发展多种形式的股份合作。此外，村集体经济组织还要在村党支部的全面领导下，形成强制性扶贫责任关系，一方面使法人代表自觉履行集体资产保值增值责任，确保资产收益及时回馈持股的相对贫困户，带动其有效增收；另一方面加强村民对集体资产的监管力度，防止集体经济组织内部少数人侵占支配集体资产、外部资本侵吞控制集体资产的情况发生。

最后，推行自主联合劳动制度是提升集体经济组织反贫能力的根本保障。在社会主义农村，农民集体掌握生产资料，可以自主劳动，亦即自由自在地从事让自己更好地生存和发展的联合劳动；生产制度及国家制度则以满足劳动者自主劳动为目标进行有效管理。1949 年以来，党和政府提出和推行农业合作化、家庭联产承包责任制、"三权分置"等不同实现形式的自主联合劳动制度，对自主联合劳动的具体组织和管理制度进行了不懈的探索。从当前国内外的生动实践来看，既有山东西霞口村、河南南街村、天津西双塘村、陕西阳山庄、黑龙江兴十四村等成功典型，也有西班牙蒙德拉贡联合公司、日本山岸会作为国际借鉴。当前在国内社会产生重大影响的"塘约道路"，其本质也是明晰产权基础上的集体化生产经营方式，是根本不同于私人资本雇佣劳动的自主联合劳动制度，是党领导下集中群众智慧走共同富裕道路的生动注解。

集体经济组织在以自主联合劳动制度提升自身反贫能力时，一方面应努力获取拓展金融业务的法律支持，运用社会主义经营管理制度，创新农业专业化服务，大力发展现代农业、资源产业、特色产业、生态旅游产业，提高以劳动生产率为基础的全要素生产率，提高经济效益，增加集体成员总体收入；另一方面要运用组织内部民主管理程序，维护农民合法权益，并从实际出发确定要素资本化扩张的条件和边界，以实现发展成果的集体共享。总之，建立在自主联合劳动制度基础上的集体经济组织，既能扩大生产规模，提高劳动生产率，又能减小相对贫困程度，带领广大农民实现共同富裕，因而成为集体经济组织反贫能力建设的基本方向和内在要求。

延伸阅读 3

产业扶贫主要矛盾及其质量保障体系构建

产业扶贫实践效果与社会预期之所以还存在一定差距，根源在于产业扶贫所内含的主要矛盾——贫困户对彻底脱贫的美好愿望与私人产业资本追求利润最大化之间的矛盾。各级政府主导下的集体资本产业化运作是产业扶贫目标实现的基本条件。只有从法律法规制定、要素定向配置和扶贫组织建设等方面，不断加强产业扶贫的法律保障、要素保障和组织保障力度，才能使产业扶贫所依赖的高级要素同时发生集聚效应和益贫效应，实现产业发展效益与收益分配公平相统一的高质量脱贫预期。

一、问题的提出

"十三五"规划纲要明确规定：要通过产业扶贫，实现 3000 万以上农村贫困人口脱贫。产业扶贫是在政府主导下，通过发展特色产业、推进产业体系化及产业资本持续增值的方式，实现贫困者顺利脱贫。从理论上讲，产业扶贫是贫困户脱贫致富奔小康的有效途径，但在实际运行中，扶贫手段与脱贫目标具有明显的内在张力，并构成产业扶贫工作者所面临的普遍难题。能否为产业扶贫提供坚实可靠的支撑保障体系，直接关系到产业扶贫工作的成败得失。

关于近年来产业扶贫的成效评估，学界有两大不同观点。第一种观点认为，产业扶贫实现了多主体协同，发挥了生产要素的综合作用，农户顺利脱贫，地方经济获得发展。刘建生、陈鑫、曹佳慧认为，产业精准扶贫凸显了贫困户的主体性，促进了贫困户的思想观念转变和实用技术掌握；强调贫困户的要素参与，真正构建了多主体、多要素参与的长效机制。① 第二种观点则认为，产业扶贫的实践效果甚微，甚至带来了负面影响。张人起认为，近年来产业扶贫方式越来越被地方政府所采用和推广，但真正达到扶贫效果的寥寥无几，甚至产生了一些负面效果，如贫困户受益逐年降低、村内贫富差距拉大等。②

关于产业扶贫发展"瓶颈"的破解路径，学界大都从"政府主导—社会参与"角度探讨，但在具体路径选择问题上，也有两大不同观点。第一种观点主张政府对贫困农户参与产业扶贫的制度建设和资金倾斜，并加强对龙头企业的法律监管和奖惩调节。一是强调参与主体的多元性及与政府的平等协商性。胡振光、向德平认为，地方政府与包括龙头企业、合作社和贫困农户在内的社会多元参与主体之间未能展开平等对话和协商。为此。需从参与观念、平台搭建、制度建设入手，提升包括贫困农户在内的多元主体参与水平，实现社会参与的公开性、程序性和平等性。③ 二是强调政府对龙头企业的有效监管。闫东东、付华认为，政府要对参与产业扶贫项目的龙头企业进行监管，避免扶贫资金被龙头企业挪用的情形发生；同时要制定法律法规，完善奖惩机制，在规范扶贫资金使用范围的同时，切实提高使用效率。④ 三是强调产业扶贫的公平性，确认和保障贫困户的受益主体地位。张人起认为，基于贫困农户参与难的现实困境，应区别对待产业扶贫和农业产业化，前者遵循的是公平原则，后者遵循的是效率原则。为此，应重点补助贫困户而非龙头企业和农业大户，以便缩小贫富者的起点差距，发挥扶贫资金应有的作用。⑤第二种观点主张培育新型经营主体，促进新型经营主体对由贫困户转化而来的农业工人的社会保障。李静认为，产业扶贫要加强招商引资，培养带动能力强的龙头企业和合作社，鼓励农户以农业工人的身份而不是以经营者的身份参与到产业化联合体中，让有劳动能力的贫困户成为农业工人而非面对市场的经营者。⑥

学界对产业扶贫成效、问题及破解路径的理解存在较大分歧，但都不否

---

① 刘建生、陈鑫、曹佳慧：《产业精准扶贫作用机制研究》，载于《中国人口·资源与环境》2017 年第 6 期。

②⑤ 张人起：《农业产业扶贫项目的问题及对策》，载于《北京农业》2015 年第 10 期。

③ 胡振光，向德平：《参与式治理视角下产业扶贫的发展瓶颈及完善路径》，载于《学习与实践》2014 年第 4 期。

④ 闫东东、付华：《龙头企业参与产业扶贫的进化博弈分析》，载于《农村经济》2015 年第 2 期。

⑥ 李静：《产业扶贫难在何处》，载于《光明日报》第 15 版，2018 年 4 月 24 日。

认产业扶贫保障体系建设的重要性。习近平在深度贫困地区脱贫攻坚座谈会上强调："以重大扶贫工程和到村到户帮扶措施为抓手，以补短板为突破口，强化支撑保障体系"，"确保深度贫困地区和贫困群众同全国人民一道进入全面小康社会"①。由于产业扶贫内在矛盾严重影响到脱贫质量，因而需要强化支撑保障体系，否则高质量脱贫愿景就将化为泡影。本文从产业扶贫所内含的主要矛盾出发，分析产业扶贫目标实现的一般条件，探讨产业扶贫支撑保障体系的强化对策，以期推进产业扶贫工作持续开展并取得良好成效。

二、贫困户对彻底脱贫的美好愿望与私人产业资本追求利润最大化之间的矛盾是产业扶贫所内含的主要矛盾

贫困分为绝对贫困和相对贫困两种，故广义的扶贫不仅要消除绝对贫困，而且还要缓解和改善相对贫困状况，是包含了"贫困—脱贫""脱贫—致富""致富—奔小康"诸环节在内的一系列持续稳定行为。虽然不同地区处于不同的扶贫节点，但从总体上讲，产业扶贫兼及脱贫任务和小康目标，兼容"输血"式扶贫和"造血"式扶贫、普惠性扶贫和差别性扶贫，因而是贫困者脱贫致富奔小康的有效途径。

《中国农村扶贫开发纲要（2011～2020年）》规定："通过扶贫龙头企业、专业农业合作社和互助资金组织，带动和帮助贫困农户发展生产。"② 产业扶贫既不同于一般的产业发展，也不同于单纯的"输血式"扶贫，而是以各级政府为主导者，以龙头企业和合作社为带动者，以贫困户为参与者和受益者，通过发展特色产业达到脱贫目的的扶贫方式。其中，基层政府及村集体行使资源支配权，以产业链和产业体系带动贫困人口脱贫；龙头企业与合作社配置和使用相关资源要素，肩负盈利和扶贫双重任务；贫困人口作为受惠主体，凭借自身劳动力、技术、财政资金或集体资产份额，从产业项目盈利中受益。

从产业扶贫实践效果来看，一方面，以龙头企业和合作社带动贫困户脱贫的利益联结模式，促进了贫困人口的减少、贫困发生率的降低以及人均可

---

① 《习近平谈治国理政》（第二卷），外文出版社2017年版，第87页。
② 《中国农村扶贫开发纲要（2011～2020年）》，载于《光明日报》第7版，2011年12月2日。

支配收入的增加，加快了贫困农村产业间的融合进程。国家统计局有关数据显示，2017 年末全国农村贫困人口为 3046 万人，比上年末减少 1289 万人，贫困发生率下降到 3.1%。贫困地区农村居民人均可支配收入为 9377 元，比上年增长 894 元。其中，工资性收入为 3210 元，人均经营净收入为 3723 元，人均财产净收入为 119 元，人均转移净收入为 2325 元，分别比上年增长 11.8%、6.9%、11.9% 和 14.8%，收入增速全面快于全国农村居民。随着产业扶贫深入推进，贫困区第二产业和第三产业快速发展，客观上加快了三大产业融合步伐。① 另一方面，在脱贫所依赖的产业基础得到夯实，利益联结机制得以创建，贫困群体在农业经营主体带动下实现就业和增收的背后，存在着地方政府对脱贫政绩的盲目追求与产业自身发展规律之间的矛盾，扶贫政策强激励与扶贫考核软约束之间的矛盾，龙头企业、合作社、种养殖大户与贫困户之间的矛盾。其中，贫困户对彻底脱贫的美好愿望与私人产业资本追求利润最大化之间的矛盾，是产业扶贫所内含的主要矛盾。

从作为主要矛盾主要方面的龙头企业、合作社及种养殖大户带动脱贫情况来看，龙头企业利用当地资源禀赋，以合同保护价或最低市场保护价作为自身同贫困户的利益联结纽带，以产业链和产业体系辐射、带动贫困户发展。然而，私人资本性质的龙头企业遵循效率原则，从成本和收益角度考虑，单向度追求利润最大化，不仅带动贫困户脱贫的意愿普遍缺乏，而且还经常对农产品压级压价，侵害农户利益。不仅如此，不少私人企业还通过不法手段将分散土地强制集中起来，为其从事产业化经营创造相应条件，其结果不仅未能让利益关联的贫困户脱贫，反使其合法权益受损。合作社一般由龙头企业或种养殖大户组建，通常有着丰富的生产经验和科学管理方法，产供销专业化水平较高；但其进入扶贫领域后，由于缺乏制度约束，扶贫资金被截留，产业扶贫政策被曲解和滥用，形成"精英捕获效应"。受雇于种养殖大户的贫困户因劳动强度增大，其生活质量不升反降。如此，贫者越贫、富者越富，贫富差距扩大，这显然与产业扶贫的初衷背道而驰。

从作为主要矛盾次要方面的贫困户脱贫需要及脱贫能力来看，由于贫困群体大都缺乏产业发展所需的技能条件，不具备产品经营和市场谈判能力，缺乏内生发展能力，故其对扶贫产业多处于不参与或被动参与状态。据笔者

---

① 国家统计局：《2017 年全国农村贫困人口明显减少 贫困地区农村居民收入加快增长》，http：//www. stats. gov. cn/tjsj/zxfb/201802/t20180201_1579703. html。

调研，适合发展种养殖的地方贫困人群，对小额贷款的使用能力严重不足。他们拿到扶贫贷款利息或入股红利后，又往往将其用于建房、娶亲及家庭日常开销，较少用于购买种子或牛羊发展种养殖。至于私人资本主导下的电商、物流等产业扶贫项目，虽在一定时空范围内帮助贫困群体脱贫减贫，但其相对贫困地位远未发生质的变化，脱贫效果难以持久稳固。

在贫困户对彻底脱贫的美好愿望与产业资本追求利润最大化之间，一些地方政府又往往选择易出政绩、直观而又立竿见影的短、平、快项目，而非时间、精力投入多而又不易出政绩的项目，以权力为中心而非以贫困群体美好生活需要为中心制定和实施本地区产业扶贫政策，甚至对扶贫产业简单照搬、盲目引进且监管缺失。不少基层政府同企业交往较多，而与作为脱贫主体的贫困农户联系较少，甚至将土地流转补助款直接发放给种养殖大户而非贫困户。这不仅在相当程度上背离了产业自身发展规律，同时也违背了扶贫脱贫的根本目标指向，加剧了贫困户对彻底脱贫的美好愿望与私人产业资本追求利润最大化之间的矛盾和冲突。

总之，私人性质的产业资本对最大化利润的追求，考验着脱贫质量或脱贫成效。在企业盈利与贫困户脱贫的内在张力作用下，由于产业项目运营及收益分配不能较好满足贫困户的利益和需要，脱贫质量无法保障，故须构建有利于脱贫质量提升的产业扶贫保障体系。

三、地方政府主导下的集体资本产业化运作，是实现产业扶贫预期目标的基本条件

作为产业扶贫目标实现的基本条件，政府主导下的贫困区集体资本产业化运作可分为四个基本环节：产品是否转化为中高端商品，初级要素是否升级为产业资本，产业资本是否带来了利润，利润是否惠及了贫困户。这是一个由初级到高级、由现象到本质、由可能到现实、由手段到目标的渐进序列环节。

首先，地方政府应通过供给侧结构性改革，引导和激励贫困区市场主体将产品进一步转化为中高端商品，以适应社会主要矛盾变化。市场主体只有"生产使用价值，而且要为别人生产使用价值，即生产社会的使用价值"[1]，

---

[1] 《马克思恩格斯文集》（第五卷），人民出版社 2009 年版，第 54 页。

并通过商品交换转到把它当作使用价值进行使用的买者手里，才能获取一定量价值，进而满足自身多方面需要。贫困区产品向商品转化具有多层次性、长期性和复杂性等特征。受人口受教育程度、地理位置、交通条件等主客观因素影响，深度贫困区生产方式普遍落后，生产出来的多数产品只停留在自给自足阶段；一些贫困区商品经济虽有一定程度发展，但却以初级水平为主，其产品的商品化程度较低。如果产品仅转化为低端同质化商品，尚未实现向名优特商品或中高端商品的复杂转化，将严重影响相关企业旧商业周期的打破和新生产函数的创造，难以适应社会主要矛盾的变化，不利于其市场竞争力的提升。而要推动贫困区产品向商品的多层次、复杂性转化，又须以初级要素升级为产业资本为核心要件。

其次，地方政府要通过高级要素集聚，将贫困区初级要素升级为产业资本。产业扶贫成效依赖于商品品种和质量对市场需求的满足程度，商品品种和质量状况又取决于产业资本发展水平，而产业资本发展水平则又依赖于生产要素的集聚程度。这里要集聚的要素指的是资金、技术和管理等高级要素，与自然资源和劳动力等初级要素相区分。贫困区占有丰裕的自然资源和劳动力，但自然资源优势不等于市场竞争优势。自然资源只是形成生产力的初始禀赋要素之一，而一般劳动力又不能形成发达的市场分工体系和先进的生产方式。只有在资金、技术和管理等高级要素优化配置并发挥集聚效应的前提下，自然资源和劳动力才能进入产业链和产业体系分别实现价值转移和价值增值。可见，在初级要素升级为产业资本，进而形成集聚效应和益贫效应方面，高级要素起着至关重要的开发、诱导和联结作用。初级要素升级为产业资本的过程，实质是贫困地区通过集聚高级要素联结初级要素，最终形成产业链和产业体系的过程。

再其次，地方政府应强化公共服务供给，科学评估项目风险，保障贫困区产业资本能够带来现实利润。产业资本能够带来利润，但并不必然带来利润。这是因为，产业资本投资面临自然风险、市场风险和一定的社会风险。实现产业资本利润由可能性向现实性的飞跃，需要具备一系列条件，如创造良好的营商环境，加强基础设施配套等基本公共服务供给；尊重产业发展规律和市场竞争规律，因地制宜地选择产业扶贫项目，科学评估投资风险；注重效率驱动和创新驱动，提升企业经营管理效率等。

最后，地方政府要加强监管，确保产业资本利润能按法定或约定比例分配给贫困户。私人产业资本主导的产业扶贫，使贫困者转化为雇工，"使他们的劳动资料转化为资本"①，商品生产所有权规律转变为资本主义占有规律，最终所得收益大多流进资方腰包。在当前中国产业扶贫实践中，要使商品生产所有权规律转变为村社集体占有规律而非资本主义占有规律，就必须将产业资本运行的主导权牢牢掌控在集体手中。贫困户既是集体资本的最终所有者和直接使用者，又是私人资本企业的帮扶对象，因而既直接占有集体产业资本利润，又获得法定或约定比例的私人资本利润。利润惠及贫困户是产业扶贫的最本质特征。判定产业扶贫质量究竟是好还是坏，最终还要看产业资本所带来的利润是否普遍惠及了广大贫困人口。

四、从制度、要素和组织等方面构建产业扶贫质量保障体系

为推进产业扶贫各个环节的有效衔接，确保其沿着共同富裕的方向发展，使之真正成为贫困者脱贫致富奔小康的根本出路，同时遵循国家产业政策，推进农业特色化、特色产业化、产业体系化进程，应从制度完善、要素流动和组织建设等方面构建产业扶贫支撑保障体系。

第一，构建产业扶贫制度保障体系，强化政府主导产业扶贫进程的规范性和长效性。构建产业扶贫制度保障体系，是绝不让贫困地区和贫困人口在全面建成小康社会征程中落伍掉队的根本支撑，是解决贫困地区产业扶贫中所产生的群众权益受损、收益分配不公等问题的必要举措，是压实产业扶贫工作责任，走出"扶贫—脱贫—返贫—再扶贫—再脱贫—再返贫"怪圈的内在要求，是克服不同程度上所存在的产业扶贫资金多头管理、整合难度大、被随意分割、落实不及时甚至被挪用、地方财政配套资金落实难、扶贫开发办对项目资金使用没有决策权等问题的有力武器，是应对虚假产业扶贫、骗取套取扶贫资金谋取私利等违纪违法现象的必然选择。

基于此，全国人大应以"生存有保障，发展有帮扶"为基本原则，将产业扶贫政策上升为法律制度，推进政府产业扶贫工作规范化进程，有效解决产业扶贫中的"为谁扶""谁来扶""扶什么""怎么扶"等问题。中央政府应明确规定扶贫开发主体的强制性社会责任及扶贫对象的合法权益保护程序，完善产业扶贫监测体系及政府扶贫开发绩效考核制、逐级督查制和问责制，健全产业扶贫跨区域信息统计和数据共享制度，并将合法性审查、专家论证、

---

① 《马克思恩格斯文集》（第五卷），人民出版社 2009 年版，第 827 页。

风险评估、利益相关方参与讨论决定确定为法定程序，以实现产业扶贫项目合规范性和合规律性的高度统一。在此基础上，地方各级政府应围绕特色产业发展实际和贫困群体实际需要，出台并实施有关产业扶贫项目的具体管理办法，对项目准入条件、申报审定、组织实施、筹资比例、资金拨付与使用范围、利益分配、风险管理加以明确规定，在防范虚假产业扶贫、骗取套取扶贫资金谋取私利的同时，促使龙头企业和合作社有效带动贫困户脱贫。

第二，构建产业扶贫要素保障体系，引导龙头企业的要素配置方向，使之适应贫困个体的脱贫需要。市场调节和政府调控都可使要素定向流动，但流动的方向不尽相同甚至有时截然相反。市场机制作用下，要素自动向利润率高的行业、部门流动；政府调控则使要素流向符合国家战略需求和人民生活需要的产业、行业和区域。因此，通过市场机制使高级要素在贫困区集聚是产业扶贫的必然要求，而单纯通过市场机制又难以使高级要素在贫困区产生集聚效应和益贫效应。这是贫困区产业扶贫所面临的市场集聚要素的一个悖论。为此，政府应在龙头企业和贫困个体之间做出有利于脱贫目标实现的要素流动制度安排，特别是对龙头企业要素流动进行事前监管及"市场外"引导，使之自觉带动贫困户脱贫致富，以平衡龙头企业盈利目标与扶贫责任的张力，保障产业扶贫朝着摆脱贫困、实现共同富裕这一一元化方向发展。

一方面，政府在因地制宜制定龙头企业以要素参与扶贫的可行性指标，健全按要素所有权分配的利益联结机制的同时，着力推进企业民主管理进程，促进职工与企业效益共创、利益共享、风险共担机制建设，并以此作为项目规划及审批的前置性条件。另一方面，政府在继续发挥财税、金融政策激励效能，提升龙头企业帮扶能力，以及降低其积极扶贫的成本和风险损失基础上，发挥其要素孵化功能及人力资本服务带动效应，帮助贫困户向高素质劳动力转化，并将资本化要素收益优先惠及贫困村和贫困户。事实上，政府主导高级要素在龙头企业和贫困个体之间定向流动，已成为产业扶贫工作成功开展的基本经验。

第三，构建产业扶贫组织保障体系，强化贫困者主体地位，激发其脱贫内生动力。在产业扶贫实践中，究竟该由谁带动贫困户脱贫？如何确保产业扶贫的稳定性和可持续性？将贫困户转变为农业工人的农业资本雇佣模式，不符合国家性质和产业发展趋势，不是农村生产关系调整的方向，因而不应成为产业扶贫的主流模式。既要充分发挥私人企业组织的正面效应，又要避免私人企业组织主导产业扶贫的不良后果，这就要求我们高度重视并充分发挥集体经济组织在产业扶贫中的核心作用。加强集体经济组织建设，有利于强化贫困者主体地位，激发其内生动力，从组织层面确保其获取和享有产业扶贫成果，实现脱贫的可持续性。基于此，政府应着力加强集体经济组织反贫能力建设，形成以集体资本主导私人资本性质的龙头企业发展，龙头企业带动贫困农户脱贫的联动模式。

集体经济组织在尊重农户自主选择权的基础上，推行自主联合劳动制度，运用市场机制增进集体利益和个人利益。一般而言，在集体掌握生存资料的条件下，农民个体可以自主劳动，亦即自由自在地从事让自己更好地生存和发展的联合劳动，并通过生产制度和组织制度对之进行有效管理。运用现代生产和组织管理制度，大力发展现代农业、资源产业、特色产业和生态旅游产业，延长农业产业化链条，提高经济效益，并从实际出发确定要素资本化扩张的条件和边界，可增加集体成员收入，消除贫困，缩小贫富差距。比如，大豆与玉米、水稻等作物相比，进口依赖度较高，种植效益随之下降，最终使农民种植大豆的积极性被严重挫伤，我国大豆种植面积逐渐减少，集体经济组织应指导、帮助贫困农民增加绿色有机食用大豆、杂粮杂豆等的种植比例，优化粮食种植结构，为贫困农民顺利脱贫致富提供特色产业和优质产品支持。此外，集体经济组织应整顿贫困地区各类"名实不符"的合作社，使之回归到合作生产、共同致富的基本功能定位上来，加强合作社内部民主管理，维护成员参与权、表达权和监督权，同时引入产业扶贫项目第三方评估机构，精准分析贫困缘由，科学评估资产风险与收益，这是有效改善贫困人口绝对或相对贫困状态，实现扶贫产业收益共享的必要条件。

（源自拙文《产业扶贫主要矛盾及其质量保障体系构建——基于马克思主义政治经济学的视角》，载于《当代经济研究》2018 年第 12 期，标题有改动）

第五章 维护劳动人民利益是中国特色社会主义资本的监管要义

中国特色社会主义资本的根本属性是以人民为中心的人民性，运行逻辑是以公有资本为主体、以国有资本为主导。为确保上述属性要求及运行逻辑得到实现，就必须对公有资本和私人资本进行监管。这里的监管取广义理解，既包括党的领导，又包括政府监管和法律监管，是党领导下的以政府监管为主体、以法律监管为手段的大监管模式。坚持党的领导是公私资本健康运行的根本前提。只有坚持党的领导，才能确保资本运行的正确方向，有效实现并增进职工合法权益。

政府监督是公私资本健康运行的关键条件。政府对国有资本和私人资本的监管目标和监管方式有所不同。对国有资本采取分类分层监管方式，确保国有资本不流失，不发生人为损失；提高资产质量，保证国资保值增值，以增进劳动人民的福利和利益；履行社会责任，提高其社会综合效益，为人的全面发展创造条件。政府对私人资本监管主要是事中事后监管，监督私企依法诚信经营，处理好打击犯罪与维护创新、保障安全与推进发展的关系，并促使私企公平分配个人收入。政府通过引导私人资本投向，规定其作用范围，以使其能在一定程度上为社会主义事业的整体利益和长远利益服务。

法律监督是公私资本健康运行的重要保障。法律对公私资本的监督有所差别，又统一于有法治的市场经济和政府调控之中。而法律监督和政府监管的区别则在于，政府进行监督和调控时，除了运用法律手段，还离不开经济手段和必要的行政手段；而法律监督不仅要对公私资本进行监督，还要对政府权力进行监督。

第一节　坚持党的领导是公私资本健康
运行的根本前提

由中国社会制度的根本性质及执政党的性质与宗旨所决定，公私资本的健康运行离不开党的领导，即党的政治核心作用的发挥。企业性质不同，党的政治核心作用的表现也不同。国有企业党组织兼具领导权和决策权；国有控股混合所有制企业推行企业法人治理结构，党组织不再具有决策权，但仍行使领导权，并将坚持党的领导与完善公司治理统一在法治框架内；私人企业党组织主要发挥政策引导、法律监督与利益协调的作用。党组织的成立是党的政治核心作用发挥的自然前提。鉴于私企党组织缺位及功能弱化等问题，应对各类企业党建中的资源配置进行全盘考虑、统筹安排。

一、只有坚持党的领导才能保障公私资本运行的正确方向

坚持党对公私资本企业的领导，对于维护工人阶级在公有企业中的主人翁地位，对于实现和增进私人企业劳动者的合法权益，对于私人资本服务并服从社会主义长远目标，都具有重要的保障作用。

首先，在国有企业及混合所有制公司，将加强党的领导与完善公司治理统一起来，有利于维护职工的合法权益，保障资本运行的社会主义方向。为保障公有企业的社会主义方向，保障职工作为企业主人的政治经济地位，公有企业必须坚持党的领导。只有坚持党对国有资本运行的领导，才能确保国有资本所有权牢牢掌握在人民手中，进而巩固党执政的经济基础。如果不坚持党对国有资本运行的直接领导，公有制主体地位将会面临挑战，国有企业的主导作用也将遭到削弱，并将严重侵蚀国民经济的整个支柱以及中国共产党执政的经济基础，共同富裕的制度前提将不复存在。离开党的领导的国有企业，不仅无力代表社会整体利益，而且极易背离自身的社会责任，沦为某些既得利益集团攫取自身利益的工具和手段。加之私人企业主对国有资本经营者或操控者的腐蚀，以及国家对这些操控者监管和问责不到位，致使他们要么以欺上瞒下的手段大搞劳民伤财的政绩工程，以实现其政治利益最大化，要么将"节省"下来的资本收入自己腰包，满足一己之私欲。针对国有资本

流失、损失、浪费严重，"穷庙富和尚""近亲繁殖"以及资产产权不明，家底不清，监管目标不明确，对违法违规经营者惩处、打击软弱无力等问题，《中共中央、国务院关于深化国有企业改革的指导意见》中明确提出要坚持党对国有企业的领导，并以此作为深化国有企业改革必须坚守的政治方向和原则。只有充分发挥企业党组织的政治核心作用、战斗堡垒作用及共产党员先锋模范作用，创新国有企业党组织发挥政治核心作用的途径和方式，明确国有企业党组织在公司法人治理结构中的法定地位与主体责任，同时纪检机构履行好监督责任，才能切实维护职工合法权益，并为工人阶级主人翁地位的确认与巩固提供强有力的政治保证、组织保证和人才支撑。

其次，在私营企业，将党的领导与资本创富统一起来，引导私营企业家继承"听党话、跟党走"的光荣传统，有利于私人资本在运行中不断增进雇佣劳动者利益，并为社会主义总目标服务。私人企业是私人所办企业，服从的是市场规律及利润法则，为何也要坚持党的领导？道理很简单，社会主义国家是人民当家做主的国家。社会主义国家的一切企业，都必须以增进人民利益为出发点和落脚点。私营企业也是社会主义初级阶段企业的重要组成部分，也必须服从国家整体战略，满足劳动人民的合法利益，致力于提升社会主义国家的核心竞争力。然而，在现实生活中，由于缺乏对私人资本的有效监管，私人资本运行趋于失控而无所顾忌地侵犯职工的就业权、合法收益权等基本人权，甚至通过非法途径或不道德手段，左右政府对干部的评价和使用，扰乱国家大政方针政策的正确方向；左右政府意志，将改革变为对广大民众财富和整个社会资源的掠夺。众所周知，私人资本家渴求平等竞争，认为这是自然权利。但两个所谓平等权利之间的竞争，天平一定是向强势的一方倾斜的。市场竞争的结果必然导致少数强势者垄断财富，底层多数劳动者不仅由于低收入而处于经济弱势，而且在受教育程度、生活方式、情趣、社交、爱好等个人发展方面也会受到社会上层的疏离和排斥。资产者的所谓平等权利，只不过是用金钱的特权取代了以往的一切个人特权及世袭特权。因此，为确认、维护和增进企业职工及社会民众的合法权益，必须对盲目、疯狂扩张的私人资本进行节制。而对私人资本进行有效节制的途径，除了发挥国有企业的主导作用和政府的引导作用，从根本上讲，还需要发挥党组织的思想政治领导作用。2016年4月，中央全面深化改革领导小组第二十三次会议明确指出："支持和规范民办教育发展，要坚持和加强党对民办教育的领导，设立民办学校要做到党的建设同步谋划、党的组织同步设置、党的工作同步开展，确保民办学校始终坚持社会主义办学方向。"① 这说明，中央为确保社会主义办学方向，正着手以基层党建为突破口，对包括民办教育在内的教育产业化所暴露出来的问题进行防范和治理。有数据显示，截至 2015 年底，全国非公企业党组织覆盖率达到 51.8% 。另据报道，上海金桥开发区综合党委通过协调工会、人保等部门，联合培训调解员，化解群体性劳资纠纷 201 起，涉及员工 1.8 万多人，在调解劳资矛盾方面做出了实质性工作。事实证明，私企基层党组织应该而且可以服务于私企职工利益的维护、党员群众生活的改善以及减员裁员后的失业职工收入来源问题，进而使私人资本在服务国家利益及增加职工利益的轨道上健康运行。

总之，市场经济既是平等竞争的法治经济，又是党领导下的以社会主义为根本方向的市场经济。既然市场经济条件下的资本平等竞争、要素自由流动是一切资本所有者的法定权利，国家对公私资本的经济政策规定及企业制度要求一视同仁，那么领导和监管公私资本运行的企业党组织建设也应该是一视同仁的。资本属性决定企业性质，但不论何种性质的企业，都必须接受党的领导，这是由社会主义国家性质所决定的，是历史和人民的必然选择。

二、有效实现和增进职工合法权益是党领导公私资本企业的根本落脚点

由于公有资本和私人资本的社会属性特别是产权权益归属不同，因此，党在公私资本运行中既发挥政治核心作用，又采取区别对待原则，即对公有资本、私人资本以及混合资本进行分类领导。《中国共产党章程》明确规定：国有企业和集体企业中党的基层组织，发挥政治核心作用，围绕企业生产经营开展工作。保证监督党和国家的方针、政策在本企业的贯彻执行；支持股东会、董事会、监事会和经理（厂长）依法行使职权；全心全意依靠职工群众，支持职工代表大会开展工作；参与企业重大问题的决策；加强党组织的自身建设，领导思想政治工作、精神文明建设和工会、共青团等群众组织。非公有制经济组织中党的基层组织，贯彻党的方针政策，引导和监督企业遵守国家的法律法规，领导工会、共青团等群众组织，团结凝聚职工群众，维

---

① 《改革既要往增添发展新动力方向前进 也要往维护社会公平正义方向前进》，载于《光明日报》第 1 版，2016 年 4 月 19 日。

护各方的合法权益，促进企业健康发展。可见，党对公有企业采取思想、政治和组织领导并参与对人财物等资源配置的直接决策权，对私人资本企业则是发挥政策引导、法律监督及部门协调等职能。

国有企业和集体企业党组织政治核心作用通过政治领导和经营主体双重角色来实现。《中共中央、国务院关于深化国有企业改革的指导意见》强调党对国企的领导是国企改革必须坚持的方向和原则；《中国共产党章程》也强调国有企业和集体企业中党的基层组织，既要参与企业重大问题的决策，又要对企业领导及职工进行思想政治领导。从整体看，国有企业和集体企业中党的基层组织，不仅要在本企业内部发挥政治核心作用，也要在所有类型企业的党组织中发挥引领示范作用。这是因为，一是国企与集体企业党组织具有领导资本运行的历史传统，积累了丰富的维护和增进职工利益的经验做法；二是国企与集体企业党组织享有企业决策权，能直接代表并有效实现劳动人民的根本利益；三是国企代表了先进的社会主义生产方式，国有资本控股企业、私人控股企业及私人企业的生产方式，最终都要主动或被动、直接或间接、局部或整体地朝着社会主义生产方式转变。

关于国有控股混合所有制企业党组织政治核心作用的发挥问题，有人认为国有控股混合所有制企业产权结构多元化，实行规范的企业法人治理结构，致使企业党组织及党组织负责人不再拥有对人财物直接支配的决策权；而党组织又存在多头管理、分散管理的情况，在公司制的法定框架下如何走出管理科学规范、组织充满活力的党建之路，亟待探索。① "混改"确实对国有控股混合所有制企业党组织政治核心作用的发挥提出了新要求。考虑到国有控股混合所有制企业由国家控股，带有明显的公有性，若在实际运营中继续保持并壮大国有资本力量，就必须加强党对国有控股混合所有制企业的领导。否则，单靠企业法人治理，不但各股东之间的利益协调者缺位，而且极易使混合资本运行失去正确的政治方向，最终受到损害的还是广大企业职工的切身利益。与此同时，党的领导与企业法人治理既要两权分离，又要有机结合。党组织负责企业运行方向、职工利益维护、国家战略贯彻，企业法人负责企业日常经营管理。一方面，在国有控股混合所有制企业中，党组织虽不再拥有对人财物配置的直接决策权，但也要坚持思想、政治和组织领导，切实发

---

① 高品：《国有控股混合所有制企业党组织发挥政治核心作用的新要求》，载于《光明日报》第6版，2016年2月21日。

挥其政治核心作用，并在企业法人治理所引发的矛盾冲突中承担协调和调解责任，依法维护企业职工的正当权益；另一方面，法人治理结构中的经营管理者在资本运营管理中也要自觉贯彻执行党的路线、方针、政策，服务国家大局，维护劳动人民利益。

关于私企党组织作用的定位，尚未形成共识。有人认为非公企业党组织和党员的作用，微观上主要表现在为企业发展带来实实在在的效益，宏观上则为非公企业健康发展提供重要支持、创造良好环境。[①] 也有人认为坚持劳资兼顾、协调劳资关系是私营企业中党组织发挥政治核心作用的立足点。[②] 第一种观点对私营企业党组织作用界定比较全面，但未抓住党组织作用的核心和要害，第二种观点则抓住了私营企业党组织协调劳资关系这一关键性核心作用。在私人资本企业，资本所有权归企业主私人所有，并形成"强资本、弱劳动"格局。企业职工的合法权益，包括平等就业和选择职业的权利、取得劳动报酬的权利、休息休假的权利、获得劳动安全卫生保护的权利、接受职业技能培训的权利、享受社会保险和福利的权利，常遭到资本一方的不法侵犯。私企党组织缺位或不能有效发挥作用，不仅背离了中国共产党作为工人阶级先锋队的政党性质，也放弃了全心全意为职工群众服务的执政宗旨，长期发展下去显然不利于人民政权稳定及社会主义制度巩固。私企党组织政治核心作用，不是走形式，讲过场，而是通过政策引导、法律监督及利益协调来实现。所谓政策引导，就是党组织在私企贯彻党的方针政策，引导私营企业在政策范围内健康发展；所谓法律监督，就是督促企业按照法律法规进行生产经营，不得从事法律规定之外的牟利行为；所谓利益协调，就是党组织统筹劳资关系，并召集有关部门对劳资利益冲突，特别是群体性冲突进行协调和化解。在私企党组织的上述政治核心作用中，政策引导是上线，法律监督是底线，利益协调是主线，三者有机结合共同推进私营企业的健康发展。

当然，我们必须清醒地认识到，不同性质企业中的党组织作用发挥的程度和水平是极不相同的。国企党组织具有监管和驾驭资本运行的传统，在维护职工合法权益方面较好地发挥着政治核心作用；农村党支部在集体劳动权益维护和集体资本收益分配工作中亦发挥着实质性领导作用；基层党组织在私人资本运行中的引导作用则相对弱化或缺失，严重影响到私企职工合法权

---

① 赵兵：《让党建成为企业"金字招牌"》，载于《人民日报》第17版，2016年8月16日。

② 刘瑶：《坚持劳资兼顾 协调劳资关系——私营企业中党组织发挥政治核心作用的立足点》，载于《唯实》2007年第5期，第29～31页。

益的有效保障。在广大私营企业，联合建立的党组织多，党组织覆盖面不广，党员数量少，一些党组织不能正常开展活动、有效发挥作用；不少非公企业党组织缺人、缺钱、缺场地，基础保障不足，严重制约其功能发挥。针对私企党组织缺失及功能弱化等问题，必须高度重视并切实加强私企党组织的思想政治功能，唯此才能有效维护广大职工合法权益，引导私营企业健康发展。

　　党组织在各类企业中的具体功能有所区别，但都是其政治核心作用的具体表现，并具有相同的基本运行要素。也就是说，关于公私企业党组织对人财物的要素配置需求，可以全盘考虑、统筹安排。人才配置方面，可优先考虑复员转业军人、毕业大学生等群体，因为他们要么经过严格训练，要么受过系统教育，思想政治素质过关，可选拔、培养并充实到公私企业基层党组织中去。经费保障方面，可将党建经费纳入年度财政预算，用以补助党组织活动启动经费，建设规范化的党群活动服务中心，甚至对工作成绩突出的党组织领导干部及工作人员给予专项工作津贴奖励。企业性质可以不同，但党组织的性质和成立初衷都是相同的。只要党组织为企业出谋划策，为职工解决困难，其战斗堡垒作用和模范引领作用得到充分发挥，必将赢得企业职工群众的信任和拥护。

第二节　政府对国有资本的分类分层监管与对私人资本的事中事后监管

　　政府对国有资本和私人资本都负有监管责任，但由于监管客体不同，因而监管目标和监管方式也有所不同。国有资产监管关乎亿万人民福祉。政府对国有资本采取分类分层监管方式，解决的是国企在建立市场化体制机制过程中如何维护全体人民共同利益的问题，其复合监管目标包括：一是确保国有资本不流失，不发生人为损失，这是维护劳动人民根本利益的起码要求；二是提高资产质量，保证国资保值增值，以增进劳动人民的福利和利益；三是履行社会责任，提高其社会综合效益，为人的全面发展创造条件。政府对私人资本监管主要是放活和引导，监管内容主要为：一是监管私企在法定行业领域范围内依法诚信经营；二是处理好打击犯罪与维护创新、保障安全与推进发展的关系；三是公平分配个人收入。政府通过引导私人资本投向，规定其作用范围，以使其努力为社会主义整体利益和长远利益服务。不论监管国有资本还是监管私人资本，政府都必须让监管保持独立性、效力性、持续性和节约性，并注重减少和避免公私资本运行的体制性、政策性和市场性风险。

一、政府按照统一规则对国有资本分类分层监管，保障国有资本收益归全民所有

在国企改革过程中，一方面，政府正以产权为基础，以资本为纽带，建立从管资产为主转向管资本为主的新型管控结构，并使所出资企业在资产接收、要素分解、资本运作等方面，服从资产配置流程和运营指标体系，以统一的监管规则保障资本循环加快进行，同时降低资本流动性风险，增加市值。另一方面，政府又对国有资本分类分层监管。《中共中央、国务院关于深化国有企业改革的指导意见》中就提出对国企进行分类监管，以便让国有企业积极参与市场竞争，顺利融入全球经济一体化的大环境；《中共中央关于全面深化改革若干重大问题的决定》又明确提出政府以资产管理为主，这就意味着国资委作为国家出资人管资产，经营则由若干投资经营公司管。

首先，按功能定位，将国有企业分为公益性、特定功能性和营利性企业三类。公益性企业是指提供重要的公共产品和服务的企业，包括教育、医疗卫生、公共设施服务业、社会福利保障业、基础技术服务业等。这类国有企业不以营利为目的，主要承担公益目标。特定功能性企业具有自然垄断特征，主要是指处于涉及国家经济安全的行业、支柱产业和高新技术产业的企业，包括军工、石油及天然气和高新技术产业等，这类企业既有公益性特征，又追求盈利。一般营利性企业处于竞争性行业，在央企中有70多家，与一般商业企业一样，其生存和发展完全取决于市场竞争。[①] 针对不同类型的国企，应施以不同的资本监管策略。

第一，对营利类国有资本的监管，应将重点放在落后产能、产能过剩行业的化解，文化企业公益性的确保以及对境外国有资本运营的监管等方面。

发挥认证认可的技术评价和支撑引领作用，监管产能过剩行业的国有资本。认证认可是由第三方对产品服务、组织人员进行符合性评价和公示性证明的现代管理工具。作为现代质量管理手段，认证认可既是市场运行的基础

---

① 李锦：《人民网评：国有企业将进入分类分层改革与监管新时期》，人民网2013年11月20日。

性制度安排，又是国际通行的贸易便利化工具，同时还是政府监管的创新工具和产业升级的技术支撑手段。从供给侧角度看，认证认可可帮助国有企业提高产品质量，适应国内外消费者的差异化、高端化需求；从需求侧角度看，认证认可又可以向消费者传递质量信用信息，引导消费结构升级。经过供需反复良性互动，又可解决信息不对称及其所引致的资源错配、效率低下、产能过剩等问题。发挥认证认可对国有企业落后产能和过剩产能行业的有效监管作用，一是要以质量和效益为中心，切实发挥强制性产品认证、进出口食品企业注册备案、检验检测机构资质认定等制度，引导国企自主研发适应市场需求的认证认可项目。二是通过第三方治理机制对国有企业落后产能进行技术评价，引导市场调节和政府调控，促进落后产能淘汰和过剩产能退出。三是引导检验检疫认证与国有资本主导的现代产业体系深度融合，运用认证认可手段打破国际贸易壁垒，并力争掌握认证认可国际规则制定的话语权。①

对于文化产业领域的盈利性国有资本监管，应凸显对其内容与价值向度的监管。当前文化消费领域存在重收益轻公益的不良导向，而政府又缺乏对文化产业的内容监管与价值取向监管。在市场化背景下，出版、影视、媒体等行业的国企，逐步由财政拨款走上和经济效益直接挂钩的自主经营轨道。文化类企业具有双重属性——既是营利性组织，又生产健康的精神食粮，满足人们精神文化需求，提升人的精神境界、文化品位，塑造人的灵魂，具有公益性。文化消费是文化生产的目的。文化消费市场又具有低边际成本甚至零边际成本性，而物联网又使这一行业催生出协同共享的新经济形态及人类生活方式，使其呈现出高网络价值性、高公益性或是社会共有性等特点。然而，文化产业市场却普遍存在"重申请轻管理，重创收轻安全，重金钱轻公益，重自查轻监管"的管理缺陷；监管未与当地主管部门绩效挂钩，而系统性、全局性监管更是缺乏。由于政府监管缺位，导致市场逐利性对人们原始利益冲动的放纵与文化公益性对社会风气和文化生态的塑造之间的张力不仅得不到弥合，反而更加断裂。为此，国家有关职能部门应加强对文化类国企所生产产品的内容审查和价值观审查，为全社会树立正确的文化舆论导向，真正发挥先进文化对民众行为的引领作用。

对于境外国有资本运营监管，要落实分级负责的境外国企监管机制。境

---

①　孙大伟：《充分发挥认证认可在供给侧改革中的有效作用》，载于《人民日报》第12版，2016年5月30日。

外国有资本的高效运营对于中国利用国外资本、资源，学习先进技术和管理经验，引入先进技术设备、关键零部件，以及出口国产设备和原材料，都具有积极意义。但由于境外国有资本的运营涉及本国经济安全、国家形象、国际责任，以及国家间利益的博弈，特别是在"一带一路"倡议实施背景下，境外国有资本运营更是举足轻重。因此，要明确境外国企监管的目标性，落实分级负责的境外企业监管机制，健全以"财务管理"为核心的各项管理制度，定期、不定期进行审计，并建立一支相对稳定的境外企业家队伍。

第二，公共资源配置和公共产品供给领域的公益性国有资本或混合资本监管，应在强调融资、配置、购建、使用、处置等环节的信息披露、绩效管理和审计公告的同时，更加注重公共产品分配的公平性。由于公益性国有资本不以盈利为目标，不直接带来资产的货币化收益，但其通过履行行政管理职能，或为社会提供公共产品和公共服务，提高了公共产品和私人产品组合效率，增进了社会整体效益，推动了国民经济增长，因而在衡量这类资本保值增值程度和水平时，不再使用会计计量的商业利益标准，而是使用公共经济学的成本—收益分析方法。不过，国有企业在公共产品供给过程中，生产和分配对提升社会整体效益的贡献侧重点不同：生产环节注重效率，分配环节注重公平。如果只注重生产效率而不注重分配公平，不仅违背国有资本公益性本质，而且使底层民众对公共产品的需要得不到有效、均衡的满足，进而影响经济增长、政府形象及威望。比如，具有公共产品属性的保障性安居住房，就存在住房空置、资金闲置以及骗取保障房资格等问题。审计署公告《2015 年保障性安居工程跟踪审计结果》显示，1272 个项目在勘察、设计、施工、监理等环节未依法履行工程招投标程序；335 个项目直接相关的道路、供水、供电等配套基础设施建设滞后，造成 19 万套住房不能按期交付使用；726 个市县有 478.6 亿元专项资金至 2015 年底结存未用超过 1 年，其中财政资金 247.03 亿元、银行贷款 170.68 亿元、企业债券等社会融资 60.89 亿元；有 4.85 万户非贫困或已享受补助家庭获得农村危房改造补助 4.24 亿元，5.89 万户家庭隐瞒收入、住房等信息通过审核或应退出未退出，违规享受城镇住房保障货币补贴 6046.25 万元、保障性住房实物配租（售）3.77 万套。[①]公共产品分配的不公平、不合理，将直接造成国有资本收益共享属性的扭曲

---

① 审计署：《2015 年保障性安居工程跟踪审计结果》（2016 年第 9 号公告），中国审计网 2016 年 6 月 29 日。

甚至丧失。

第三，对特定功能性企业的国有资本监管，事关经济安全、国计民生及国家竞争力，应重在平衡公益与盈利的内在矛盾关系。以机器人和基因编辑技术为例，在人口老龄化、教育医疗服务高端化背景下，从家庭服务到公共安全，从教育娱乐到养老助残、医疗康复，服务型机器人备受青睐。由机器人的生产和使用所引发的信息安全（又事关国家安全、社会稳定、产业发展、个人隐私）、经济公平及社会伦理冲突等问题，也需要政府进行严格监管。基因编辑技术使得快速改造人类、动植物和微生物基因成为可能，其中一些特定的遗传改变也可能会给人口和生态环境安全带来危机。同时，基因编辑作为一项关键性技术，下游应用涉及众多领域，我国在监管上还存在很大空白。[①] 特定功能性企业的国有资本监管，关键是在盈利与公益之间取得平衡，而要想做到这一点，同样也需要以政府监管为前提，以市场主体自律为基础，以社会监督为补充，进行合力控制。

其次，分层定位，则是将国有资本分为国资委、国有投资经营公司、企业三个层次。在中央政府层面，组建大国资委负责全国国有资本的监管，履行国家所有权的政策执行职能；中层成立若干国有资本管理公司或投资基金，承担国有资本经营职能，由它们作为所对应企业中的国有资本持股者，在金融市场上实施专业化管理和交易。[②]

作为宏观层面的国有资本管理机构，应在行使监管权力的同时，积极履行好监管责任。1994 年国家国有资产管理局成立，作为国家层面的职能机构代表全民对国有资本进行综合监管。2003 年国务院国有资产监督管理委员会（简称"国资委"）成立，在对国有资本享有监管权力的同时，负有国有资本保值增值的监管责任，这是中央政府赋予国资委的单一、明确的任务和目标。鼓吹国资私有化的人，试图通过削弱甚至取消监管主体的权力，达到国有资本变现并对其任意处置的目的。划转部分国有资本充实社保基金就是一个典型的例子。划转部分国有资本充实社保基金，对于社保基金投资增值或者说国有资本二次增值，提升居民福利，维护社会稳定具有积极意义。不过，这里涉及变更主体要不要变更，以及以何种方式补充社保基金的问题。如果"划转"只是以国有资本经营所获利润补社保之缺口，那么监管主体不需要

---

① 周琪：《基因编辑在中国》，载于《光明日报》第 10 版，2016 年 8 月 12 日。

② 李锦：《国有企业将进入分类分层改革与监管新时期》，人民网 2013 年 11 月 20 日。

变更，国有资本也不仅不会流失，反而体现其"全民所有"的根本属性；如果"划转"变为对国有资本的处置及变现，那么监管主体必定要求变更，并带来国有资本流失风险。因为地方各级政府作为社保基金的实际控制者，存在多部门监管、违规投资、无专门法律约束，以及社保基金收益率远低于经济增速等问题，另外法律体系的不完备及资本市场的不规范，亦使受托投资人的市场行为缺乏约束前提。在国有资本监管主体和监管方式发生重大改变的情况下，划转部分国有资本充实社保基金，必须要建立社保基金监管队伍，并做出监管权责的具体政策规定及相关制度安排，否则极易导致国有资本的变相流失。

作为微观层面的国有重要骨干企业，既要对下属企业适度放权，又要对其严格监管。国有重要骨干企业决策权过于集中，未给予下属企业充分自主权，权责边界不清，监管又不到位，造成子公司缺乏活力，其市场适应能力较弱。通过权力集中确保国有资本安全，有其合理性。但如果权力过于集中，该授权的没有充分授权，该部分授权的没有部分授权，该优化管理的没有进行优化管理，容易使下属企业缺乏充分的自主经营权，其经营管理水平和市场竞争力得不到提升，国有资本安全非但得不到确保，反而更加不安全。特别是在国企混合所有制改革问题上，若要通过积极吸引私人资本参与，使投资主体多元化，达到推进技术改造与产业升级，提高生产效率的目的，就需要对混合所有制企业赋予更加灵活的自主经营权和资本收益分配权。当然，放权不等于放任自流。经营决策权适度下放的同时，监督管理权要集中高效使用，特别是审计监督权要上收总部，建立"查、督、办"闭环管理体制及大监督体系，辅之以干部轮岗制度，以达到防范国有资本流失风险，提高国有资本增值能力的预期目标。只收权不放权，下属企业容易缺乏活力；只放权不控权，下属企业容易脱离方向。放管平衡，即"适度放权＋严格监管"相互配合、相辅相成，共同构成国有重要骨干企业管理体制改革的基本原则。

二、政府对私人资本由事前审批转为事中事后监管，推动私企积极履行社会责任

过去有些地方政府在对私人企业成立资格进行审批过程中，要么重资格轻管理，重审批轻过程，事中事后监管缺位；要么对市场主体"吃拿卡要拖""乱作为"情况时有发生；要么不愿承担监管责任，甚至有人害怕

"别有用心的黑社会做公司怎么办"，故不予审批。当前各级政府对私营企业则以"亲""清"为原则，既要亲商、富商、安商，又要加强修养，清正廉洁，守住底线，把好分寸；以服务解决私人投资具体难题为重点，注重对私人资本运行的事中事后监管，并对"不作为、乱作为"现象依法依规严肃追查。

首先，改革事前监管制度，即行政审批制度和商事登记制度，鼓励私人资本进入法律未禁止的一切行业和领域，并切实减轻企业负担。行政审批制度和商事登记制度的改革，也意味着政府私人资本的监管制度发生了重大变化。对企业而言，从对公私资本区别对待的身份管理转变为一视同仁的行为管理；对包括行业协会、商会在内的社团而言，从有主管单位的双重管理体系转变为法律框架内的自由登记。不论企业还是社团，都从注重事前审批转变到注重事中事后监管。比如，对可采用市场化运作的基础性公共项目，向民间资本全面开放；按照供给侧结构性改革的"降成本"要求，降低企业制度性交易成本、物流成本、财物成本、人工成本、税费成本等。截至 2016 年初，前置审批事项仅保留 39 项，投资审批核准事项中央层面累计减少 76%，核准企业投资项目由 2013 年的 248 个减少到 2015 年的 62 个，95% 以上的外商投资项目和 98% 以上的境外投资项目，都改为网上备案管理。全国共取消 272 项职业资格认定和 70% 依附于审批的中介服务事项，148 家全国性行业协会、商会与行政机关脱钩。中央层面取消、停征、减免 427 项行政事业性收费和政府性基金，各地也都取消了一大批本地区设立的收费项目。① 需要注意的是，事前事中事后是一个整体。事前要明确资本属性及功能，以专门性法律划清企业经营及资本运行的边界；事中注重抽样检查，并督促检查不合格者限期改正；事后对督办事项不作为者严格问责。美国监管体系注重事后检验，而不注重事中的大规模抽检，这固然节约了大量人力成本，但企业生产中一旦出现产品质量问题，带来的严重后果可能将无法弥补。

其次，政府对私人资本进行事中监管的核心在于让私人资本所有者守法诚信。如果说事前监管的意义在于对公私资本比重进行制度性调节，那么事中监管的核心则是信用监管，努力使私人资本所有者重信用、重声誉。以非

---

① 袁东明：《简政放权激发市场活力与社会创造力》，载于《人民日报》第 16 版，2016 年 3 月 1 日。

公文化企业为例，据《人民日报》报道，2015 年我国网络文化产业规模已达 1500 亿元，仅网络原创文学作品一项，数量就超过当代文学纸质媒体发表作品 50 年的总和。但其中很多作品属于低质生产、低端模仿、低俗出位。① 加强和改进对非公文化企业的监督和管理，在引导其合理投资方向的同时，还应努力帮助它们提升文化产品质量，促进其自觉履行社会责任。这既是衡量政府对私企监管成效大小的重要指标，也是推动私营文化企业成为守信经营、回报社会的典范。只有监管企业信用，才能规范企业行为，构筑良好的市场秩序。近期国家启动企业信用信息公示系统，使全国企业信用信息统一归集到"一张网"内，并进行依法公示、分类监管、风险监管、联合惩戒、社会监督，既解决了信息不对称问题，又为行业自律确立了信用边界，有利于维护企业信誉，降低资本流动风险，还为独立审计部门提供了审计追责的数据参考。2016 年 4 月，中央全面深化改革领导小组第二十三次会议明确指出："建立和完善守信联合激励和失信联合惩戒制度，加快推进社会诚信建设，要充分运用信用激励和约束手段，建立跨地区、跨部门、跨领域联合激励与惩戒机制，推动信用信息公开和共享。"② 此次会议还提出公平竞争审查制度，要求按照公平竞争审查标准对有关政策措施进行审查，并建立公平竞争审查保障机制，从源头防止限制市场竞争行为。随着信用监管体制改革的持续推进，包括公共信用在内的综合监管平台，也将实现各领域监管信息的实时传递和无障碍互换，并加大对企业资格资质、认证认可、违法违规、欠缴欠费等相关信息的归集力度。此外，互联网技术的发展，还为私人资本诚信运行提供数据支撑。如阿里巴巴数亿用户留下的生产和消费大数据，可用来瞬间完成信用评估。

最后，政府对私人资本进行事后监管的目标具有层次性。私营企业始终按照一定的计划和目标从事生产和分配活动，企业生产目标又是多元的，既要获取利润，又要满足社会需要；既要解决就业，又要照章纳税；既要提供产品，又要保护环境；既要保障生产安全，又要提升产出效率。企业经营的多样性目标决定了政府对其监管目标的多层次性。政府对私营企业的监管，既要对违法违规企业加大处罚力度，提高其违法违规成本，也要保护诚实劳动、合法经营行为，更要鼓励私营企业履行社会责任，激励员工进行技术创

---

① 吴姗：《"三低制造"让网络垃圾横飞》，载于《人民日报》第 14 版，2016 年 4 月 14 日。
② 《改革既要往增添发展新动力方向前进 也要往维护社会公平正义方向前进》，载于《光明日报》第 1 版，2016 年 4 月 19 日。

新，其具体监管内容如下：一是加大对违法违规企业的处罚力度。如果私营企业不能诚信经营，甚至违法经营，政府有关职能部门必须对其进行制止和查处。《中华人民共和国私营企业暂行条例》第四十条规定，工商行政管理机关应当加强对私营企业的行政管理和监督，保护合法经营，查处违法经营活动。也就是说，政府部门必须监督私营企业依照登记事项和核准的经营范围从事生产经营活动，坚决制止和严肃查处私营企业的违法经营活动。这在食品安全领域尤为突出。2018 年 12 月全国人大常委会对《中华人民共和国食品安全法》（下称《食品安全法》）进行了全面修订。修改后的《食品安全法》，在完善监管制度的同时，对违反《食品安全法》的企业行为实行最严厉的惩处制度。二是平衡打击犯罪与维护创新、保障安全与推动发展之间的关系。随着互联网金融的高速发展，行业内也出现了金融资本野蛮生长现象。虚拟货币、原始股、金融创新成为金融资本疯狂追逐利润的噱头；网络非法集资泛滥，不明收益来源的所谓高收益"理财产品"层出不穷。金融服务于实体，而非借着金融工具剥夺他人合法财产；金融创新也一定是依法创新。政府在对互联网金融行业的监管过程中，既要打击违法犯罪，又要保护合法的创新产品，做到打击犯罪和维护创新并重。同样，网络安全与信息化水平相辅相成，要辩证看待、平衡处理安全与发展的关系，这就需要以风险分析为依据，以政府监管为导向，通过政府、企业、社会组织及网络协同治理共筑安全防线。三是引导私营企业做好个人收入的初次分配及三次分配工作。有些地方政府引导私人资本所有者正确处理劳资利益分配关系，并投身"万企帮万村""光彩事业"等活动，使其积极参与扶贫开发、抗震救灾、公益慈善等社会事业，在推动广大非公有制经济人士做中国特色社会主义事业合格建设者上走在了时代前列。

第三节　法律监管是公私资本健康运行的重要保障

古人云："天下从事者，不可以无法仪；无法仪而其事能成者，无有也。"这是就法律之于国家事业的意义而言的。从法制和市场交易的关系来看，是先有交易，而后才由交易习惯发展成为法制。恩格斯谈道："在社会发展某个很早的阶段，产生了这样一件需要：把每天重复着的生产、分配和交换产品的行为用一个共同规则概括起来，设法使个人服从生产和交换的一般条件。这个规则首先表现为习惯，后来便成了法律。"① 人们在商品经济中的生产和交换关系越发展，矛盾就越复杂，就越需要规范化和法治化的市场经济。无论是产权保护，还是企业社会责任建设，无论是要素自由流动、公平交易，还是公平竞争秩序的维护，市场经济中的每一种行为都能在法律法规中找到相应的规范。中共十八届四中全会《中共中央关于全面推进依法治国若干重大问题的决定》中提出了以保护产权、维护契约、统一市场、平等交换、公平竞争、有效监管为基本导向，完善社会主义市场经济法律制度。

公有资本和私人资本作为不同性质的社会关系，其经营管理者在接受法律监督方面具有明显区别。国有资本既是归全民所有的财产，又是国民经济的支柱和命脉。国家代表全民行使所有权，并实行所有权、使用权和经营权分离原则。只有严格保护、依法经营国有资本，使其合理流动、优化配置并在不同主体之间组合置换，才能实现并增大自身价值。反之，国有资本经营管理领域内发生的违法犯罪行为，必然损害国有资本所有者、使用者和经营者的合法权益。因此，国家必须通过法律途径规范国有资本的经营和使用，通过法律强制手段处罚损公肥私、化公为私、玩忽职守等不法之徒，使人面对公产时既不敢也不能作恶。特别是国企改制为部分职工带来失业风险以及国家财产的安全问题，而国家颁布的《公司法》《证券法》《企业国有资产监督管理暂行条例》《关于规范国有企业改制工作的意见》《关于企业兼并的暂行办法》《企业国有产权转让管理暂行办法》等则为国有资产保值增值、避免流失以及债权人利益、职工利益的保护和处理提供了法律法规依据。国企经营管理有关人员违规经营投资，及其所带来的国有资产损失，是对全民利益的损害，必须严肃追责。《关于建立国有企业违规经营投资责任追究制度的意见》则明确指出：以国家法律法规为准绳，严格执行企业内部管理规定，对违反规定、未履行或未正确履行职责造成国有资产损失以及其他严重不良后果的国有企业经营管理有关人员，严格界定违规经营投资责任，严肃追究问责，实行重大决策终身责任追究制度。国务院颁布的这一行政法规适用于国有及国有控股企业违规经营投资责任追究工作，具有法律效力，也属于法律监督的范畴，对国企经营管理人员具有强制性约束作用。

对于私营企业而言，法律监督的目标则是协调解决劳资矛盾，保障企业职工合法权益，对企业经营行为进行规范和限制，使其在法定范围内兼顾经

---

① 《马克思恩格斯全集》（第18卷），人民出版社1979年版，第347页。

济效益、生态效益和社会效益。毋庸置疑，私营企业存在污染环境、制假售假、偷税漏税、忽视劳动者的社会福利保障，甚至严重侵害职工合法权益等情形比较普遍，这就要求私营企业在生产经营过程中除了行业自律、服从国家有关机关的监督管理外，还须遵守国家法律法规和政策，如《公司法》《中华人民共和国个人独资企业法》《中华人民共和国私营企业暂行条例施行办法》（1998 年修正）、《中华人民共和国合伙企业法》，并在制度设计上把漏洞封住，从而让私企失去钻空子、踩红线的任何可能性空间。与此同时，广大私企职工应珍惜、重视并争取法律赋予工会及自身的各项权利；一旦遭受侵权，应利用法律武器维护自身合法权益，否则就是纵容私人资本所有者违法违规甚至犯罪。

公有资本和私人资本的根本属性不同，法律对公私资本监督的具体表现也有所差别，但其运行又统一于法治化的市场经济及政府调控之中。具体到公有资本企业及私人资本企业的当事人，若其经营行为违反法律法规，如刑法、公司法、劳动法、食品安全法、产品质量法、安全生产法、商业银行法、银行业监督管理法、证券法、反不正当竞争法、反垄断法、合同法、票据法、资源与环境保护法等，侵犯国家利益、公众利益、职工利益以及其他企业利益，破坏市场秩序，都必须承担相应的法律责任。不仅企业行为要符合法律规定，政府调控也要在法治的框架内进行，否则也要依据行政法、行政诉讼法等法律法规，承担相应法律责任。法律责任的存在，必须具备四个要件，即行为人违法行为的存在、行为人违法行为所造成的损害事实、损害与违法之间存在因果关系、行为人主观上有过错，并遵守实体合法原则、过错原则、损害原则及程序合法原则。如果行为人既无故意又无过失，或过错与损害之间并不存在因果关系，则不必承担法律责任；国家机关若违反法定程序，即使事实认定清楚，实体法律适用正确，其处罚结果也不能对当事人产生法律效力。

最后需要明确的是，法律监督和政府监管既有区别又有联系。二者的联系表现在，政府对公私企业的监督，必须在法治框架内；法律监督也是政府监管的主要手段和方式。二者的区别在于，政府进行监督和调控时，除了运用法律手段，还离不开经济手段和必要的行政手段；而法律监督不仅要对公私资本进行监督，还要对政府权力进行监督。在法律对市场主体进行监督的问题上，可能有人会问：社会共同体中依法行事的公民政治必然会提升和保护贫困者的权益吗?[①] 答案当然是否定的。底层贫困群体的权益要得到切实维护,至少需要两个条件:一是法律必须体现和反映劳动人民的根本利益;二是政府必须带头遵守法律,按法律办事,受法律约束。如果权力得不到有效监督和根本制约,政府官员在微观经济干预和宏观经济调控中极易利用市场经济搞腐败,官商勾结、权钱交易,借机寻租谋取私利。不少科级处级小官贪腐动辄上亿元,损害国家和人民利益,损害国企、集体企业和私企利益,损害党和政府形象,严重影响到市场经济健康发展。在政府、市场和企业三者关系中,政府行为具有全局性、根本性和长期性影响。政府依法行政是市场经济健康运行的必要条件和必然要求。而要使政府依法行使职能,就必须在党的领导下依靠广大劳动人民实施依法治国的基本方略,坚定不移地走中国特色社会主义法治道路,这也是体现人民主体地位、维护人民利益的根本之路。正如习近平所指出的:"必须坚持依法治国、依法执政、依法行政共同推进","必须坚持党领导立法、保证执法、支持司法、带头守法","要把体现人民利益、反映人民愿望、维护人民权益、增进人民福祉落实到依法治国全过程,使法律及其实施充分体现人民意志"。[②] 只有在党的领导下,通过实施依法治国基本方略,将权力和资本关进制度的笼子里,将法治这把"利剑"悬在贪腐人员头上,才能让社会主义市场经济在阳光下健康运行。

---

① Sam Hickey, Kunal Sen, and Badrn Bukenya. The Politics of Inclusive Development. Oxford University Press, 2015: 117.

② 中共中央宣传部:《习近平总书记系列重要讲话读本(2016年版)》,学习出版社、人民出版社2016年版,第87~89页。

延伸阅读

社会主义经济责任关系的政治经济学分析

社会主义生产的目的是在生产发展和社会财富增长的基础上，不断满足人民日益增长的美好生活需要，促进人的全面发展，实现全体人民共同富裕。① 社会主义生产目的的顺利实现，有赖于社会主义经济责任关系的发展和完善。经过四十年改革开放实践，中国在完善社会主义经济责任关系方面积累了宝贵经验。这既推动了中国特色社会主义经济责任关系的理论创新和发展，同时也是中国人民推进世界经济发展的中国智慧和中国方案。

一、社会主义经济责任关系的内涵及特征

一般而言，经济责任关系是一定生产关系基础上的经济行为主体既相互联系又相互区别的经济权利和义务关系。对于承担不同功能的经济行为主体而言，经济责任关系实质是政府、企业和劳动者之间的责权利关系。这里的"责任"有三层指向：一是从性质看，它是不同经济行为主体之间既相互联系又相互区别的特定权利和义务关系。经济活动的整体性规定了行为主体经济责任的统一性，社会分工又规定其经济责任的差别性；二是从形成过程看，它是经济行为主体经过长期实践所达成的基本共识，并由政府通过法定方式加以确认；三是从功能和结果看，它是基于内外部条件变化而形成的一种动态的经济系统调节机制。

社会主义经济责任关系是指在社会主义基本经济制度基础上，执政者基

① 黄瑾、李建平：《新时代社会主义生产目的论的新发展》，载于《毛泽东邓小平理论研究》，2018 年第 7 期。

于责任制原则，为包括自身在内的经济行为主体所规定的经济权利和经济义务关系的总和。它在使经济主体自觉履行各自经济责任的同时，赋予其日常经济活动的平等机会和自由空间，是社会主义经济公平与经济效率内在统一的经济关系安排。新自由主义者鼓吹不受责任约束的市场放任，将政府调节市场视为不公正之举，认为它侵犯了个体自由选择。其所主张的无责任的经济自由，显然与社会主义经济责任关系的本质规定格格不入。

社会主义经济责任关系具有以下三个重要特征。第一，社会主义经济责任关系以生产资料公有制为基础。生产资料所有制的性质和变化决定经济责任关系的性质和变化。在社会主义基本经济制度安排下，政府既是人民利益的引领实现者，也是人民利益的冲突协调者；企业既是追求利润的市场主体或基本经济单位，也是积极履行法定社会责任的经济组织；劳动者既是社会财富的创造者，也是享有者。只有坚持生产资料社会主义公有制，才能在政府、企业和劳动者之间建立起既目标一致又各有侧重的经济责任关系，实现各自经济权利和义务的内在统一；才能使政府担负起政策引导和经济监管责任，避免因资本或权力的无限扩张而威胁弱势一方的合法权利和利益；才能增强企业创新活力，提高经济发展质量和效益，不断满足人民日益增长的美好生活需要。

第二，政府在社会主义经济责任关系形成和确认中起主导作用。由于不同企业和个人具有不同的利益诉求，故需要一个既执行共同意志，又明确各自权责的权威机构。社会主义经济制度条件下，政府坚持以人民为中心，是全体人民普遍意志和根本利益的代表者、维护者和执行者，理应成为经济行为主体基本权利和义务的规定者。反过来讲，经济主体行为又必须接受党和政府的政策指导，且不能违背法律特别是经济法规的禁止性规定。此外，在社会主义经济责任关系完善过程中，政府作为经济决策者、宏观调控者及经济改革进程的主导者，也要明确自身的经济职责和功能。

第三，社会主义经济责任关系对社会主义经济体系起着重要调节作用。作为社会主义经济体系的有机组成部分，社会主义经济责任关系可以外化为相应的经济政策、经济法规和经济伦理规范，以便确认、维护和巩固劳动人民的根本利益，优化社会主义经济结构，转变经济发展方式和动力，进而使社会主义经济体系日臻成熟和完善。

这里需要明确的是，社会主义经济责任关系与社会主义经济关系既有区别又有联系。两者的区别表现在，社会主义经济责任关系是在社会主义制度占据主体地位条件下，由社会主义政府和社会主义企业主导实施的一种经济关系。它既包括直接体现和反映社会主义性质的经济责任关系，又包括服从和服务社会主义根本方向和总体要求的经济责任关系；而社会主义经济关系则是一种仅仅体现社会主义性质的经济关系。二者的联系表现为，社会主义经济关系是社会主义经济责任关系发生作用的前提和基础，而社会主义经济责任关系又是以完善社会主义经济关系、实现社会主义生产目的为出发点和归宿。

二、社会主义经济责任关系的基本构成

基于管理主体对管理客体、主体方对非主体方的责任定位，可从政府、公有企业、私人企业和劳动者四大经济行为主体的一般关系中，梳理出三对社会主义经济责任关系，即政府对企业的管理和调控责任、企业对劳动者的公平分配责任以及公有企业对私人企业的支持和引领责任。

（一）政府对企业的管理和调控责任

党的十九大报告提出，要"着力构建市场机制有效、微观主体有活力、宏观调控有度的经济体制"①。以政府为主导、以企业为主体构建社会主义经济体制，要求政府对企业履行市场机制有效、微观主体有活力、宏观调控有度的经济责任。

政府对企业所承担的市场机制有效的经济责任，是指政府充分发挥价格机制、供求机制、竞争机制在促进要素市场化、激发企业活力、提高经济质量和效益等方面的创新、开发、调节作用，让市场对企业资源配置起决定作用。政府通过产权激励、要素流动、价格信号、公平竞争和优胜劣汰等制度安排，履行对企业的经济管理责任。具体来讲，政府一要建立以公有产权为主体、公私产权长期并存的基本产权制度，坚持企业财产权利和社会责任相统一，既要调动企业生产积极性，提高企业劳动生产率，又要贯彻国家政策，保障国计民生；二要通过完善反映要素供求关系的市场价格体系，完善企业要素自由流动机制，增强市场对要素定价的有效性、市场对要素配置的平衡

---

① 习近平：《决胜全面建成小康社会 夺取新时代中国特色社会主义伟大胜利——在中国共产党第十九次全国代表大会上的报告》，人民出版社 2017 年版，第 30 页。

性和市场对要素整合的充分性，使要素流动方向和资源配置比例在不同性质的企业之间得到合理调节，激发要素所有者的创富活力；三要使不同企业在同一市场环境中展开公平竞争，其经营管理好坏都要通过市场来检验，最终实现优胜劣汰。

政府对企业所承担的微观主体有活力的经济责任，是指政府作为经济管理部门，通过制定经济政策，行使经济权力，处理经济事务，维护企业正当利益，同时对企业不当行为和违法行为进行纠正和惩治。一方面，政府有责任根据情势变化，减少对私人企业的不必要的前置审批和认证手续，减轻企业税费负担，减少对国有企业经济行为的不必要干预，增强企业发展活力。另一方面，针对信息不对称所带来的道德风险和逆向选择，自然灾害发生后的商品价格暴涨，农民种粮积极性不高，以及私人企业垄断与公共利益所存在的矛盾，政府分别通过信息公开、价格管制、财政补贴、反垄断法规等手段，及时调节市场运行机制，保障企业健康发展。此外，对于私人企业法人所从事的商业贿赂、拖欠银行贷款、偷税漏税、制假售假、侵犯知识产权等违法行为，政府有关部门行使法定监管责任，必要时调动国家机器予以惩治，使其不敢铤而走险、唯利是图，从而为企业整体创富活力的增强，创造良好的市场秩序条件。

政府对企业所承担的宏观调控有度的经济责任，是指政府灵活运用财政、货币、产业、区域等经济政策，对企业进行引导、控制、协调和再平衡，并充分发挥国家规划对企业资源配置的战略导向作用，使经济运行达到整体协调和动态平衡状态。由于垄断、信息不对称、私人代价与社会代价（或私人利益与社会利益）偏离、创新风险或不确定性的广泛存在，加之市场调节本身的盲目性和滞后性，国家有必要对企业进行调控。国家调控企业，是以公有企业为主体、以国有企业为主导的依法调控、间接调控，其本质是改变现代国家对市场力量的盲目依赖，协调企业局部利益与全局利益、眼前利益与长远利益的矛盾。中国经济行为主体情况复杂，不同区域和不同行业企业对同一调控政策的"耐受度"大不相同。这就要求政府强化自身调控的针对性、灵活性和精准性，以优化经济结构，弥补市场失灵，引导不同性质和规模的企业健康发展。

市场机制有效、微观主体有活力、宏观调控有度，作为政府对企业所要履行的三大经济责任，是辩证统一的逻辑关系。微观主体有无活力，既取决于市场机制是否有效以及有效程度，也取决于宏观调控是否张弛变通；市场机制有效和宏观调控有度，也都是为了保障微观主体有活力，确保企业在一定时空条件下能够良性运行。三者具有服从并服务于社会主义生产关系完善的相同方向和目标。

（二）企业对劳动者的公平分配责任

1. 公有企业要完善体现职工主人地位的按劳分配制度

资本私有制生产关系是导致居民贫富差距拉大的根本原因。在市场机制作用下，小生产者面临残酷竞争，其资产有被吞并进而沦为无产者的危险。广大无产者在剩余价值生产过程中受雇佣、被异化，并不断积累贫困程度；而少数大资产者则凭借资本所有权，通过要素流动和市场交换获得巨额利润，不断积累起更多收入和财富。

作为营利性和公益性的结合体，公有产权性质的企业具有双重作用：一是以市场为生产经营导向，通过市场机制配置可支配的经济社会资源，获取作为手段性结果而非目的性结果的企业剩余，以强化自身直接承担经营风险及资产损失责任的人格化产权主体功能，实现国企改革提质增效的目标；二是以国家或集体战略规划为发展导向，自觉贯彻党的发展理念及宏观战略决策，从根本上解决产业比例失调、供求背离、收入差距过大等问题，保障国家金融安全、社会安全和生态安全。国家在提高公有企业市场竞争力的同时，建立和完善人民群众对公有资产的监管机制，让人民对代理行使经营权的国企和集体企业管理人员进行严格监督，防止国有资产及集体资产的掠夺性开发和流失，从而保障人民群众真正拥有公有资产所有权及收益权。

在完全公有产权性质的企业内部，由于生产资料归全体人民共同占有和使用，人们共同劳动，因而实行按劳分配。也就是说，劳动者凭借自己所付出的劳动数量和质量，从共同创造的劳动收入中获取相应份额。探寻企业盈利能力和共享能力、经营者收入和员工收入、员工名义收入和实际收入的平衡点，是强化国企薪酬体系激励约束功能，调动劳动者生产积极性的必然要求。特别是针对经营者收入和员工收入失衡问题，应按照管理者能上能下、员工能进能出、收入能增能减的人事制度改革原则，结合行业分类，调整国企经营者基本年薪、绩效年薪和风险激励收入比例，使两者收入结构更为合理。

此外，私人资本企业可以提供竞争性、高标准性服务，但不愿也无力提供非竞争性、非排他性的公共服务。国有企业则通过国家相关政策，提供私人资本所无法提供的并用来满足劳动者基本生活需要的公共服务，如保健设施、廉租房等，改善劳动者基本生活状况。

2. 私人企业要完善服从社会主义生产目的的利益共享制度

一般而言，私人产权性质的企业要素归不同主体所有，亦即受法律保护的所有权具有排他性，且人们拥有的生产要素的数量和质量各不相同。为保障要素所有者利益，调动他们的生产经营积极性，同时避免要素滥用和浪费，故按要素所有权分配。要素使用者要获取包括土地、货币、资产、劳动力在内的要素使用权，必须取得要素所有者同意；要素所有者凭借要素所有权获取相应报酬，同时又是以让渡要素使用权为代价的。

然而，中国私人企业是在社会主义生产关系已经占据主体地位前提下存在和发展的，企业生产和分配要服从于社会主义生产目的。因此，私人企业的收入分配不能局限于按要素所有权分配，还要强调利益共享、劳资和谐。这就要求私人企业在制定和执行工资集体协商制度、工资调整制度和最低工资制度，完善职工工资决定机制、增长机制和保障机制的同时，着力推进企业民主管理进程，促进职工与企业机制共建、效益共创、利益共享、风险共担，最大限度调动职工积极性、主动性和创造性，切实增强企业发展活力，努力实现更高质量和更加公平的经济高质量发展。

（三）公有企业对私人企业的支持和引领责任

在当前中国，体现社会主义生产关系性质的公有企业与体现资本主义生产关系性质的私人企业不是相互排斥、相互隔离，而是相互影响、共存一体的。以公有制为主体，客观上要求国有企业和集体企业共同履行对私人企业的支持和引领责任。

国有企业对私人企业的经济责任履行，主要通过下列方式来完成：一是在营利基础上，执行科技创新、产业升级、保障民生等国家战略政策，带头履行自主创新、供需协调、资源开放、绿色生产和收益共享等关键性经济责任，为私人企业积极履行吸纳就业、照章纳税、保护环境、尊重知识产权、依法诚信经营以及维护劳动者合法权益等强制性经济责任，提供示范和参照。二是通过提供经济服务，加速私人企业资本、技术和其他要素的结合，带动其增加对需求大、价格高的产品的研发投资，提高劳动生产率，扩大生产规模。三是通过产权混合所有、政府与社会资本合作等方式，按照供求信息和价格信号谋求资源最佳配置，使国有资本在一定程度上、一定范围内影响、控制和支配私营企业的发展速度、规模和目标，使普通利润不再"作为盲目起作用的平均数而实现"①，同时改变私企只是获得普通利润而不再关心"商品和买主以后会怎么样"②这一买卖双方自发竞争所引发的潜在社会危机。四是通过对劳动剩余进行再分配，引领私人企业调整投资领域和方向，并保障包括私人经济在内的整个国民经济的安全运行，维护经济秩序。五是通过发挥党支部、工会和职代会对私人企业的示范功能，引导私人企业正确处理义利关系，明确经营方向，自觉服务社会主义根本目标。

如果说在城市主要是国有企业对私人企业的支持、引领和示范，那么在农村普遍存在的则是集体企业对私人企业的引领、带动和服务。集体企业服务农村集体利益，企业内部成员团结互助、互惠互利，曾广泛而又深刻地影响着农村经济发展进程。改革开放以来，在广大农村，大量集体企业转变为私人企业，工人要么下岗，要么沦为受雇佣地位，私人资本规律发生作用的范围不断扩大、程度不断加深。这是村集体弱化乃至放弃社会主义经济责任关系的直接反映和表现。令人欣慰的是，不少农村地区涌现出了以南街村集团为代表的一批优秀的农村集体企业，通过产供销和农工贸一体化路径，带动私人企业不断发展壮大。邓小平曾指出："中国社会主义农业的改革和发展，从长远的观点看，要有两个飞跃。第一个飞跃，是废除人民公社，实行家庭联产承包为主的责任制。这是一个很大的前进，要长期坚持不变。第二个飞跃，是适应科学种田和生产社会化的需要，发展适度规模经营，发展集体经济。这是又一个很大的前进，当然这是很长的过程。"③当前中国农村集体经济既处于发展劣势，同时又是发展趋势。新集体企业需在社会资源流动和市场机制运行过程中，逐步形成自身对私人企业的经济责任，并在与私人企业互动中形成驾驭自身经济责任的创新意识、话语体系、交往能力和行为模式，特别是在专业化经济服务供给过程中明确服务内容和服务对象，增强对私人企业发展的服务带动效应。同时，在政府积极引导和严格监管背景下，集体企业要在同内外部不同性质企业的持续互动中使自身的经济责任不断得以调适。

---

① 《马克思恩格斯文集》（第十卷），人民出版社 2009 年版，第 290 页。
② 《马克思恩格斯文集》（第九卷），人民出版社 2009 年版，第 562 页。
③ 《邓小平年谱（1975～1997）》（下），中央文献出版社 2004 年版，第 1310～1311 页。

三、社会主义经济责任关系的完善意义

完善社会主义经济责任关系，是完善以社会主义基本经济制度为基础的社会主义经济关系的现实需要；是基于私人企业发展的双重可能性所做出的根本制度选择；是促进我国国民经济持续、快速和稳定发展，增强民族企业竞争力的客观要求；是发展中国家增强自主发展能力，推动国际秩序和国际体系朝着公正合理方向发展的重要支撑。

首先，完善社会主义经济责任关系，是完善以社会主义基本经济制度为基础的社会主义经济关系的现实需要。与新自由主义者强调企业自由的绝对性不同，社会主义国家的一切经济行为主体总是在"以人民为中心"的社会责任层面获得自由的相对意义，经济自由总是以履行一定的社会责任为前提。无责任约束的经济行为必将导致严重的经济不平等和社会不正义，严重影响社会主义经济体系的构建和完善进程。列宁曾经指出："在共产主义的'高级'阶段到来以前，社会主义者要求社会和国家对劳动量和消费量实行极严格的监督，不过这种监督应当从剥夺资本家和由工人监督资本家开始，并且不是由官吏的国家而是由武装工人的国家来实行。"① "计算和监督，——这就是把共产主义社会第一阶段'调整好'，使它能正常地运转所必需的主要条件。"② 可见，完善社会主义经济责任关系是增强公共利益与个体利益、企业利益与劳动者利益、公有企业利益与私人企业利益一致性的内在要求，是"以人民为中心"的题中应有之义，是巩固社会主义基本经济制度的必然之举。

其次，完善社会主义经济责任关系，是基于私人企业发展的双重可能性所做出的根本制度选择。按照利己者对法定责任和道义责任消极逃避、利他者对法定责任和道义责任主动承担的假设，私企以满足自身利益最大化为出发点，把与他人交换与合作作为满足自身目的的手段，其所追求到的最大化利润又为自身所享有，并天然对生产不存在有意识的社会调节。社会主义初级阶段以公有制为主体，同时存在大量私人经济。私人经济兼具自发走向资本主义和自觉服务社会主义的两种可能性。只有完善社会主义

---

① 《列宁选集》（第三卷），人民出版社 1995 年版，第 198～199 页。
② 同上，第 202 页。

经济责任关系，加强政府对私人企业的监管力度，加强公有企业对私人企业的要素支撑和制度引领，才有可能使私人企业在追求自身利益的同时，考虑他人利益和社会利益，并自觉接受社会主义制度的总体调节，避免走向资本主义。

再其次，完善社会主义经济责任关系，是促进我国国民经济持续、快速、健康发展，增强民族企业竞争力的客观要求。从宏观角度看，我国仍处于并将长期处于社会主义初级阶段，仍是世界上最大的发展中国家。巨大经济体量和广阔市场空间的背后，是众多人口及人力资本积累不足；社会生产力水平总体显著提高、生产能力在很多方面进入世界前列的背后，是民族企业与国际垄断资本集团发展实力不平衡，以及民族企业供给不能充分满足社会需求的问题。从微观角度看，当前我国民族企业内部面临包括劳动力、土地、原料和能源在内的要素成本上升、价格上涨的压力，外部又承受更激烈的全球竞争的挑战及其他非市场竞争因素。只有完善社会主义经济责任关系，才能充分调动民族企业和劳动者的创新积极性，加速人力资本积累，增强其自主创新能力和核心竞争力，并通过提升经济发展质量和效益，消化要素成本上升及全球竞争压力，不断满足人民日益增长的美好生活需要。

最后，完善社会主义经济责任关系，是发展中国家增强自主发展能力，推动国际秩序和国际体系朝着公正合理方向发展的重要支撑。随着信息技术的广泛应用，欠发达经济体开始发生剧烈变化，部分产业逐渐衰落，尤其是技术含量低的产业逐渐被边缘化；但旧的产业体系又依然存在，人力资源质量较低，产业升级压力大，对国民经济发展和人们收入增长产生不利影响。解决发展中国家经济失衡问题以及各国共同面对的世界经济难题，需要在世界范围内创造出具有引领性、辐射性、连续性和整体性的责任新动能。己欲立而立人，己欲达而达人。中国在国际上主张本国利益的同时也兼顾他国利益，以支持发展中国家增强自主发展能力，推动国际秩序和国际体系朝着公正合理的方向发展为己任。"一带一路"作为发展中国家自主发展能力增强及人类命运共同体构建的新载体和新机遇，无疑也是促进全球经济复苏的中国智慧和中国方案。在共建"一带一路"过程中完善社会主义经济责任关系，更好地造福各国人民，有利于从根本上扭转人类社会踌躇不前甚至停滞倒退的被动局面。

四、社会主义经济责任关系的完善原则

经过四十年的改革开放历程，中国共产党和中国政府积累了丰富的完善社会主义经济责任关系的经验原则。其中，坚持党的集中统一领导、坚持以人民为中心是完善社会主义经济责任关系的根本前提，体制改革是完善社会主义经济责任关系的重要途径，自主开放是完善社会主义经济责任关系的必要条件，法治建设是完善社会主义经济责任关系的根本保障。

第一，坚持党的集中统一领导、坚持以人民为中心是完善社会主义经济责任关系的根本前提。习近平强调："带领人民创造幸福生活，是我们党始终不渝的奋斗目标。"① 人民群众是社会主义经济责任关系完善的推动者。反过来讲，社会主义经济责任关系完善的程度和水平，取决于历史发展的需要和人民群众的觉悟及行动。因此，社会主义经济责任关系主体要以服务劳动人民根本利益、增进人民福祉、实现人的全面发展为共同目标，并要求党对其进行集中统一领导。组织嵌入是党领导社会主义经济责任关系建设的有效途径。党和政府将组织植入并内化到企业内部，通过人员安排、组织架构、思想引领实现对企业的引导与监督，并通过一定的经济利益调节手段，促使企业朝着有利于国家政策和人民利益的方向发展。这既有利于构建起现代柔性的经济责任机制，有效避免国家职能越位、错位及缺位，又能增强企业汲取市场与社会资源的能力，夯实党和政府治理市场经济的社会基础，还能整合经济主体行为信息，减少信息在权力系统、市场体系和社会自治场域之间的传递时间，降低国家治理成本，提升政府对企业、公有企业对私人企业的责任履行效能。

第二，体制改革是完善社会主义经济责任关系的重要途径。1953年，中国共产党制定了逐步向社会主义转变的过渡时期总路线，强化国营企业对民族资本主义企业的引领和改造责任，确保其沿着社会主义方向发展，并在全社会最终确立社会主义性质的生产关系。政府以公有企业为载体，为劳动者创设了乐于奉献的经济环境和团结互助的经济条件。随着计划经济体制的日益僵化及其所带来的社会主义经济责任关系的内容及管理方式单一，调节动力和调节空间缺乏，因而需要在坚持社会主义方向的基础上，保留计划经济

---

① 《习近平谈治国理政》（第二卷），外文出版社2017年版，第40页。

体制管理的合理做法，吸取市场化运作的相对优势，不断完善社会主义经济责任关系。比如，政府对国有企业由大包大揽转变为自主经营、自负盈亏的市场化运行及依法依规监管，并由管人管事管资产转变为管资本；国有企业由承担无所不包的经济社会责任转变为通过全面经济核算、改善经营管理，承担保值增值、促进劳动者收入增长及满足社会多样化需求的责任。社会主义经济责任关系不仅内容丰富，而且管理方式和调节方式多元，大大加快了社会主义生产目的的实现步伐。

第三，自主开放是完善社会主义经济责任关系的必要条件。完善社会主义市场经济，离不开对外开放。资本主义市场经济以生产资料私有制为基础，中国特色社会主义市场经济以生产资料公有制为主体。在不同所有制基础上所建立起来的经济责任关系，不具有根本性质意义上的融通性或一致性。但经济责任关系的现代化和全球性又要求它们在运行方式及管理方法等方面相互借鉴、取长补短。当然，开放不等于放开，而是以自主性为前提。比如，外国资本进入中国，要遵守中国法律，并受中国产业政策的限制。积极引入发达资本主义国家的资本、技术、科学经营方式和管理方法，是为了减少研发成本和时间成本，为完善社会主义生产关系创造必要条件，而非依附于资本主义市场经济的分工体系。改革开放以来，中国利用外资、引入技术，加上自身丰裕的低成本劳动力这一要素禀赋，自然形成了出口导向型经济增长模式。如今，世界经济格局发生巨变。一方面，发展中国家经济实力越来越强，中国依赖世界经济增长带动本国经济发展的潜力空间越来越小。另一方面，当前中国拥有雄厚的物质基础、丰富的人力资本、广阔的市场空间，加之世界新一轮科技创新和产业升级蓄势待发，因而自主创新驱动经济发展的内外条件充足、竞争优势明显。新的科技革命和产业革命的推进，全球分工体系的演化及其所制约的中国经济结构转型的趋势和方向，是社会主义经济责任关系开放融通的客观动力、现实条件和根本依据。

第四，法治建设是完善社会主义经济责任关系的根本保障。保证经济行为主体合乎社会主义经济责任要求的关键，是将其经济责任法律化、制度化。细言之，国家要在宪法和法律范围内，运用经济政策及必要的行政手段实现对企业的引导、监管和规制；国有企业对私人企业生产经营活动的支持和引领，也需要依法有序进行。譬如，民族企业要在国际市场竞争中立于不败之地，既要运用科技降低成本，又要将社会资源或要素有机整合起来，创造最大劳动生产率和最优经济效益。公有企业通过配置资源或组织要素，带动私人企业为消费者生产出更高质量的商品和服务，并对商品价值进行分配和再分配。这一过程是通过履行合约或确定性承诺来实现的。由于受法律保护的合约规定了资本、技术、土地、原材料、能源以及一切要素所有者的权利分配、责任分担和利益分割，因而确保了资源配置的高效性、社会分工的动力性和利益分配的预期性，即"造成一种可以行得通的财产与自由的相互关系和有规则的预期"①。只有推进行为主体经济责任在法律框架内的相互补充和相互配合，实现两者内部及相互之间经济责任的动态平衡，才有可能顺利达到社会主义生产的预期目标。

（源自拙文《社会主义经济责任关系的政治经济学分析》，载于《毛泽东邓小平理论研究》2018 年第 12 期。该文章第二作者为杜斌。）

---

① ［美］康芒斯：《制度经济学》（上册），于树生译，商务印书馆 1962 年版，第 113 页。

第六章 "利归天下"是中国特色社会主义资本的全球旨趣

当今世界利益博弈暗流涌动，安全形势错综复杂；经济社会发展失衡，南北差距难以弥合；全球性环境问题危及人类生存，和平与发展都面临巨大挑战，人类命运休戚相关。实施以"利归天下"为出发点和归宿的"一带一路"倡议，则是相关国家和地区共同参与、凝聚力量、筑梦全球，构建利益和责任共同体的重大战略选择。

经济社会发展失衡严重影响国内、国际发展进程。从国内角度看，随着信息技术的广泛应用，欠发达经济体的经济体系开始发生剧烈变化，部分产业逐渐衰落，尤其是技术含量较低的产业逐渐被边缘化。然而，旧的产业体系又依然存在，人力资源质量较低，产业升级压力大，对国民经济发展和人们收入增长产生显著影响。在社会领域内，教育、医疗等公共资源的匮乏和分布不均，损害了公民个人的生存权和发展权。从国际角度来看，由于各国基本国情、文化传统、经济发展水平存在巨大差异，各国存在不同的经济利益关切，经济博弈暗流涌动。发达国家凭借先发优势建立了有利于维护自身国际地位的一整套规则，发展中国家则努力学习、赶超领先国家。各国在关乎本国重要利益的国际博弈中，各显神通，并将目光集中于亚太地区。"北约""欧盟""东盟""上海合作组织""亚太经合组织"的成立、活动及其碰撞，就在一定程度上折射出世界主要国家对亚太地区的政治关注、利益博弈和集团应对。国际贸易保护主义的升温为经济全球化与区域一体化带来冲击，国际经济形势不确定因素增加。全球变暖、气候极端、生态失调、资源短缺等一系列现象困扰各国民众，生态环境存在加速恶化的潜在趋势。

在联合国大会讲坛上，习近平总书记做出庄严承诺：中国将始终做世界和平的建设者、全球发展的贡献者、国际秩序的维护者。解决发展中国家经济社会发展失衡问题以及各国共同面对的世界经济难题，需要中国在世界范围内创造出具有引领性、辐射性、连续性和整体性的经济增长新动能，从根本上扭转人类社会踟蹰不前甚至停滞倒退的被动局面。

第一节　履行全球带动责任是中国特色社会主义资本属性的国际延伸

中国自古以来就强调整体价值和个体价值的良性互动，强调权利和责任的对等与平衡，尤其是强调"反求诸己""先人后己"，亦即强调责任、义务和自我反思。孔子强调"己欲立而立人，己欲达而达人"，邓小平强调"先富带动后富"。这些思想主张扩大到国际关系领域，要求既尊重和包容别国自主选择，又积极倡导国际示范、自我担当和全球奉献；既互联互通、互学互鉴，又支撑辐射、引领带动。这显然有利于各国发展理念和道路的不断完善，有利于世界各国的持续发展和共同繁荣，有利于人类文明进步的步伐推进。欧洲近代也曾强调个人权责对等，但由于其自由主义理论体系坚持个人本位，故而西方社会越来越强化公民权利而淡化个体责任。在推动世界发展繁荣方面，如果戴着"有色眼镜"曲解别国发展理念，为别国发展道路贴上"异类"标签，这本质上是霸权主义的体现，不仅违背人类社会的整体性和人类社会发展规律的普遍性，而且还将阻碍该国自主探索符合本国国情的发展道路，并给其带来不公正的国际舆论压力。中国在资本要素"引进来"和"走出去"的双向实践中，尊重各国自主探索本国发展道路的立场不会变，各国之间发展理念和道路的通融性、包容性和互鉴性将被进一步增强。

一、促进各国共同发展是中国特色社会主义资本的世界使命

中国在寻求国内均衡、协调、可持续发展和在国际上主张本国利益的同时，也兼顾到别国利益。中国强调自身发展的可持续性，也愿意同世界各国一起，共同探索整个人类社会的可持续发展之路。中国强调发展的平衡性，主张各国人民共享发展成果。党的十八大强调，中国将致力于支持发展中国家增强自主发展能力，推动国际秩序和国际体系朝着公正合理的方向发展。2013 年 3 月，习近平总书记在莫斯科国际关系学院演讲时强调："世界长期发展不可能建立在一批国家越来越富裕而另一批国家却长期贫穷落后的基础

之上。只有各国共同发展了，世界才能更好发展。那种以邻为壑、转嫁危机、损人利己的做法既不道德，也难以持久。"①

从传统文化来看，"仁"是中国传统价值观的核心范畴，贯穿于中国优秀传统文化的各个范畴中，是中国人从古至今最根本、最普遍的价值诉求，是中国人的独特生存方式，也是儒家哲学处理人际关系及民族关系的基本出发点和归宿，具有强大的凝聚力、感召力和普适性。"仁爱"的基本含义是"推己及人"的忠恕之道，即"己欲立而立人，己欲达而达人""己所不欲，勿施于人"。"自我"与"他我"本是相伴相生、相即不离的应然存在，故而倡导"仁者爱人"的交往之道、"由己及人"的为仁之方及"人我合一"的道德之本。在此基础上所形成的讲信修睦、善待他人、兼容并包、世界大同的传统哲学思想，为中华民族塑造了强不凌弱、敦厚平和的气质和禀性。

"仁者爱人""由己及人""人我合一"的仁学思想作为中国哲人对人类生产方式和生活方式的哲学论证，特别是主张以"仁"来规范和约束个人与他人、个人与社会的经济关系，可为国与国之间资本合作、互利共存良性关系的构建提供思想借鉴，有利于实现国际资本关系融合，进而破解人类经济危机的普遍难题。与西方强调本国利益的绝对至上不同，中国主张"计利当计天下利""利归天下"的资本情怀。在资本要素"引进来"和"走出去"的实践过程中，若能将"人我合一"思想推而广之，深入到世界每个经济行为主体的内心深处，世界将会更加和平、和谐。

中国之所以取得光辉成就，靠的是和平环境下的勤劳付出、科技应用和产权制度创新。同样，中国在对外贸易交往中输出资本、技术和管理经验，靠的还是以和平理念为支撑的尊重主权、平等协商、互惠互利、共建共享、开放包容等原则。随着中国国际地位和国际互动能力的持续提升，中国与中亚、西亚和欧洲等直接联通地区的交流和交融将进一步加速，世界各国人民的社会命运更加紧密相连，世界各国和平相处、和谐交往环境的改善和优化步伐将进一步加快。以美国为代表的国际垄断资本集团，一贯以狭隘的本国或本集团利益为中心。他们的利益扩张意图一旦受阻，单边主义、保护主义和霸权主义就会抬头。这显然与促进各国共同发展这一中国特色社会主义资本的世界使命大异其趣。

---

① 《习近平在莫斯科国际关系学院的演讲（全文）》，新华网 2013 年 3 月 24 日。

二、中国有能力有条件带动不发达经济体共同发展，并引领世界经济走向复苏

目前，中国经济规模空前庞大，拥有 39 个工业大类、191 个中类、525 个小类，是全世界唯一拥有联合国产业分类中全部工业门类的国家，从而形成了一个举世无双、行业齐全的先进工业体系。中国主要工业门类都拥有巨大的产能，能提供不同层次和位阶的产品，有能力同时在全球六大洲上百个国家，同时承接生产类基础设施建设、生活类工农文教卫体电及科技类项目建设，也有条件把大量的金融资本转化为产业资本，服务于项目发展。中国雄厚的工业基础及金融优势，与沿线国家和地区的市场潜力和资源储备形成强大的优势互补，将释放出巨大的生产能力，加快落后国家和地区的经济建设进程。

中国政府主动适应新时代发展要求，坚持内外统筹、由内及外的发展思路，坚持创新引领、优势培育、要素整合、动能转换、开放合作原则，为世界经济复苏及持久发展创造内生力量。这种重大作用或影响具体表现在：通过把创新作为未来发展的根本动力，促进本地高技术产业发展与去产能两手抓，以双向开放加快新旧动能转换，大力发展新经济、培育新动能、推动新发展；通过培育国际经济合作和竞争新优势，提升后发国家和地区在全球价值链中的地位，倒逼其转变经济发展方式和调整经济结构，不断增强其参与国际竞争的能力和水平；通过发挥数字经济优势和效应，促进数字要素资源创新集聚和高效配置，带动相关国家共同发展；通过信息化和工业化、数字经济和实体经济深度融合，打造世界经济新的经济增长点；通过发挥金融对实体经济转型升级和"走出去"的支撑作用，不断深化金融创新，加强跨境金融合作；通过进一步扩大同发展中国家的开放合作，扩大总体市场规模，实现各国优势资源更为密切的整合。

此外，中国政府实施更加积极主动的开放战略，在为世界经济复苏及持久发展创造内生动力的过程中，坚持"有所同，有所不同"的原则。面向工业化初期的发展中国家，开展优质产能"走出去"合作，加快石化、钢铁、电力、机械等行业的富余产能化解，以大企业带动中小配套企业，以全产业链方式为产业升级腾挪空间；面向发达国家和地区，开展先进技术与核心装备"引进来"合作，实行投资自由化便利化政策，促进高水平贸易合作。通

过"引进来"和"走出去"双向合作并举，开辟国际产能合作新阵地。

第二节 "一带一路"是中国特色社会主义资本运行的国际载体

党的十九大报告提出"构建人类命运共同体"的重要论断，"一带一路"建设的内涵发生深刻变化，其意义已经超越地域间的国际合作，成为覆盖全世界的合作框架，是促进全球经济复苏的中国方案，是推动构建人类命运共同体的中国智慧。2018年4月11日，习近平总书记在博鳌亚洲论坛开幕式上郑重指出："把'一带一路'打造成为顺应经济全球化潮流的最广泛国际合作平台，让共建'一带一路'更好造福各国人民"。这意味着，党中央已明确将"一带一路"作为中国与世界同行的重要载体，将"一带一路"建设作为推动构建人类命运共同体的重大行动，发展更高层次的开放型经济，加快推动形成全面改革开放新格局，进而为全球经济复苏和发展提供新动能。总之，"一带一路"倡议的实施为沿线国家摆脱贫困、走向共同发展和共同富裕，推进互利共赢、优势互补，提供了国际合作框架，是中国特色社会主义资本运行的国际载体。

基于国际垄断资本主导下的西方话语霸权、国际不合理分工以及绝大部分利润被跨国私人垄断资本集团所攫取等不公正的国际经济旧秩序，须代之以"共商共建共享"，并以此作为"一带一路"全球经济发展理论的基本框架。"一带一路"作为中国崛起和全面开放最重大的纲领，在国家区域发展战略和对外开放战略中居首位，既驱动国内发展与平衡升级又联动国际合作，引领世界各国面向全球更加开放。其中，"共商"是"一带一路"推动全球经济发展的前提，"共建"是"一带一路"推动全球经济发展的基础，"共享"是"一带一路"推动全球经济发展的归宿。

一、资本规则共商是以"一带一路"倡议推动全球经济发展的前提

共建"一带一路"的一个重要内涵，就是要从多层次、多维度顺应世界变化，与相关国家一道，共同商讨世界资本运行与全球经济公平发展新规则，进而超越旧有模式和发展理念，不断消除现有国际资本运行秩序中不公正、不合理的成分。共商的目标是要达成共识，其中包括责任担当共识、发展能力共识、规则与机制共识。由于各国主权平等，发展道路选择自主，因而在尊重各国意愿基础上的共同协商，构成"一带一路"推动全球发展的重要前提。实施"一带一路"倡议，将加速推动区域资本大合作、经验大交流、经济大发展，进而形成更加包容、公正、合理的国际资本运行规则和公平、健康的经济发展新规则；反过来，资本运行的共识性规则与机制化路径又为各国经济深度合作与融合创造条件。

当前世界经济仍处于低迷期，各国命运共同体意识增强，加之科技革命成果的客观推动，经济全球化呈深化趋势。中国在倡导和实施民族资本高质量运行理念，保持经济中高速增长的同时，在世界资本治理舞台上也发挥着越来越大的影响力，并深刻改变世界格局。从应对气候变化到基础设施建设与运营管理，从投资贸易到改善当地民生，"一带一路"倡议从资本运行的多层次、多接点体现着中国的特有责任和担当。特别是中国政府采取积极的财政政策和稳健的货币政策，与国际社会共同应对金融风险和金融危机，促进全球经济回暖与发展，体现着中国政府尊重他国利益、实现共同发展的责任担当。事实上，致力于人类和平发展总议题的"一带一路"，以"开放合作、和谐包容、市场运作、互利共赢"为原则，拓展沿线国家经济、社会和生态全方位治理机制，是对国际资本合作及全球资本治理新模式的积极探索，是顺应世界趋势、解决各国"痛点""难点"和"关键点"问题的"中国治理智慧"，是取得更多全球共识、推动全球实现和平并致力世界新一轮发展的"全球共商方案"。

随着经济全球化的深入和世界政治经济格局的重大变化，全球资本治理的核心问题及协商机制也在发生着深刻变化。"一带一路"资本合作和资本治理规则已得到世界上绝大多数发展中国家的拥护，成为实现全球经济发展预期的重要保障。中国正以中华"和"文化的自信与能力，通过与其他国家建立资本运行的平等协商工作机制，以期达到世界经济公平发展之目标。

二、资本秩序共建是以"一带一路"倡议推动全球经济发展的基础

最早的古代丝绸之路是骆驼、马和帆船的时代。18 世纪世界进入蒸汽机

时代，19 世纪进入铁路时代，20 世纪进入飞机—汽车时代。今天是高铁时代、互联网时代。在科技和交通手段高速发展的时代背景下，新自由主义却强调完全市场经济，强调资本运行效率至上，结果造成严重的社会分配不公。美国 1% 的人所拥有的财富相当于 90% 的人拥有财富的总和。发展中国家也面临贫富差距越来越大的问题。全球生产力的提高要求世界生产关系的改善和优化。

伴随着中国向世界最大经济体迈进的步伐，中国与世界的关系正在发生历史性的变化。当中国逐步进入"领跑者"行列，适应国际发展需求，推动发展中国家共同发展就成为中国的"必答题"，也将成为影响世界的深刻选择。中国政府提出的"陆海统筹、东西互济"重大战略布局，就是顺应当前国际国内发展新趋势所做出的共建性重大战略决策，是从推动世界秩序完善、共建全球化发展新格局的高度所做出的顶层设计。打通海上全球化与资源丰富的内陆国家和地区之间的贸易通道，有利于促进边疆和平稳定，提升民族竞争力，有利于重新布局沿线国家和地区产业分工，推进落后国家工业化进程，缩短陆海、东西、南北发展差距，努力使这些国家和地区达成和谐共生、和平共存、和睦共处的美好愿景。而以互联互通为内在要求的资本运行秩序"共建"，既是"共商"的结果，也是"共享"的依据，因而成为推动全球经济发展的基础性条件。

习近平主席提出，构建"丝绸之路经济带"要创新合作模式，加强"五通"，即政策沟通、道路联通、贸易畅通、货币流通和民心相通，以点带面，从线到片，逐步形成区域大合作格局。

一是以"开放包容、互利共赢"为原则的政策沟通。西方七国集团（G7）是欧美主导下的全球资本运行机制，本质是小圈子决定全球经济事务。新兴经济体实力的上升，改变了世界经济的格局。G7 占全球经济总量已从高峰时期的 85% 下降到如今的不到 50%。G7 主导决定全球经济事务的基础与前提几乎已经不在。同时，G7 虽就全球经济金融问题共同发声，但内部分化严重。由于每个成员都以自身国家利益为核心，很难达成方案共识，故无法适应全球资本运行及其治理体系的变化趋势。"一带一路"倡导的合作原则是"和平合作、开放包容、互学互鉴、互利共赢"的"丝绸之路"精神，倡导文明宽容，尊重各国发展道路和模式选择，加强不同文明之间的对话，能够使所有参与方在平等合作、共同治理中获取资本运行的正能量。

二是以"带动广大发展中国家实现经济腾飞"为指向的道路联通。近代以来，以大西洋海上贸易路线为纽带形成的"跨大西洋体系"一直是全球贸易网络的中心，承载着全球最大的经济活动量。中国经过四十年改革开放所积累的巨大市场、人才、技术、资金优势正源源不断地向外辐射，带动广大发展中国家实现经济腾飞。目前，中国对世界经济增长的年均贡献率超过30%，成为世界经济增长的第一引擎。中国对外资本开放的步伐加快，与世界经济的融合度日益提高。以强化设施联通为契机，重塑全球分工体系，构建商品、货币、资本和金融一体化运行机制及产业间、区域间、国家间资本运行协同机制，科学评估分工与合作、存量与增量、成本与收益、实体与虚拟，促进世界资本运行的原动力变异与新动力凝结，推动全球经济增长。

三是以"贸易与投资便利化"为主张的贸易畅通。近年来，随着以中国为代表的世界新兴经济体的发展壮大，以美国为首的西方"守成"国家大搞贸易保护主义，动辄搞反倾销调查，违背了世界经济自由化和全球化原则，严重破坏二战后形成的以WTO为基础的全球贸易体制。"一带一路"建设带来资本流动方式及贸易方式的根本改变。相应地，更加全面的贸易与投资便利化规则主张，将更加适应当今时代的全球贸易发展新特点。

四是以"人民币国际化"为契机的货币流通。"一带一路"建设为全球发展带来完善金融机制及货币制度安排的新机遇。欧洲多国竞相设立人民币结算中心，世界多国竞相加入亚洲基础设施投资银行，表征着世界对搭乘中国发展高速列车的渴望，表明全球对重建金融秩序的迫切需求。在推进人民币国际化进程中，建立以亚洲基础设施投资银行为代表的金融开放新机构，加强沿线国家货币金融稳定体系、信用体系乃至全球金融体系建设，推进投融资创新及风险管控，强化现有投融资体系之间的协调合作与机制创新，又将对全球实体经济发展产生加速作用。

五是以"人类命运共同体构建"为理念支撑的民心相通。冷战结束后，长期受西欧文明野蛮扩张史影响，"文明冲突论"成为西方国家国际关系和国际治理思想的主流。这种理念也是造成当今世界劳资冲突愈演愈烈的主要祸根。与之迥异的是，数千年的"丝绸之路"交往史从不推行特定文明的优越论，一向是在双方平等交流中实现资本秩序共建和资本收益共享。"一带一路"就是延续数千年文明交往形成的多元文明，推动多种价值观精髓的相互学习，为全球及区域资本合作奠定坚实的民意基础和社会基础。

三、资本收益共享是以"一带一路"倡议推动全球经济发展的归宿

一国的根本经济制度、核心政治理念及主流文化传统都将影响该国外交关系政策的性质及目标。西方近世国家观坚持以"理性经济人"为基本假设，以"国家理由"为核心，以"国家私利至上"及"资本至上"为经济交往准则。《威斯特伐利亚和约》就明确了民族国家在国际交往中要遵守的国家主权、国家领土与国家独立等原则。它的签订标志着近代国际关系体系的确立。此后，西方国家将主权国家体系及国家私利原则推向全球，并使之成为一种普遍信仰。上至统治者下至老百姓，在对本国外交政策进行认知和评价时，通常以国家私利的有无及多寡为准则。当其霸权政策实施受挫时，零和博弈思维和单边主义政策自然就会抬头。

与此截然不同的是，中国是世界上最大的社会主义国家；中华文明是世界上唯一没有中断过的文明。中国政治哲学所指涉的"天下为公"，作为人伦关系这一核心关系的外延范畴，强调本国在对外交往中既考虑国家利益，又始终强调个人和国家对世界的责任性，强调一国命运与全球命运的不可分割性，坚守同舟共济、权责共担、求同存异、和而不同、互利双赢、天下为公的外交理念和原则。"大道之行也，天下为公。"中国传统文化中的天下观念是把中国特色社会主义的"利归天下"的资本收益共享精神拓展于民族国家之间的重要文化价值之源。

以天下观念考虑全球资本收益共享目标及其制度建构，是中国人民奉献给世界的伟大智慧。在处理国与国资本收益分配关系的过程中，"天下为公"要求不断扩大国家之间的共同利益交集点，把自身利益和他国利益相得益彰地统一起来。中国的文明传统不是民族主义，而是天下主义。天下主义的价值取向是普遍的、人类主义的，而不是特殊主义的，不是某个具体的民族国家的。英国著名学者彼得·诺兰认为，要避免西方主导的经济全球化所带来的矛盾和问题，唯一的办法就是要依照"天下为公"的原则来实现平等互利的国际合作，切实借鉴和运用中国智慧和中国经验来实现这样的目标。

"一带一路"倡议实施过程中，通过全球分工合作及其溢出效应，推动世界资本收益分配秩序变革，实现共享发展、互利共赢，是世界人民的根本利益、普遍诉求和共同心愿。中国从"积贫积弱"到"走大走强"，本身就

对落后国家实现经济赶超具有示范意义。面对加速全球化和逆全球化两种力量博弈的加剧态势，中国在资本收益共享方面率先担责、旗帜鲜明，高居道义制高点，增强全球凝聚力，引领世界共同发展和共同繁荣。这是由"修昔底德定律"到"逆修昔底德定律"惊险跨越的战略先导。

第三节　构建人类命运共同体是中国特色社会主义资本监管的国际目标

在"命运与共、唇齿相依"的"地球村"中，任何国家都不可能独立生存，也不能包打天下。2017 年 1 月，在联合国日内瓦总部，习近平主席阐释了构建人类命运共同体的中国方案：坚持对话协商，建设一个持久和平的世界；坚持共建共享，建设一个普遍安全的世界；坚持合作共赢，建设一个共同繁荣的世界。① 作为打造人类命运共同体的总布局和总路径，彰显了一个负责任大国对世界资本秩序和人类前途命运的深刻思考和使命担当。

在资本全球化竞争与合作背景下，人类命运共同体不会自发地构建起来，而是要依靠资本监管体系的作用发挥；反过来看，构建持久和平、普遍安全、共同繁荣的人类命运共同体，是大势所趋、人心所向，因而又成为中国特色社会主义资本监管的核心目标。构建以合作共赢为核心的资本监管体系，打造人类命运共同体，是党和政府在深刻把握历史潮流与发展大势的基础上，为世界所贡献的独具特色的中国智慧和中国方案。

我国对外开放四十年"引进外资"的经验教训，可以成为构建人类命运共同体的资本监管借鉴。外资曾凭借其资本优势、知识优势、技术优势，甚至借助法律方式实施霸权。在党的正确领导下，随着我国外贸政策及相关法律的逐渐完善，外资的霸权行为受到法律限制。我国外资监管经验主要包括：坚持党的集中统一领导是资本监管目标得以实现的根本前提，政府战略指导和规划引导是资本监管目标得以实现的关键性条件，而履行合约、共建彼此认同的法律框架则是资本监管目标得以实现的重要保障。

第一，中国共产党要坚持正确的义利观，规范资本运行方向，加大资本

---

① 习近平：《共同构建人类命运共同体——在联合国日内瓦总部的演讲》，新华网 2017 年 1 月 19 日。

监管力度，以世界人民为中心把控人类命运共同体构建的资本向度。与西方资本主义国家执政党服务于资本政治体系、行使选举与表达功能不同，中国共产党作为中国特色社会主义事业的坚强领导核心，始终坚持以人民为中心，并在履行资源分配、政策供给、思想引领、社会整合、体制优化、国际秩序建设等职责和功能过程中，将行动纲领和执政目标同国家、民族乃至世界的整体利益和长远目标有机兼容和统一起来。党的十九大通过的《中国共产党章程》明确规定，在国际事务中，坚持正确义利观，推动构建人类命运共同体。在资本输出和资本监管问题上，只有坚持义以为先、先义后利、义利相兼，与各国人民共享机遇、共迎挑战，人类命运共同体的美好前景才能真正实现。

第二，政府要制定境外投资服务规划，做好对境外投资的指导服务工作，变自发放任为自觉引导。为此，政府首先要落实国家对境外投资由核准管理向备案为主的管理制度，做好企业"走出去"的政府备案和统计，消除因为没有备案的"走出去"企业有可能面临的欠缺领事保护、违法取得外汇、难以享受双重避税协定好处等风险。其次，政府应为国际货物贸易、服务贸易、知识产权国际保护，做好政策对接和策略应对工作；在亚洲基础设施投资银行、金砖国家开发银行、丝路基金等的筹建和运营中，做好领导和协调工作；并为交通、能源、通信等基础设施重大工程、重大项目的立项、招投标等活动提供尽职调查与资金支持服务，防范投资风险，加快资本企业"走出去"步伐，提升我国对外开放水平与命运共同体构建质量。比如，中国保监会发布的《关于保险业支持实体经济发展的指导意见》中就明确规定：支持保险资金参与"一带一路"沿线国家和地区的重大基础设施、重要资源开发、关键产业合作和金融合作，为"一带一路"框架内的经贸合作和双边、多边的互联互通提供投融资支持，通过股权、债权、股债结合、基金等形式为大型投资项目提供长期资金支撑。① 最后，政府还要尽快建立境外投资信息数据库，并加大政府信息公开力度，有效降低"走出去"企业信息搜寻成本和风险对冲成本。

第三，签订贸易投资协定，构建新型国际条约体系和全球性区域性金融机构法律规则，共建彼此认同的法律框架。通过与相关国家和地区签订一系

---

① 《中国保监会关于保险业支持实体经济发展的指导意见》，中国保险监督管理委员会网2017年5月4日。

列贸易和投资协定、成立国际组织、制定国际组织章程等法律方式，实现人类命运共同体的长期、稳定发展；构建一个以国际贸易规则、投资规则和争端解决规则为核心内容的、代表 21 世纪最新国际经济发展成果的国际条约体系；充分依靠中国与相关国家和地区签署的既有双边、多边贸易与投资合作机制，融入国际金融法、投资法和贸易法发展的新成果，构建亚洲基础设施投资银行及丝路基金等开发性金融机构的法律规则。从微观角度看，政府要通过法律服务团向区域内国家介绍我国有关投资、贸易、金融、环保等方面的法律制度；组织法律专业人员对"走出去"的企业经营管理者进行法律意识和法律能力培训；加强对境外相关法律问题的跟踪研判，为企业及时提供相关法律咨询服务；采取专项激励措施，开展对"一带一路"沿线重点国家的法律研究，加大对高校培养复合型涉外法律专业人才的政策支持。①

---

① 参考李平：《"一带一路"相关法律问题》，四川省人民政府网 2016 年 5 月 3 日。

延伸阅读

粮食贸易中的美国霸权逻辑及中国应对策略

美方要求中方扩大对美农产品进口，削减农业补贴，削减对国企的支持，让国企退出市场，试图通过摧毁粮食安全体系，达到阻止中国农业产业和工业产业亦步亦趋渐进升级的目的。面对复杂多变的世界经济形势，中国在粮食贸易过程中既要立场坚定，坚决维护国家核心利益，又要坚持粮食自主生产、筑牢关税防线、工业反哺农业、城市反哺农村的基本政策和策略，构筑牢固的粮食安全体系。

一、一国贸易政策的性质与目标受该国制度及文化影响

一国根本经济制度、核心政治理念及主流文化传统都将影响该国外贸政策的性质及目标。西方近世国家观坚持以"理性经济人"为基本假设，以"国家理由"为核心，以"国家私利至上"及"资本至上"为经济交往准则。当其霸权政策实施受挫时，零和博弈思维和单边主义政策自然就会抬头。与此截然不同的是，中国是世界上最大的社会主义国家；中华文明是世界上唯一没有中断过的文明。中国在对外交往中既考虑国家利益，又始终强调个人和国家对世界的责任性，强调国家命运与世界命运的不可分割性，坚守同舟共济、权责共担、求同存异、和而不同、互利双赢、天下为公的外交理念和原则。

各国资源禀赋不同，通过全球贸易实现全球资源和人口的匹配是一条必由之路，粮食贸易也不能例外。中美对外政策的利益交汇与利益交锋，表现在粮食贸易领域就是中国粮食进口与美国粮食出口的范围既有交叉性又有差异性，其政策目标既有相对共识性，又有根本张力性。美国对华粮食出口，包括但不限于大豆、玉米等杂粮，企图以低价优势全面冲击中国农业市场，

维护西方主导的经济全球化格局。中国农业品进口始终坚持"主粮自给、杂粮放开"的基本底线。"主粮自给"是因为粮食安全关乎国家核心利益，中国人的饭碗要牢牢端在自己手上；"杂粮放开"旨在以较低价格购买大豆、玉米等杂粮，用于降低养猪、榨油和豆制品生产的实际成本，改善民生。中国进口 1 亿多吨农产品，90% 集中在大豆和玉米上。

二、中美粮食贸易战折射两国不同制度属性

受人多地少及土地分散种植等因素影响，中国粮食种植成本要高于国际市场。为此，每年中央财政都要拨出几千亿元的种粮补贴，主要覆盖大米、小麦、棉花、玉米，以保护农民种粮积极性，同时对内避免土地荒芜和贫困入城，对外避免国家口粮受制于人。具有垂直管理体系独特优势、关键时刻"调得动、调得快、用得上"的中储粮集团公司等大型国企，实施小麦、稻谷最低收购价政策，在玉米价格较高时不追涨，价格下行压力较大时不杀跌，做到"始终在市、均衡收购"，通过绿色科技储粮，减损降耗增效，兼顾安全与效率双重目标。美方一直要求中国削减甚至取消粮补，削弱国企作为稳定市场的"定盘星"、粮食安全的"压舱石"、宏观调控的"主力军"作用，实质是将粮食作为遏制中国的一种战略武器。中国政府统筹国际与国内、经济与社会、城市与农村，挫败了美国的上述战略图谋。

中国对以大豆为代表的杂粮市场的放开，起初虽在一定程度上改善了老百姓的饮食结构，但很快就产生了消极影响，如 2006 年中国压榨油市场基本被外资控制；从 2007 年开始美国大豆价格一路飙升，从 500 元/吨涨到 2008 年 7 月的 1650 元/吨；豆油也从 5000 元/吨飙升到 15000 元/吨，并直接导致猪肉价格每斤飙升到 20 元以上。2008 年 3 月，中粮、中储粮等国企开始大量收储大豆，与国际资本展开拉锯战。同年 8 月，美国爆发金融危机。虚高的大豆价格暴跌，国际资本损失惨重。2018 年国际大豆市场暗流涌动，国内市场却波澜不惊，也主要得益于中储粮等国企在宏观调控中所发挥的重要作用。截至 2018 年 11 月底，中储粮累计收购政策性粮油 9.06 亿吨，有力地拖住了市场价格，维护了农民利益。[①] 西方跨国垄断资本肆意投机炒作，引火

———————

① 刘慧：《中储粮集团公司：服务国家粮食宏观调控大局》，载于《经济日报》第 7 版，2018 年 12 月 19 日。

烧身，不仅不进行反思和收敛，反而要求中国政府削减对国企的补助与支持，甚至要求国企退出市场，其野蛮本性及霸权逻辑充分暴露。

事实上，中国多年来坚持推进贸易自由化，农产品平均关税由 1992 年的 46.6% 削减到 15.2%，是世界上关税水平较低和贸易自由化程度最高的国家之一。此外，中国还坚持贸易投资一体化，推进多边农业交流与合作，发展农业援助体系，为提高发展中国家农业生产能力和粮食安全水平作出了积极贡献，为世界粮食贸易注入了持久动力。而美国发起贸易战，不仅以扩大粮食出口为常规手段，以削弱进口国国企力量为关键环节，而且以扩大金融开放为核心步骤，以保护知识产权为发难借口，是处心积虑贯彻其"双重标准"获取暴利的一整套手法。

三、中国粮食贸易的应对策略

中国要提高粮食市场的国际竞争力，需实现农地规模化、产业化、生态化经营，以便在降低粮食价格的同时，提高粮食产量和质量。农业产业升级，既要减少劳动者数量，又要提高劳动者素质。一部分素质和技能较高的农村劳动力，将流入能够创造更多社会财富和就业机会的工业领域。而工业部门吸纳这部分劳动力的前提则是工业产业向高端升级。如果大飞机、汽车、半导体、生物医药等工业产业升级到高端水平，又将必然触动西方发达国家的既得利益。因此，美方就要求中方扩大对美农产品进口，削减农业补贴，削减对国企的支持，让国企退出市场，试图通过摧毁粮食安全体系，达到阻止农业产业和工业产业亦步亦趋渐进升级的目的。

粮食安则农村安，农村安则城市安，城市安则国家安。面对复杂多变的世界经济形势，中国在粮食贸易过程中应坚持粮食自主生产、筑牢关税防线、工业反哺农业、城市反哺农村的基本政策和策略。

一要在扶贫开发及乡村振兴战略实施过程中，建立和完善农民合作机制、企业带动机制、金融调节机制和财政保障机制，提升粮食自主生产能力。此外，农村土地制度承载着解决就业、社会保障、乡村振兴、城市稳定等社会功能，应以集体化为方向，适度调整农村土地制度，以确保土地要素收益归农民集体所有。二是筑牢关税防线，保护工农业等民族产业自主发展。拆掉中国关税壁垒，给中国老百姓带来的将不是福利而是贫困。从实际出发，用好关税壁垒工具，是兼顾国际贸易公平与本国产业发展效率的必然选择。三是加强科技自主研发，推进工业向高端化升级，为粮食生产提供技术支持，提高粮食生产率。四是在农村建立孵化基地，吸引更多有志青年到农村任职或创业。这既是为粮食生产提供人才支持，也有利于缓解城市压力，推动乡村振兴。

（源自拙文《粮食贸易中的美国霸权逻辑及中国应对策略》，载于微信公众号《文学文化研究》2018 年 4 月 27 日）

结　　论

以马克思主义和中国特色社会主义理论为指导研究中国特色社会主义资本观，是构建中国特色社会主义政治经济学的内在要求。本书系统论述了社会主义资本和私人资本的各自属性、地位、作用及监管要求，这对于转变国有企业发展方式，提高自身的国内外竞争力，更好地支持和引领私人资本发展，具有重要的理论和现实意义。其研究结论如下所述。

一、"资本"有广义和狭义之分

改革开放之前的很长时期内，囿于国家意识形态的束缚，人们将"资本"这个概念视为资本主义经济范畴，不敢讲"利润"，更不能讲"资本"。事实上，资本有广义和狭义之分。狭义的资本是指资本主义生产关系或资本家对工人的剥削关系；广义的资本是指能够自行增值的价值，其价值形态表现为资金，实物形态表现为资产。在资本主义社会之前，人类社会经济生活中就存在大量的商业资本和高利贷资本。大量货币投入流通领域或借贷领域，其价值自行增值，因而称其为资本。同样道理，社会主义国家发展商品生产和商品交换，其所投入的资金或资产带来了相应利润，因而这些资金或资产也应称为资本。改革开放之前人们未将"资金"称为"资本"，既是受意识形态束缚的表现，也是因经济实践上未有价值增值的强烈需要；而改革开放以来公有企业进入市场经济体系，运用"资本"概念与市场经济接轨，表述上就更方便、更符合实际。当然，国有资产、国有资金、集体资产、集体资金，都是由劳动人民共同创造、共同享受的，因而统称为社会主义资本或公有资本。

二、从"两资一体"出发研究中国特色社会主义资本观

"两资一体"是中国特色社会主义资本观的基础和依据。"两资"就是公有资本和私人资本两种资本。"一体"有三层含义：一是公私资本都具有以人民利益为中心的属性；二是公私资本都要在法律框架内开展市场竞争，都要在国家宏观调控下运行，并以共同富裕为根本方向；三是公私企业都要接受党的领导，接受政府监管和法律监督。在社会主义市场经济条件下，"两资"之所以能够"一体"，从根本上讲，这是由党的政策和公有制的主体地位所决定的。

当前中国处于社会主义初级阶段，资本结构由公有资本和私人资本两种不同性质的资本构成。由基本国情和经济发展水平所决定，中国实行以公有资本为主体、以国有资本为主导的混合资本制度。资本的本性就是通过资本运行实现价值增值，而资本监管的实质就是对资本运行进行规范和监督，调整乃至限制资本所有者的剩余索取权和剩余支配权。中国特色社会主义资本观由资本属性观、资本运行观和资本监管观有机构成。

三、中国特色社会主义资本观具有和平积累性、人民主体性和开放融通性

中国特色社会主义资本观，顾名思义就是人们关于中国特色社会主义资本的态度、观点和看法。不同民族、同一民族不同阶级具有不同的资本观，同一民族同一阶级在不同时代也具有不同的资本观。中国特色社会主义资本观既具有资本观的一般特征，即民族性、阶级性和时代性，又具有区别于他种资本观的固有特征，即人民主体性、和平积累性和开放融通性。中国特色社会主义资本是人民积累起来的。人民群众是资本支配主体，是资本收益的创造者和享有者；资本结构调整进程和资本发展方向取决于历史发展的需要和人民群众的觉悟及行动；要坚持把增进人民福祉，促进人的全面发展，朝着共同富裕方向稳步前进，作为资本结构调整和资本价值增值的出发点和落脚点。中国特色社会主义资本是和平积累起来的。加速原始资本积累，西方国家靠的是对外战争和武力殖民。中华民族自古以来爱好和平，不走对外战争和殖民扩张的霸权之路，而是在国家调控和干预下，通过加强教育、创新

科技、改善管理来提高劳动者素质，降低生产成本，扩大市场份额，提升企业产品的市场竞争力。中国特色社会主义资本结构是在改革开放中发展起来的。这种开放既包括城乡社会互相开放，也包括公私企业及中外经济相互开放。

四、中国特色社会主义资本观是对传统资本观的继承和发展

中国特色社会主义资本观除了以马克思主义资本观为其直接理论来源，又有着深厚的本土理论渊源。它根植于"既要自谋，又要上谋"的中国传统资本观，扬弃了"既要发展资本，又要节制资本"的民主主义资本观，承继"国营经济和合作社经济配合领导私人经济"的新民主主义资本观，发展了"社会主义公有制背景下大力发展商品经济"的社会主义资本观。改革开放至今，中国特色社会主义资本观又经过了利用资本主义发展社会主义、利用社会资本发展国有资本、利用法治经济发展公私资本三个阶段。

五、新时期的公有资本是社会主义公有制同市场机制双向改造的产物

社会主义公有制和市场机制都与社会化大生产的要求相适应，都具有公平和效率双重目标要求，都是发展生产及实现共富的手段。公有制企业作为独立法人实体，通过主动参与市场竞争，可以有效实现公有资本保值增值，为全体人民增加更多社会福利；市场运行以公有资本为载体，能够使人们减少或克服市场机制自发作用的固有弊端或消极影响，使资本收益分配兼顾国家利益、企业利益和个人利益，并确保政府调控目标的真正实现。改革开放以来，中国社会主义公有制与市场机制在相互适应过程中经过了双向改造，并使公有资本分别实现了对传统公有制和传统私人资本的扬弃。

六、坚持公有资本为主体，要求国有资本和集体资本共同主导私人资本运行

以公有资本为主体、以国有资本为主导的资本制度安排，是马克思主义资本观同中国国情相结合的必然结论，是规律性与目的性的统一。国有资本

的主导作用，既表现在对整个国民经济的主导，也表现在对私人资本运行的主导。国有资本通过宏观调控，主导市场体系，维护市场秩序，保障国家安全，增进公共利益，提高科技及产业核心竞争力，转变经济发展方式，影响、支持和引领私人资本运行。这一主导还表现为以国有经济的活力、影响力、控制力延伸政府的某些职能，特别是向关系到国家安全、国民经济命脉和国计民生的重要行业和关键领域、重点基础设施、前瞻性战略性产业（如军工、交通、金融、环保等）集中，以期追求国家整体利益及长远收益；其本质则是社会主义生产方式及其经济制度对资本主义生产方式及其经济制度的主导，是劳动人民的全局利益、长远利益对私人资本所有者的局部利益、眼前利益的主导。

在广大农村，则需以集体资本主导农村私人资本运行。事实证明，私人资本主导下的农民入城和资本下乡，都不能从根本上解决农民共同富裕问题。只有发展壮大集体资本主导下的农村合作经济，才能增加集体成员收入，缩小城乡差距，最终达到共同富裕。

七、坚持党的领导是公私资本健康运行的根本前提

由中国社会制度的根本性质及执政党的性质与宗旨所决定，公私资本的健康运行离不开党的领导，即党的政治核心作用的发挥。企业性质不同，党的政治核心作用的表现也不同。国有企业党组织兼具领导权和决策权；国有控股混合所有制企业推行企业法人治理结构，党组织不再具有决策权，但仍行使领导权，并将坚持党的领导与完善公司治理统一在法治框架内；私人企业党组织主要发挥政策引导、法律监督与利益协调的作用。党组织的成立是党发挥政治核心作用的自然前提。鉴于私企党组织缺位及功能弱化等问题，应对各类企业党建中的资源配置进行全盘考虑、统筹安排。

八、"利归天下"是中国特色社会主义资本的全球旨趣

履行全球经济责任是中国特色社会主义资本属性的国际延伸，中国有能力有条件带动不发达经济体共同发展，引领世界经济走向复苏。"一带一路"是中国特色社会主义资本运行的国际载体。资本规则共商、资本秩序共建和资本收益共享分别构成以"一带一路"倡议推动全球经济发展的前提、基础

和归宿。构建人类命运共同体是中国特色社会主义资本监管的国际目标。

　　当然，由于缺乏有关统计数据和统一的统计口径，本书未能全面准确考察各类资本的数量、行业和区域分布及其变迁，只是通过各类资本企业的产值或实收资本近似反映其变化趋势；对中国特色社会主义资本监管的规范性政策只是原则性的，尚未对具体政策进行进一步研究。此外，对国有资本竞争效率实证研究、民族资本与外国资本关系研究，以及政府、市场和社会关系的研究也还需加强，以不断深化和拓展对中国特色社会主义资本观的理解和认识。

参 考 文 献

经典著作类（含专著）

[1]〔汉〕司马迁：《史记》（四），上海书店出版社1988年版。

[2]《马克思恩格斯文集》（第1，2，5，7卷），人民出版社2009年版。

[3]《马克思恩格斯全集》（第18卷），人民出版社1979年版。

[4]《列宁全集》（第42卷），人民出版社1987年版。

[5]《孙中山选集》（下卷），人民出版社1956年版。

[6] 孙中山：《建国方略》，中华书局2011年版。

[7]《毛泽东选集》（第1~4卷），人民出版社1991年版。

[8]《毛泽东文集》（第7卷），人民出版社1999年版。

[9]《邓小平文选》（第2~3卷），人民出版社1994年版。

[10] 中共中央宣传部编：《习近平总书记系列重要讲话读本（2016年版）》，学习出版社、人民出版社2016年版。

[11] 中共中央文献研究室编：《习近平关于全面依法治国论述摘编》，中央文献出版社2015年版。

[12]《十五大以来重要文献选编》（下册），人民出版社2003年版。

[13] 卫兴华：《中国特色社会主义经济理论体系研究》，中国财政经济出版社2015年版。

[14] 刘国光：《关于当前经济理论发展的四个问题》，引自程恩富、仇建涛主编：《中国经济规律研究报告（2014年）》，经济科学出版社2015年版，代序第6页。

[15] 本书编写组著：《当代马克思主义政治经济学十五讲》，中国人民大学出版社2016年版。

[16] 张定鑫：《重思马克思资本观》，社会科学文献出版社2015年版。

[17] 张维为：《中国触动 百国视野下的观察与思考》，上海人民出版社

2012 年版。

[18] 田学斌编著:《中国人的经济学》,中国言实出版社 2015 年版。

[19] 汪敬虞主编:《中国近代经济史:1895~1927(上册)》,人民出版社 2000 年版。

[20] 戴逸:《中国近代史通鉴》第 6 卷,红旗出版社 1997 年版。

[21] 李青主编:《中国共产党对资本主义和非公有制经济的认识与政策》,中共党史出版社 2004 年版。

[22] 汪海波:《对党的经济纲领的历史考察(1949~2011)》,中国社会科学出版社 2012 年版。

[23] [德] 卡尔·施米特:《合法性与正当性》,冯克利、李秋零、朱雁冰译,上海人民出版社 2015 年版。

[24] [瑞士] 西斯蒙第:《政治经济学新原理》,商务印书馆 2009 年版。

[25] [法] 萨伊:《政治经济学概论:财富的生产、分配和消费》,商务印书馆 1963 年版。

[26] [美] 约瑟夫·熊彼特:《从马克思到凯恩斯的十大经济学家》,电子工业出版社 2013 年版,第 69 页。

[27] [奥] 卡尔门格尔:《国民经济学原理》,刘契敖译,上海人民出版社 2001 年版。

[28] [意] 乔万尼·阿里吉:《亚当·斯密在北京——21 世纪的谱系》,社会科学文献出版社 2009 年版。

[29] 李炳炎:《社本论》,人民出版社 2000 年版。

[30] 杨志、赵秀丽、张丰兰:《社会主义公有资本论》,中国人民大学出版社 2015 年版。

[31] 杨志:《论资本的二重性兼论公有资本的本质》,中国人民大学出版社 2014 年版。

[32] 张汉飞:《新资本形态的奥秘:基于收益成本或价值风险的视角》,经济管理出版社 2014 年版。

[33] 莫志宏:《人力资本的经济学分析》,经济管理出版社 2004 年版。

[34] 黄群慧、贺俊等:《真实的产业政策——发达国家促进工业发展的历史经验与最新实践》,经济管理出版社 2015 年版。

[35] 王金柱:《国有 民有 混合所有——完善中国特色社会主义基本经济制度探析》,江苏人民出版社 2015 年版。

［36］王志乐主编:《2012 跨国公司中国报告》,中国经济出版社 2012 年版。

［37］中国产业地图编委会、中国经济景气监测中心编:《中国产业地图 2010~2011》,社会科学文献出版社 2011 年版。

［38］吴敬琏:《吴敬琏文集》(中),中央编译出版社 2013 年版。

［39］高尚全:《高尚全改革论集》,中国发展出版社 2008 年版。

［40］《中共中央关于制定国民经济和社会发展第十三个五年规划的建议》,人民出版社 2015 年版。

［41］安文华、包晓霞主编:《甘肃社会发展分析与预测(2013)》,社会科学文献出版社 2013 年版。

［42］Yusuf, Shahid. Under New Ownership: Privatizing China's Enterprises. Washington, D. C.: World Bank Publications, 2006: 77, 79, 151, 231.

［43］Cheng Wei-qi and Philip Lanton. SOEs Reform from a Governance Perspective and Its Relationship with the Privately Owned Publicly Listed Corporation in China. Brown, David H. MacBean, Alasdair I. Challenges for China's Development: An Enterprise Perspective. London: Routledge, 2005: 24.

［44］Edward N. Wolff. Recent Trends in the Size Distribution of Household Wealth. Journal of Economic Perspectives 12 (Summer 1998), pp. 131 – 150.

［45］Hu Jichuang. A Concise History of Chinese Economic Thought. Beijing: Foreign Languages Press, 2009: 264.

［46］L. Abalkin, S. Dzarasov, A. Kulikov. Political Economy. Moscow: Progress Publishers, 1983: 376.

［47］Manuel Gottlieb. A Theory of Economic Systems. London: Academic Press Inc. , 1984: 256.

［48］Sam Hickey, Kunal sen, and Badrn. Bukenya. The Politics of Inclusive Development. Oxford University Press, 2015: 117.

期刊类

［1］卫兴华:《发展和完善中国特色社会主义必须搞好国有企业》,载于《毛泽东邓小平理论研究》2015 年第 3 期,第 1~5 页。

［2］冯子标、靳共元:《论"社会主义资本"》,载于《中国社会科学》1994 年第 3 期,第 47~61 页。

［3］韩貌:《健康资本投资与人力资本理论》,载于《盐城工学院学报》(社会科学版)2003 年第 4 期,第 17~19 页。

[4] 丁国安：《对技术资本化的看法》，载于《国际经济合作》1987 年第 8 期，第 21～22 页。

[5] 马涛：《论儒家的自由经济思想》，载于《管子学刊》1998 年第 1 期，第 36～44 页。

[6] 龙启平：《论邓小平的资本观》，载于《广西民族学院学报（哲学社会科学版)》2002 年第 S2 期，第 112～114 页。

[7] 白重恩：《中国经济反常现象剖析》，载于《新重庆》2016 年第 4 期，第 28、36 页。

[8] 刘伟：《今天为何需要政治经济学》，载于《政治经济学评论》2015 年第 1 期，第 5～17 页。

[9] 刘伟：《中国现代化的历史进程对经济体制改革提出了新的历史要求》，载于《经济学家》2013 年第 12 期，第 11～12 页。

[10] 蔡继明、靳卫萍：《构建中国特色社会主义政治经济学的方法论原则》，载于《国家行政学院学报》2016 年第 2 期，第 34～44 页。

[11] 吴宣恭：《运用唯物史观 提高对中国特色社会主义经济规律的认识——领会践行习近平关于加强学习历史唯物主义的重要讲话》，载于《当代经济研究》2015 年第 11 期，第 5～9 页。

[12] 钱津：《国有企业与现代市场经济的边界研究》，载于《国有经济评论》2011 年 1 期，第 60～68 页。

[13] 厉以宁：《论城乡二元体制改革》，载于《北京大学学报》（哲学社会科学版) 2008 年第 2 期，第 5～11 页。

[14] 龚云：《新集体经济策论——"中国经济社会发展智库第 6 届高层论坛"综述》，载于《马克思主义研究》2012 年第 9 期，第 153～158 页。

[15] 李昌平：《土地农民集体所有制之优越性——与越南之比较》，载于《华中科技大学学报》（社会科学版) 2009 年第 1 期，第 11～14 页。

[16] 刘瑶：《坚持劳资兼顾 协调劳资关系——私营企业中党组织发挥政治核心作用的立足点》，载于《唯实》2007 年第 5 期，第 29～31 页。

报纸类

[1] 王东京：《技术雇佣资本假说》，载于《学习时报》第 4 版，2016 年 4 月 18 日。

[2] 习近平：《立足我国国情和我国发展实践 发展当代中国马克思主义政治经济学》，载于《人民日报》第 1 版，2015 年 11 月 25 日。

［3］欧阳洁：《产业＋资本，为民企添薪》，载于《人民日报》第2版，2016年5月24日。

［4］周新城：《坚定推进国有企业改革》，载于《人民日报》第7版，2016年5月26日。

［5］章念生、张朋辉：《美国经济政策到底为谁服务》，载于《人民日报》第23版，2016年7月14日。

［6］中华人民共和国国务院新闻办公室：《2015年美国的人权纪录》，载于《人民日报》第21版，2016年4月15日。

［7］袁东明：《简政放权激发市场活力与社会创造力》，载于《人民日报》第16版，2016年3月1日。

［8］徐世澄：《古巴共产党对社会主义道路的探索》，载于《中国社会科学报》第5版，2016年5月26日。

［9］习近平：《立足我国国情和我国发展实践 发展当代中国马克思主义政治经济学》，载于《人民日报》第1版，2015年11月25日。

［10］《中华人民共和国2015年国民经济和社会发展统计公报》，载于《人民日报》第10版，2016年3月1日。

［11］任仲平：《标注治国理政新高度》，载于《人民日报》第4版，2016年5月3日。

［12］程虹：《提高制造业企业创新效率》，载于《中国社会科学报》第4版，2016年6月8日。

［13］《第二次全国经济普查主要数据公报（第一号）》，载于《中国信息报》第5版，2009年12月28日。

［14］张铁：《分享摆脱贫困的"中国经验"》，载于《人民日报》第5版，2015年11月25日。

［15］赵展慧：《收入分配，怎样才能更公平》，载于《人民日报》第17版，2015年11月23日。

［16］黄铁苗：《遵循经济规律 提高供给体系的效率》，载于《光明日报》第7版，2016年4月12日。

［17］杨英杰：《让农村资本流动起来》，载于《学习时报》第1版，2015年9月14日。

［18］《改革既要往增添发展新动力方向前进 也要往维护社会公平正义方向前进》，载于《光明日报》第1版，2016年4月19日。

［19］高品：《国有控股混合所有制企业党组织发挥政治核心作用的新要求》，载于《光明日报》第6版，2016年2月21日。

［20］赵兵：《让党建成为企业"金字招牌"》，载于《人民日报》第17版，2016年8月16日。

［21］孙大伟：《充分发挥认证认可在供给侧改革中的有效作用》，载于《人民日报》第12版，2016年5月30日。

［22］周琪：《基因编辑在中国》，载于《光明日报》第10版，2016年8月12日。

［23］袁东明：《简政放权激发市场活力与社会创造力》，载于《人民日报》第16版，2016年3月1日。

［24］吴姗：《"三低制造"让网络垃圾横飞》，载于《人民日报》第14版，2016年4月14日。

网站类

［1］马晓河：《国企应在房地产等领域退足退够》，中国经济网2016年3月28日。

［2］汪丁丁：《经济学角度解释大国特殊性》，财新网2016年3月3日。

［3］《52%央企及子企业已引入非公资本 国企改革将"一企一策"》，中国新闻网2013年12月19日。

［4］李锦：《国有企业将进入分类分层改革与监管新时期》，人民网2013年11月20日。

［5］审计署：《2015年保障性安居工程跟踪审计结果》（2016年第9号公告），中国审计网2016年6月29日。

［6］《习近平在莫斯科国际关系学院的演讲（全文)》，新华网2013年3月24日。

［7］习近平：《共同构建人类命运共同体——在联合国日内瓦总部的演讲》，新华网2017年1月19日。

［8］《中国保监会关于保险业支持实体经济发展的指导意见》，中国保险监督管理委员会网2017年5月4日。

［9］李平：《"一带一路"相关法律问题》，四川省人民政府网2016年5月3日。

后　记

　　为什么要研究中国特色社会主义资本观？社会历史条件就不讲了，这里主要谈谈个人经历。以2005年来兰州大学求学为界，分为两个阶段。我于1981年阴历九月二十七出生在山东聊城的一个不算富裕的农民家庭。从6岁到15岁读高中之前，我是边上学边务农，既是家里的主要劳动力之一，也是学校的三好学生。15岁到18岁在聊城一中读了三年高中，对政治科目颇感兴趣且对所遇难题屡有突破，受到老师赞扬。18岁到20岁在聊城大学读了两年大专，政治经济学是主要课程，预习、听讲加复习，扎扎实实学完了这门课。20岁开始工作，在山东菏泽、高唐的民办学校分别工作一年与三年，以打工教师的身份教了四年高中政治。在曹州武馆，每天干的活都是打扫卫生、课间站岗维持秩序、上课。多上一节课可得两块钱。从菏泽到高唐的间隙，还摆过半天的书摊。工农商学兵，除了没当过兵，其他都干过。我对农民、工人、小商贩都敬重有加，因为我也是干着这些职业一路走过来的。24岁以同等学力考上兰州大学研究生，侧重马克思主义政治哲学研究，提前一年毕业。26岁进入兰州财经大学工作至今。期间在中国社会科学院研究生院读了三年政治经济学专业博士，师从著名的马克思主义经济学家卫兴华教授。对我而言，还有一条主线穿插在个人奋斗的历程中，那就是竞争。高考4∶1，专升本3∶1，考研25∶1，考编制20∶1，考博17∶1。总之一句话，特殊的知识结构及底层曲折经历，是我从事中国特色社会主义资本观研究的主观条件。

　　研究中国特色社会主义资本观，主要有哪些创新之处？主要是回答了六个问题。一是回答了改革前后"资本"概念表述变化的原因。改革开放之前人们未将"资金"称为"资本"，既是受意识形态束缚的表现，也是因经济实践上未有价值增值的强烈需要；而改革开放以来公有企业进入市场经济体系，运用"资本"概念与市场经济接轨，表述上就更方便、更符合实际。二是回答了中国特色社会主义资本观的本土理论来源。中国特色社会主义资本观是对传统资本观的继承和发展。三是回答了中国特色社会主义资本观的基本特征和内容。人民主体性、和平积累性和开放融通性是其基本特征。公私资本都具有以人民利益为中心的属性，都要在法律框架内开展市场竞争，都要在国家宏观调控下运行，并以共同富裕为根本方向；都要接受党的领导，接受政府监管和法律监督。四是回答了公有资本的性质和地位。新时期的公有资本是社会主义公有制同市场机制双向改造的产物，坚持公有资本为主体，要求国有资本和集体资本共同主导私人资本运行。五是回答了中国特色社会主义资本健康运行的根本前提。党的领导是公私资本健康运行的根本前提。六是回答了中国特色社会主义资本的全球旨趣。履行全球经济责任是中国特色社会主义资本属性的国际延伸，"一带一路"是中国特色社会主义资本运行的国际载体，构建人类命运共同体是中国特色社会主义资本监管的国际目标。

　　研究中国特色社会主义资本观，经历了哪些具体环节？本书是在导师全程指导下完成的。通过下载论文、读书、看报、积累资料、加工、整理、思考成文，分别于 2016 年 7 月上旬和 9 月上旬将论文初稿的前后各半交于导师审阅。导师当时生病卧床但却仍然坚持逐字逐句审阅并做了大量修改。在此，祝尊敬的卫老师健康长寿！写好中国特色社会主义资本观，还要进行国情调研及学术交流。感谢程恩富教授、顾海良教授、逄锦聚教授、周新城教授、郑吉伟教授、张静如教授、张雄教授、李继凯教授、周文教授、朱进东教授、石镇平教授对本书写作所提出的宝贵建议。写好中国特色社会主义资本观，兼职实践是必要环节。感谢中国国际经济交流中心胡正塬博士、东方毅拓展文化协会东方毅会长、世界新经济研究院陈瑜院长、国务院国资委《中国市场》国家扶贫战略研究院祝万翔院长为我提供的兼职机会。最后还要感谢家人的无私付出，感谢经济科学出版社杜鹏主任的鼎力相助及编辑老师严谨的编辑加工。

　　本书可为党政领导干部、高校教研工作者、企业家从事相关工作提供一定帮助。

庞庆明于兰州财经大学

2019 年 2 月